本书由沈阳理工大学引进高层次人才科研支持计划资金资助

大学英语语用教学策略研究

马颖　著

延吉・延边大学出版社

图书在版编目（CIP）数据

大学英语语用教学策略研究 / 马颖著. -- 延吉：
延边大学出版社, 2023.4
ISBN 978-7-230-04744-9

Ⅰ. ①大… Ⅱ. ①马… Ⅲ. ①英语－教学研究－高等
学校 Ⅳ. ①H319.3

中国国家版本馆 CIP 数据核字(2023)第 065297 号

大学英语语用教学策略研究

著　　者：马　颖
责任编辑：李　真
封面设计：文合文化
出版发行：延边大学出版社
地　　址：吉林省延吉市公园路977号　　邮　　编：133002
网　　址：http://www.ydcbs.com　　E-mail：ydcbs@ydcbs.com
电　　话：0433-2732435　　传　　真：0433-2732434
印　　刷：三河市嵩川印刷有限公司
开　　本：787毫米×1092毫米　1/16
印　　张：14
字　　数：300千字
版　　次：2023年4月第1版
印　　次：2024年1月第1次印刷
书　　号：ISBN 978-7-230-04744-9

定　　价：70.00 元

前 言

为贯彻落实立德树人根本任务，满足培养多样化高素质人才的教育需求，2014年9月，我国颁布了《国务院关于深化考试招生制度改革的实施意见》（国发〔2014〕35号），提出了加强外语能力测评体系构建、制定国家外语能力等级量表的要求：明确了我国在外语教学与测评方面，不同等级的外语能力标准：全面强调了提升英语学习者得体交际的语用能力的重要意义。自 20 世纪末，欧美国家在其研制的语言能力量表中，加入了语用能力描述语。这将语言能力培养重心，从语言技能培养转向了语用能力培养。得体交际的语用能力作为语言能力必不可少的重要组成部分，是语用学研究课题，归属于外国语言文学学科研究领域。提升外语学习者在听、说、读、写、译等方面正确理解与得体表达交际意图的语用能力，是各层次外语教学目标的重中之重，对于语言学、文学、翻译学等不同研究方向发展均具有积极推动作用。因此，指向语用能力培养的语用教学策略研究，必然有助于深化外语语言文学学科及翻译学科的改革创新发展。

2018年，我国颁布了《中国英语能力等级量表》（教语信厅〔2018〕1号），首次阐述了中国英语学习者语用能力等级要求，明确了得体交际语用能力培养的教学内容和教学目标标准，同时也对教学方法和测试方法方面，提出了新的课题研究要求。我国语用能力研究起步较晚，主要以英语专业大学生为研究对象，其他专业大学生英语语用能力培养研究处于弱势，亟待提高。为了回应外语能力测评体系改革提出的研究课题，充分发挥《中国英语能力等级量表》中的语用能力各量表对大学生英语语用能力培养的指导作用，本书作者于 2018 年获批省级教育科学规划项目课题（跨文化视域下大学生英语语用能力 7C 培养模式的个案研究），以省属 S 大学为个案研究对象，旨在探讨跨文化视域下大学生英语语用能力培养的理论基础及其实践应用，培养大学生英语跨文化交际能力，提高其英语综合应用能力，更好地发挥外语工具性和人文性作用，以满足社会发展对提升外语人才综合应用能力的刚性需求。本书内容为此课题的部分研究成果。此外，本书作者以“非英语专业大学生英语语用能力培养的教学策略研究”为博士论文选题，选择省属 S 大学为个案研究学校，以该校非英语专业大学生为研究对象，采用混合研究设计思路，开展了英语语用能力培养的教学策略调查、理论与实验研究。本书从该博士论文中，选取理论与实验研究部分，进行了系统阐释。通过质化与量化结合方式，分析了S大学在英语语用教学策略方面存在的问题及成因，对提升大学生英语语用能力水平的语用教学策略、使用流程和评价原则等，进行了理论研究。通过开展准实验，对语用教学策略的有效性进行了质化与量化检验。进而对大学生英语语用能力培养的语用教学策略设计与实施提出了建议。本书从研究范式与方法、测量维度与工具方面进行了创新，并在大学英语语用教学策略的理论与实践研究方面作出了有益探索。

全书共分九章，分别从理论与实践层面对大学英语语用教学策略进行了深入研究。具体章节包括：

第一章为导论部分主要是介绍研究背景，阐述研究问题、研究目标及研究意义，指明了研究创新点。

第二章为大学英语语用教学策略研究综述。从大学生英语语用能力培养的教学策略研究出发，梳理大学英语教学、语用能力、语用教学、教学策略与语用教学策略核心概念界定及其相关文献，总结该领域已有研究不足，为本研究提供了研究启示。此外，通过文献研究，为语用教学策略理论与实验研究提供了研究基础。

第三章为大学英语语用教学策略研究设计。阐明了研究取向、研究思路、研究方法、数据收集及分析工具。

第四章为大学英语语用教学策略理论研究。通过专家咨询法和文献法对大学英语语用教学策略进行了理论研究，探究了大学英语语用教学策略建构的理论依据，大学英语语用教学策略的分类方式，大学英语语用教学策略设计的选择、实施步骤及评价原则，为语用教学策略实验研究提供了理论基础。

第五章为大学英语语用教学策略实验设计与实施。分别对实验研究目的、研究方法、研究对象、研究工具、研究实施和研究假设等进行了解释说明。

第六章为大学英语语用教学策略实验研究结果分析。本章对实验收集的量化和质化数据进行了统计分析，对研究假设进行了检验，从不同维度验证语用教学策略对语用能力培养的实际效果，具体包括：语用教学策略是否能显著提升大学生英语语用能力水平，语用教学策略对不同维度语用能力培养是否存在显著差异，不同语用教学策略对语用能力培养是否存在显著差异，不同英语语言水平的大学生英语语用能力水平提升是否存在显著差异。

第七章为大学英语语用教学策略研究结论。从理论与实验研究维度对大学英语语用教学策略研究进行了总结概括。

第八章为大学英语语用教学策略研究建议。从宏观与微观层面为大学英语语用教学策略实践应用提供了建议。

第九章为大学英语语用教学策略研究不足与展望。从研究对象及因变量维度分析研究不足，并针对不足预设了未来研究方向。

本研究以大学生为研究对象开展语用教学策略研究，其语用能力水平跨度较大，涵盖了语用能力 1~7 级，因此本研究成果具有极广泛的适用性与推广性，对不同学习阶段、不同类别学校、不同专业的英语学习者来说均有借鉴和指导作用。本书适用于各层次英语教师，英语专业本、硕、博学生，英语课程与教学论专业本、硕、博学生，英语教学研究人员等教学及研究使用，旨在为语用教学策略研究者提供相关理论指导与实践借鉴。此外，本书提供了语用能力测量及语用教学调查工具及实验工具，为英语语用教学与测试提供了借鉴与启示，为提升英语学习者得体交际能力提供了有效路径。鉴于作者水平有限，书中难免存在不足之处，恳请读者批评指正。

马颖
2022年8月

目 录

第一章 导论

随着经济的全球化发展，跨文化交际能力成为国际化人才的必备能力，而得体交际的语用能力是语言能力向交际能力转变的关键因素，也是我国英语课程重要的教学目标之一。通过英语课程教学，学生不仅要掌握英语语言基础知识和基本技能，还要具备理解和使用英语的能力，最终实现跨文化交际的终极目标。[①]经过多年的英语学习，我国英语学习者的语用能力仍较为薄弱。通过文献梳理发现，语用能力具有可教性。基于研究者对大学生英语语用能力水平调查结果可见，非英语专业大学生的英语语用能力总体水平偏低且参差不齐，涵盖了小学、中学、非英语专业、英语专业水平。因此，以非英语专业大学生为研究对象，开展英语语用能力等级提升的语用教学策略研究成果更具推广性。本研究以 S 大学为个案，开展英语语用能力培养的语用教学策略研究，旨在通过教学策略干预大学英语教学，提升大学生得体交际的英语语用能力等级水平。

第一节 研究背景

全球化发展对复合型人才的外语能力提出了更高的要求，得体交际的语用能力逐渐成为发达国家高素质人才必备的外语能力之一。传统的大学英语教学更多关注语言基础知识教学与基本技能训练，对得体交际能力培养重视度不够，大学生经常出现“中国文化失语”[②]现象，既无法正确理解外国人的交际意图，也无法正确地表达中国文化。如何提升复合型人才的得体交际语用能力水平，将中国优秀的传统文化传达出去，实现立德树人的根本任务，是新时期高校外语教学改革的重要课题。

---

① 周帆：《高校英语教育教学理论实践研究》，吉林大学出版社，2017，第 24-27 页。

② 柴立立：《跨文化交际视阈下外语教学与文化意识培养》，中国水利水电出版社，2021，第 169 页。

一、对外语能力评价体系改革提出课题的回应

随着国际化竞争的日益激烈、全球化合作的日益紧密，“全球胜任力”成为发达国家人才培养的重要目标。经济合作与发展组织对“全球胜任力”的概念进行了界定，其描述语包含了对语用能力的描述，如“与不同背景的人进行开放、适宜、有效互动的能力”（2016）和“与来自不同文化的人进行公开、适当和有效的互动”。[①]适宜、适当、有效的交际能力就是语用能力。通过分析“全球胜任力”的概念，可见其本质就是从跨文化视角出发，与不同背景的人适切、有效交际的能力，即具备熟通外语的语用能力。为了提升国际化人才的“全球胜任力”，一些国家已经开展了教育实践，并尝试将某些内容嵌入教育体系，如美国从教师的“全球胜任力”培养入手探究如何提升学生“全球胜任力”水平，并将“全球胜任力”的培养融入各项活动中。

2010 年，我国颁布了《国家中长期教育改革和发展规划纲要（2010—2020 年）》，提出“进入人力资源强国行列”[②]的战略目标，实现从人口大国向人力资源大国的转变，尤其是改变创新型、实用型、复合型人才紧缺现状，增强各类人才的国际竞争力，并支持中外大学生互换，加强国际理解教育，推动跨文化交流。可见，培养大学生“全球胜任力”也成为我国教育的发展趋势。高校肩负着培养高等教育人才的重要责任，应顺应全球化发展的时代背景，积极回应教育改革诉求。

2014 年 9 月，我国颁布了《关于深化考试招生制度改革的实施意见》，基于坚持立德树人、满足多样化高素质人才的培养需求，从国家层面提出了要加强外语能力测评体系的构建任务。[③]构建外语能力测评体系要求制定国家外语能力等级量表，为我国的英语课程大纲、英语教学与考试提供一套适合我国英语学习者的能力参照标准。[④]从 20 世纪 50 年代起，欧美国家开始研制语言能力量表。在语言能力量表研制初期，缺少针对语用能力的描述。在 20 世纪末，《欧洲语言共同参考框架：学习、教学、评估》（简称“欧洲量表”或“CEFR 量表”）[⑤]和《加拿大语言能力标准》（简称“加拿大量表”或“CLB 量表”）加入了对语用能力的描述[⑥]。2018年，教育部和国家语言文字工作委员会发布了《中国英语能力等级量表》（简称“中国量表”或“CSE 量表”），

---

① 张沿沿、赵丽、张舒予：《美国“全球胜任力”教师教育课程体系及其启示》，《比较教育研究》2017 第 10 期。

② 《国家中长期教育改革和发展规划纲要（2010—2020）》，人民出版社，2010，第 10-16 页。

③ 国务院：《国务院关于深化考试招生制度改革的实施意见》，http://www.gov.cn/zhengce/content/2014-09/04/content_9065.htm，访问日期：2018-11-4。

④ 刘建达：《我国英语能力等级量表研制的基本思路》，《中国考试》2015 第 1 期。

⑤ 蔡基刚：《CEFR 对我国外语教学的影响》，《中国大学教学》2012 年第 6 期。

⑥ 李曼丽、李加鎏：《国内外语言能力量表的描述语特征分析》，《中国考试》2020 第 6 期。

界定了不同英语水平的中国英语学习者应该达到的标准，并对语用能力的概念、框架及其等级量表进行了描述。对于我国外语能力测评体系来说，这是首次从国家层面对得体交际的语用能力进行的等级划分及水平描述，也反映出我国深化外语能力测评改革的语用导向，即对英语学习者运用语言知识进行听、说、读、写、译等活动而实现得体交际目的的综合能力进行评价。该量表是面向运用的语言能力量表，认为语言能力是一种动态的认知活动，而非静态的、抽象的规则体系，需要学习者在参与各种语言活动中体现出来，突出了得体交际的语用能力要求。

深化外语能力测试评价体系改革提出了等级细化的语用能力培养要求，也提供了“语用能力自我评价量表”[①]，对各阶段英语学习者应该达到的语用能力等级要求进行了描述，对语用能力培养应该教什么和应该达到什么标准，提供了统一的判定依据。这为外语教师及相关研究者提供了新的课题，即在该量表实践应用中，积极探讨怎样教与怎样测的问题。因此，选择哪些语用教学策略提升英语学习者的语用能力水平、如何检验语用教学策略的实施效果、如何编制语用能力水平测量工具等问题，成为现阶段语用能力主题研究迫切需要解决的问题。

二、对大学生英语语用能力培养存在问题的反思

英语专业有其专业优势，其课程设置包括了文化类、专业技能类课程，日常教学活动的设计与实施具有文化意识培养目标与交际能力培养目标导向。因此，对于英语专业大学生来说，口头与书面理解与表达能力是日常教学的重点。非英语专业开设的英语课程作为一种通识类课程，虽然设立了得体交际语用能力培养目标，但日常英语教学活动设计与实施则体现出基础知识和基本技能培养目标导向。

我国的公共英语教育开始于20世纪80年代。在大学英语课程指导性文件中，教学目标描述语的修订变化体现出语用能力培养目标逐渐受到了关注。在 20 世纪后期，《大学英语教学大纲》（1985）提出了培养学生“一定的听和译的能力以及初步的写和说的能力”[②]的教学目标。《大学英语教学大纲（修订本）》（1999）又提出了“用英语交流信息，……提高文化素养”[③]的教学目标。可见，20 世纪后期颁布的大学英语教学目标主要是培养阅读技能，旨在通过英语语言工具了解国外先进的科技与经济发展成果，适切而得体交际的语用能力培养目标没有受到重视。[④]21 世纪以来，我国先后颁

① 教育部考试中心：《中国英语能力等级量表》，高等教育出版社，2018，第 105 页。

② 《大学英语教学大纲》修订工作组：《大学英语教学大纲》，高等教育出版社，1985，第 1 页。

③ 《大学英语教学大纲》修订工作组：《大学英语教学大纲》，高等教育出版社，1999，第 1 页。

④ 周伟：《中国英语教育的变迁及对社会发展的影响研究》，北京理工大学出版社，2017，第 162-163 页。

布的大学英语课程指导性文件均体现了得体交际的语用能力培养目标，体现了新时期全球化发展对高质量人才的需求。《大学英语课程教学要求（试行）》（2004）指出："大学英语的教学目标是培养学生的英语综合应用能力，……使他们在今后工作和社会交往中能用英语有效地进行口头和书面的信息交流。"[①]《大学英语教学指南》（2020）提出大学英语教学目标是"使学生在学习、生活和未来工作中能够恰当有效地使用英语"[②]。可见，21 世纪颁布的大学英语教学目标关注到了语用能力培养目标，即突出了交际的有效性、适切性与得体性。大学英语课程应顺应时代需求，反思教学中语用能力培养未得到足够重视的实际问题，以语用能力水平提升为切入口，对其课程理念、内容、实施及评价作出适当调整，切实实现其终极培养目标。

在实践教学与评价层面，大学英语教学与评价重点依然侧重基础知识与基本技能，得体交际的语用能力教学与评价未得到足够的重视。

第一，大学英语四、六级口试报考条件影响了大学生的英语语用能力培养。大学英语四、六级口试有一定报名条件限制，如 2005 年 6 月至 2011 年 12 月，大学英语四、六级口试最低报名笔试成绩为 550 分和 520 分；2012 年 6 月至 2016 年 6 月，大学英语四、六级口试最低报名笔试成绩调整至 425 分；2016 年下半年起，大学英语四、六级口试报名条件调整为只需先报名笔试即可选择报名参加口试。[③]这种口试报考限定政策减少了报考口试的大学生人数，同时也削弱了其提升英语口语水平的动机。以江西省为例，2018 年上半年，江西省参加大学英语四、六级考试的总人数为 319569 人，其中报考口试的人数为 11452 人，占比 3.6%。

第二，社会对大学英语四、六级口试的认可度低于雅思与托福考试，进一步降低了大学生参加大学英语四、六级口试的意愿。对比大学英语四级与六级考试、雅思、托福考试可见，三种英语考试的口试政策与测试目的略有差异。其中，大学英语四、六级口试属于自选考试，旨在检验大学生的英语水平是否合格，侧重评价考生的语言表达是否具有语法和句法的准确性，缺乏对语言使用灵活性的考核；雅思与托福口试属于必考内容，旨在检验非英语母语人士在国外生活与学习中使用英语的能力，侧重交流的准确性、完整性和生活化，更能测出考生的实际表达与日常交流能力水平。[④]因此，如果工作岗位需要求职者具备口语能力，用人单位则更看重雅思、托福考试成绩，

① 教育部高等教育司：《大学英语课程教学要求（试行）》，外语教学与研究出版社，2004，第 1 页。

② 教育部高等学校大学外语教学指导委员会：《大学英语教学指南 2020 版》，高等教育出版社，2020，第 1 页。

③ 马玲芳：《大学英语四六级口语考试改革对大学英语教学的影响》，《学园》2018 年第 24 期。

④ 汤静：《大学英语四六级考试、雅思、托福之比较》，《海外英语》2016 年第 24 期。

或者求职人员真实的语言应用能力。[①]与雅思和托福口试相比，大学英语四、六级口试的社会认可度不高，使得有些大学生认为没有必要报考，进而导致大学英语四、六级口试报考人数较低，也削弱了大学生进行英语口语学习的动机。

第三，大学英语四、六级口试等级与各题型的达成度反映出大学生英语口头语用能力较为薄弱。近年来报考大学英语四、六级口试的比例从 5.7%上升到 7.3%，在参加大学英语四级口试的考生中，能达到基本及较好运用英语对熟悉话题进行口头交际程度的考生比例仅为 46%，这也进一步反映出大学英语的口头交际能力培养目标达成度较低。此外，互动表达题型的达成度较低。从 2018 年参加大学英语四级口试的考生各题型达成度可见，近 70%的大学生认为主题观点表达和互动交际能力均较为薄弱，反映出大学生英语口语教学效果较差。

基于上述数据统计分析可见，大学生英语口头交际能力培养目标达成情况较差。刘陈艳（2014）基于非英语专业大学生语料进行研究，结果显示学习者的语用能力不仅滞后于语法能力的发展，而且学习者从四级提升到六级水平后，语用语言能力和社会语用能力没有得到发展。[②]因此，有必要针对得体交际互动能力及观点表达能力进行针对性培养。

三、对大学英语语用教学策略研究不足的反思

通过文献梳理发现，语用能力研究多以英语专业学生为研究对象，指向非英语专业大学生英语语用能力培养的教学策略研究数量较少。我国英语语用主题研究最早起始于 20 世纪 80 年代，多数围绕英语专业学生语用能力培养而展开研究，以国外语用理论引介为主。在中国知网的数据库中，以“语用”和“外语”或“英语”为主题词，检索文献总量为 2694 个；以“大学英语”或“高校英语”为主题词在结果中进行二次搜索，所得文献量为 591 个，占比 22%，时间跨度从 1992 年至 2019 年；在知网期刊检索范围内，以“语用能力”和“外语”或“英语”为主题词检索 CSSCI 文献，检索到 231 篇，时间跨度从 1998 年到 2019 年，其中大学英语方面的文献量仅有 14 篇，占 6%；以“语用”为主题词对硕博论文进行检索，截至 2021 年 6 月，共检索到 507 篇论文，其中与大学英语语用能力相关的硕博论文为 98 篇，占硕博论文总量的 19%，博士论文只有 2 篇（作者分别为上海外国语大学博士生刘陈艳和姜占好），这说明博士层次研究者对大学生英语语用能力相关主题研究关注不够。从上述数据分析可见，作为语用学的重要研究内容，语用能力主题研究并未得到足够的关注，尤其是大学英语语用能力

① 卜素：《用人单位对大学生英语能力需求的实证研究》，《科技信息》2009 年第 3 期。

② 刘陈艳：《中国英语学习者请求言语行为的语用研究——基于非英语专业大学生的语料》，博士学位论文，上海外国语大学，2014，第 128 页。

研究所占比例更少。进一步对大学生英语语用能力培养的教学策略研究文献进行梳理，可总结出如下三个方面的研究不足与启示。

第一，缺少互动性输出策略和组合类教学策略研究。以1990年至2021年为时间跨度，对中国知网收录的CSSCI与中文核心期刊进行检索，最终检索到53篇有关大学英语语用教学主题的文献。运用NVIVO 12质化分析软件，对53篇文献中有关教学策略的关键词进行主题编码，得到了三类语用教学策略：输出类策略、输入类策略和意识强化类策略。输出类策略包括产出练习、口语训练、组织讨论；输入类策略包括交际用语输入、经典例子输入、元语用信息输入、文化导入、语篇教学、语用规则输入、语用失误对策输入、语用文化导向和语用知识输入；语用意识强化类策略包括提升语用意识、语用分析、语用失误分析、自主学习。对比策略性质与数量，大学英语语用教学策略主要突出了输入类教学策略研究，而对互动类与组合类教学策略研究不足。

第二，缺少基于《中国英语能力等级量表》开展的意识强化策略研究。《中国英语能力等级量表》（2018）正式颁布之后，研究者们基于该量表展开了大量的研究工作。截至2022年3月，中国知网收录的该主题期刊论文和硕博论文分别为273篇和43篇，其中基于该量表开展的大学英语语用能力研究论文数量分别为9篇（占比3%）和3篇（占比7%）。大学英语语用能力研究硕士论文研究主题为社会语言能力、英语修辞结构知识运用与以言行事能力，未涉及语用教学策略。4篇语用能力培养教学策略期刊论文主要探究如何基于该量表开展语用教学和语用教学评价改革等。[①]经过主题词分析后，共聚类了4种语用教学策略，分别为评价类策略、输出类策略、输入类策略、政策引领策略。其中，输入类策略占较大比例，主要是以显性教学的方式输入语用理论知识、真实教学资源、社会与文化背景知识；输出类策略中主要是通过语用实践和提供任务实现语用输出。对比各类策略可见，在基于该量表的语用教学策略研究中，缺少语用意识强化教学策略，而且输出类策略研究不充分。

第三，缺少针对语用能力等级提升开展的教学策略实验研究。国外的语用能力培养教学策略研究多为量化研究，而我国语用能力培养教学策略研究则缺少量化研究，尤其是实验研究的数量相对更少，多数是针对某种言语行为或几个言语行为培养的教学策略进行检验，或者对教学策略总体实施效果进行检验，特别是以验证显性教学策略和隐性教学策略实施效果的短期实验研究居多。闫嵘等（2008）以非英语专业大学生为研究对象，开展了为期半年的实验研究来验证讲演式与讨论式教学法对大学英语精读教学中语用习得的影响，其检验结果是讨论式教学法的效果较好。[②]刘燕（2011）采用前测、后测、延迟后测的实验设计，开展了为期 11 周的实验研究，采用话语填充

---

① 梁文阳：《语用能力量表在大学英语教学中的应用》，《海外英语》2019第6期。

② 闫嵘、张磊：《讨论式大学英语精读教学对大学生英语语用习得影响的实验研究》，《北京第二外国语学院学报》2008第8期。

测试和追溯性自我报告，对一年级大学生的语用意识和语用得体性进行了问卷调查及统计检验，前测和后测的数据配对样本 T 检验结果表明：显性语用教学和隐性语用教学均能有效地提高学习者的语用意识和语用得体性。[①]刘梓樵、李萌萌（2015）以 2013 级大学生为实验对象，对显性和隐性教学策略进行了为期 15 周的实验检验，其实验结果显示：隐性教学效果显著优于显性教学。[②]为了更好地开展本研究，研究者本人（2021）选取个案学校的2018级汉语专业大学生为实验对象，开展了语用教学策略前实验研究，通过语用教学策略干预，以自评、口试和笔试相结合的评价方式对实验对象的语用能力综合等级进行了评定，其检验结果显示：语用教学策略对大学生英语语用能力培养具有显著提升作用。

综上，大学英语语用能力培养的教学策略研究主要有五个方面不足：一是对教学策略中的互动性输出教学策略研究不足，二是对语用意识强化教学策略研究不足，三是对不同策略进行组合的教学策略研究不足，四是对语用教学策略设计研究不足，五是指向《中国英语能力等级量表》中语用能力等级的教学策略研究数量不足。上述研究不足为本研究选择研究视角提供了启示。

四、对个案学校大学英语语用教学策略的反思

本研究基于对个案学校大学英语语用教学策略现状调查结果的反思，开展语用教学策略理论与实验研究。

个案学校 S 大学是一所拥有 70 多年建校历史的省属普通高校，是理、经、管、文、法、教、艺等多学科协调发展的综合性大学，共有 15 个二级学院，其中有 12 个学院有非英语专业本科生，总体上可分为三类学生，即创新创业高层次本科生、普通类文理科本科生、艺体类本科生。裴娣娜在《教育研究方法导论》中指出，描述研究和调查研究样本总量应该是“总体的 10%，……样本容量一般不少于 100”[③]。因此，从个案学校创新创业学院、普通类文理科学院、艺体学院的一、二年级大学生中，随机抽取不少于学院研究总体 10%的研究对象，结果获得 682 名非英语专业大学生样本。基于“大学生英语语言能力调查表”[④]和“中国学生语用习得情况调查问卷”[⑤]，研究者编制

---

① 刘燕：《语用教学对大学生语用能力发展的长效性研究》，《教育与职业》2011 第 12 期。

② 刘梓樵、李萌萌：《显性和隐性教学策略对大学生英语语用能力影响研究》，《黑龙江教育学院学报》2015 年第 5 期。

③ 裴娣娜：《教育研究方法导论》，安徽教育出版社，2000，第 119 页。

④ 杨惠中、朱正才、方绪军：《中国语言能力等级共同量表研究：理论、方法与实证研究》，上海外语教育出版社。2012，第 163-164 页。

⑤ 黄玮莹：《二语语用评估概论》，北京时代华文书局，2017，第 225-227 页。

了“大学英语语用教学策略现状调查问卷”；基于《中国英语能力等级量表》中“语用能力自我评价量表”和“语用能力总表”，研究者编制了“大学英语语用能力自评量表”。从语用教学策略目标指向、语用教学策略内容指向、语用教学策略方法与活动选择、语用教学策略效果评价维度开展了调查，诊断了个案学校大学英语语用教学策略设计与实施中存在的问题及其原因。基于问卷调查与教师访谈数据分析结果可见，在个案学校大学英语语用教学中，指向语用能力培养的语用教学策略存在一定问题：第一，对语用教学策略重视度不够，目标单一，缺少语用能力等级指向；第二，在语用教学策略内容指向方面，缺少得体性语用知识输入；第三，语用教学策略任务设计缺少互动性，缺少等级达成意识；第四，语用教学策略的实施效果一般，大学生英语语用能力等级集中分布在1~4级的中小学水平，平均等级为3级的初中水平，未达到大学生应该达到的5~6级水平。

分析个案学校语用教学策略设计与实施中存在的问题，为语用教学策略理论与实验研究提供了研究启示：第一，应强化语用教学策略的目标与评价等级性、突出等级引领作用；第二，应针对交际原则、识别表达方式差异及语境知识进行输入，并针对语用能力培养教学目标进行语用教学策略设计；第三，应针对语用输出能力创设交际情境、设计互动性的语用理解和表达交际任务，提升语用理解与表达能力；第四，结合互动交际任务与活动设计语用评价教学策略，通过以评促学来改善语用教学策略的实施效果。

五、对英语语用教学实践经验的反思

多年来，研究者一直专注于语用教学的实践探索，积累了一些英语语用教学经验。研究者从教近 30 年，先后承担了公共英语、专业英语课程的教学任务，并针对不同层次学生积极开展了语用教学实践。基于日常英语语用教学实践经验的反思，研究者认识到了大学英语语用教学策略实践应用中存在的不足，也从其他层次语用教学实践中总结了可借鉴的经验。首先，大学英语语用教学策略未受到足够重视，大学生有效交际能力培养目标尚未达成，有待进一步强化语用教学策略的目标指向；第二，教师输入得体交际的语用知识不等于学生掌握了得体交际的语用能力，教师需要转变其教学理念，提高体现学生交际主体性的语用教学策略的使用频率；第三，以评促教对语用教学具有很重要的引领作用，有助于改善语用教学及语用学习的效果。因此，开展语用教学策略研究，需要加强策略的目标与内容指向，突出策略实施方法与手段的交互性，强调策略的评价目标导向性。

根据《中国教育现代化 2035》提出的基本理念，现代外语教学也应跳出语言基础知识、基本技能培养的教学目标，关注学生的全面发展、知行合一。[①]首先，外语教学的重要目标之一是要培养复合型人才；其次，英语教学的重要任务是进行跨文化教育，培养学生的思辨能力，满足其未来工作生活中恰当有效使用英语的需求。但是，在大学英语教学实践中，还远远没有实现大学英语课程的终极教学目标。在国外外语教学改革的语用转向引领下，我国颁布的《中国英语能力等级量表》也对语用能力进行了概念界定和等级要求描述，为开展语用能力水平调查与语用教学策略研究提供了教什么和达到什么标准的理论依据。因此，基于研究者对语用教学实践的体会，确定了以语言教学策略的语用转向及实现语用能力水平提升为本研究切入点，从理论与实践层面针对语用教学策略开展研究。

第二节 研究目标与问题

为了落实我国外语能力测试评价体系的改革要求，回应我国大学英语语用能力培养的教学目标尚未达成的教学问题，本研究以 S 个案学校的大学生为研究对象，聚焦大学生英语语用能力培养的语用教学策略研究问题，开展了语用教学策略理论与实验研究，探索出了有效培养语用能力的语用教学策略。

一、研究目标

本研究以语用教学策略为切入点，试图通过指向语用能力培养的语用教学策略的理论与实验研究，采用语用教学策略开展教学，即将教学策略指向语用教学目标、语用教学内容、语用教学方法与活动、语用教学评价及语用教学效果，实现提升大学生得体交际的语用能力等级水平、全面提升复合型人才外语综合能力的培养目标。具体研究目标分解如下。

研究目标一：旨在针对大学英语语用教学策略中存在的问题，对语用教学策略进行理论研究，确定语用教学策略选择的理论依据和分类方式，以及语用教学策略设计的选择与实施流程、评价原则，为语用教学策略实验研究奠定理论基础。

研究目标二：旨在通过对语用教学策略实验研究，探索出对大学生英语语用能力培养有显著提升作用的语用教学策略，为改善大学英语教学效果提供实践依据。

---

① 中华人民共和国教育部：《中国教育现代化 2035》，http://www.moe.gov.cn/jyb_xwfb/s6052/moe_838/201902/t20190223_370857.html，访问日期：2021-9-25。

二、研究问题

基于《中国英语能力等级量表》中的语用能力培养要求，本研究的核心问题聚焦如何通过指向语用能力培养的语用教学策略，实现大学生英语语用能力培养目标，即解决“怎样教”“怎样以评促教”的问题。具体研究问题分解如下。

研究问题一：哪些语用教学策略能提升大学生英语语用能力？语用教学策略如何分类，如何设计选择、实施与评价？

研究问题二：大学生英语语用能力培养的语用教学策略的实施效果如何？具体包括：与传统语言教学策略相比，语用教学策略是否具有显著提升语用能力水平的作用？语用教学策略对语用能力不同维度的影响作用是否存在显著差异？不同类别语用教学策略对语用能力水平提升的影响作用是否存在显著差异？语用教学策略对语用能力水平的提升作用与语言水平间是否存在显著相关？

上述研究问题密切相关，分别对应语用教学策略的理论和实验研究。通过质化与量化的数据收集方法，收集语用教学策略实施效果的相关数据，验证语用教学策略是否对大学生英语语用能力水平提升具有显著影响作用。

第三节 研究意义

针对不同的研究对象、选择不同的研究视角开展语用教学策略研究，不仅可以丰富语用教学理论，也可以从实践层面为其他研究者提供借鉴，具有一定的理论与实践意义。

一、理论意义

第一，从研究对象专业方面丰富了语用教学理论。本研究以普通省属综合大学为个案研究对象，从中选择非英语专业大学生作为语用教学策略研究对象，从研究对象的专业方面丰富了语用教学策略的理论研究。从20世纪80年代开始，我国的语用能力研究以英语专业本科生为主要研究对象。20世纪90年代中期，以非英语专业大学生为研究对象的语用能力研究开始出现。30多年里，在中国知网所收录的大学英语语用能力培养方面的核心级别期刊论文仅有50多篇，年均发文量不足2篇，这说明非英语专业研究对象的语用能力培养未得到充分重视且未达到高水平的研究程度。进一步从研究对象类别维度进行统计发现，在50多篇核心级别期刊论文中，以师范类大学生为研究对象的期刊论文发文量最大（共计7篇），以综合类大学生为研究对象的发文量次之（共计 6 篇），以军医类、理工类、科技类大学生为研究对象的发文量各 3 篇，以矿业、科技、商业、林业、外贸与理工科院校大学生为研究对象的发文量各1篇。其中理工科院校大学生语用能力研究为研究者本人的研究成果。从非英语专业大学生的专业视角来看，以理工科本科院校的非英语专业大学生为研究对象而开展语用教学策略研究，丰富了不同研究对象指向的语用教学理论。

第二，从语用能力等级方面丰富了语用教学理论。从研究内容来看，大学英语语用教学策略实施的效果检验方面的研究所占比例较小，多为教学经验介绍，语用教学策略理论研究尚未完善，尤其是以非英语专业大学生为研究对象而开展的英语语用能力水平测量及等级提升的语用教学策略研究的数量更少。因此，需要进一步深入研究指向大学生英语语用能力培养的语用教学理念、语用教学内容、语用教学策略、语用教学评价等。在审视当前国际化的发展背景、国家人才的战略需求、大学英语课程目标、个案学校大学英语语用教学的局限及弊端后，本研究对语用教学策略进行了理论与实践探索。从理论层面上，基于《中国英语能力等级量表》确定了语用教学策略目标指向；基于社会文化理论下的二语语用教学理念，确定了宏观语用教学策略设计理念依据；基于语言学家 Stern, H. H.的语言教学策略分类，确定了微观语用教学策略组成与分类；基于 SECI 隐性知识与显性知识转化的策略模型，确定了语用教学任务与活动类型、语用教学策略具体实施过程与评价原则。通过语用教学策略干预大学英语教学，可以实现大学生英语语用能力培养目标，满足国家和社会发展对复合型人才的需求。因此，本研究丰富了大学英语语用教学理论，体现了本研究的理论意义。

二、实践意义

在《语言教学中的语用学》一书中，语用学研究专家 Kasper, G.和 Rose, K. R.（2006）论及通过课堂观察研究和干预性研究探索培养学习者语用能力的有效途径，认为语用知识是可以传授的，显性教学比隐性教学更为有效。[①]本研究在语用教学策略设计、实施与评价等方面的研究成果，为英语教师开展语用教学提供了借鉴，为实现语用教学目标提供了可行性路径。

第一，为英语教师开展语用能力测评提供了参考依据。本研究者编制了大学英语语用能力维度分解框架及语用能力等级水平测试题，为大学英语教师开展语用能力等级水平测评提供了测量工具，具有实践指导意义。美国语言学家 Bardovi-Harlig, K.

① 罗斯（Rose, K. R.）等编《语言教学中的语用学》，陈新仁导读，世界图书出版公司，2006，第 14 页。

（2001）认为“没有语用输入，语用习得不可能发生”[①]。语用知识是语用能力的基础。掌握了语用知识才有可能将语用知识应用到不同的交际语境中，正确理解和得体表达交际意图。语用意识是培养语用能力的条件。语用意识反映出基于语境进行语言形式与交际意图匹配的心理过程。意识程度越高，进行正确解读话语意图和选择适切语言形式表达话语意图的能力水平越高。因此，测量语用能力水平时，需要考虑从哪些维度进行测量，以及具体的标准是什么。基于语用能力测量维度，本研究者研制了语用能力等级口试与笔试测量工具、具体的评分标准与等级确定步骤，具有较强的操作性，有助于通过测评实现以评促教，进而提升学生的英语语用能力水平。

第二，为提升复合型人才的外语素养提供了实践借鉴。语用能力是语言能力和交际能力的联系纽带，关系着语言能力的提升和跨文化交际能力的培养，不仅会影响大学英语课程目标的达成，也制约着国家人才战略的成败。21 世纪的高素质人才体现出复合型和国际化特征，因此跨文化适切交际的语用能力培养成为当今大学生必备的能力。对于大学生来说，沟通交流不应仅局限于中文交流，英文交流同样重要。通过英语语用能力水平的提升，提高普通高校非英语专业大学生对未来社会生活及工作的适应能力和终身学习能力，对于大学生自身发展来讲也具有一定的实践意义。

第四节 研究创新

本研究采用了新的研究范式与方法视角开展语用教学策略研究，研制了新的英语语用能力测量维度与工具来反映语用教学策略的实施效果，这是从实践层面对《中国英语能力等级量表》的有益补充和实践转化，具有一定创新性。

一、研究范式和研究方法的创新

从研究方法维度上分析，本研究采用了混合研究范式开展大学英语语用教学策略研究，具有一定的创新性。纵观我国大学英语语用方面研究的发展过程，多以非实验研究范式探究语用理论应用及语用能力培养，而以非英语专业大学生为研究对象来探究语用能力培养的教学策略体系及其实施效果的研究数量较少。本研究以 S 个案学校的非英语专业大学生为研究对象，具有更强的针对性。此外，本研究采用了混合研究

① Bardovi-Harlig, K., “Evaluating the empirical evidence: Grounds for instruction in pragmatics?” in *Pragmatics in Language Teaching*, ed. Rose, K. R. & Kasper, G. (Cambridge: Cambridge University Press, 2001), p.31.

取向，结合量化和质化的研究方法，针对个案学校大学英语语用教学薄弱问题，开展了问卷调查、访谈、测量、文本分析和准实验，并收集了相关研究数据，从研究方法上丰富了大学英语语用策略的研究范式，体现了本研究在研究方法方面的创新性。

二、测量维度与测量工具的创新

第一，在语用能力测量维度上，从听、说、读、写维度呈现口语交际中语用能力发展水平，进一步拓展了语用能力测量维度，具有一定创新性。本研究从交际意图传递方向与传递媒介出发，将口语交际中的语用能力分解为四个维度，分别是听力语用理解能力、阅读语用理解能力、口头语用表达能力和书面语用表达能力。以这四个维度上的语用能力水平来整体反映语用能力总体发展程度，能更加科学、客观地反映非英语专业大学生英语语用能力的真实程度。

第二，在语用能力等级测量工具维度上，本研究者开发了四套大学英语语用能力等级口试与笔试测试题，语用能力等级综合评价模型以及言语行为语用特征分析框架，从质化与量化维度反映语用能力的发展水平，使《中国英语能力等级量表》中的语用能力评价量表更具实操性。本研究以非英语专业大学生英语语用能力培养教学策略为核心研究问题，而语用能力水平变化是判定教学策略是否有效的主要标准。已有的语用能力测评研究多以多项选择、判断正误、话语填充、自我评价等方式对语用能力进行测评，以语用测试分数高低、话语文本中体现出的语用特征变化反映教学策略对语用能力培养效果的作用，缺少能体现出被试语用能力等级变化的具体测量工具，本研究在语用能力等级测量工具方面的研究成果则体现了该方面的创新性。

第二章 大学英语语用教学策略研究综述

为了回应国家外语能力评价体系改革提出的研究课题，基于反思大学生语用能力培养存在的问题及大学英语语用教学策略的研究不足，从个案学校的大学英语语用教学策略现状出发，结合研究者个人的英语语用教学经验，本研究以语用教学策略为解决语用教学问题的破冰点展开研究，旨在通过语用教学策略干预大学英语语用教学，提升大学生英语语用能力水平，实现大学英语的教学目标。因此，本研究的文献综述部分从语用能力、大学英语语用教学、教学策略、语用教学策略四个方面进行了梳理，为语用教学策略理论与实践研究奠定了基础。

第一节 核心概念界定

语用能力是语用教学策略指向的培养目标，是语用教学策略实施效果的重要评价依据，是大学英语课程目标的重要组成部分。本研究围绕大学生英语语用能力培养的语用教学策略开展理论与实验研究，其核心概念包括：语用能力、英语语用能力、教学策略和语用教学策略。

一、语用能力

在语用学的研究领域中，语用能力是重要的研究主题。在我国的语用能力研究中，语用能力研究主要分为汉语语用能力研究与外语语用能力研究。在本研究中，语用能力特指英语作为外语的语用能力研究。

英国语言学家 Thomas, J.（1983）最早对语用能力进行了概念界定，认为语用能力是“有效地运用语言知识以达到特定的交际目的和理解特定场景中话语的能力”①。

何自然（1996）认为语用能力就是“为了达到特定目的而使用语言及在语境中理

① Thomas, J., “Cross-Cultural Pragmatic Failure,” *Linguistics* 2, No. 4 (1983): 91–112.

解语言的能力”[①]。语用能力包括使用语言达到各种交际目的的能力，如理解说话人真正交际意图的能力，对话语组成篇章的规则的把握能力等。

波兰语言学家 Bialystok, E.（1993）提出语用能力习得的双维模式，包括知识分析和过程控制，对所习得的语用知识进行认知加工，通过知识分析过程使隐性知识显性化，通过过程控制将注意力控制到相关信息上，以及对信息进行整合。[②]基于该框架，卢加伟（2013）对语用能力进行了操作性界定，认为“语用能力是在言语交际中，交际者能够识别当前语境，经过一定的认知加工提取存储在长时记忆中的语用知识，从而产出合适话语的一系列反应，它包括语用知识、语用意识和语用表现 3 个部分”[③]。

2018 年 2 月，教育部和国家语言文字工作委员会颁布了《中国英语能力等级量表》，将语用能力定义为“语言学习者和使用者结合具体语境，运用各种知识和策略，理解和表达特定交际意图的能力，包括语用理解能力和语用表达能力”[④]。

综合上述概念界定，研究者们对语用能力内涵的认识主要集中在具体语境下的理解和表达能力，均强调特定语境对语用能力的限定作用，突出了语用能力的重要特征。语用能力突出了语境对选择不同的语言形式、实现不同的交际功能的影响作用，强调语言形式、功能与语境的适切性与得体性。

本研究聚焦口语交际活动中的语用能力培养，采用《中国英语能力等级量表》对语用能力的界定方式，从说话人和听话人视角对口语语用能力进行界定，即结合具体语境，说话人与听话人运用各种知识和策略，理解和表达特定口语交际意图的能力，包括语用理解能力和语用表达能力。[⑤]其中，语用理解能力指从听和读的维度理解话语交际意图的能力，即听力语用理解能力和阅读语用理解能力；语用表达能力指从说和写的维度表达话语交际意图的能力，即口头语用表达能力和书面语用表达能力。

二、英语语用能力

本研究中“英语语用能力”（本文中简称“语用能力”），参照了《中国英语能力等级量表》对“语用能力”的概念性定义及卢加伟给出的操作性定义，指在英语口语交际中，交际者结合具体英语交际语境，运用相关知识和策略，理解和表达特定英语话语交际意图的能力，包括英语语用理解能力（听维度的语用理解能力和读维度的语用理解

---

① 何自然：《语用学讲稿》，南京师范出版社，2003，第 29 页。

② Bialystok, E., “Symbolic representation and attentional control in pragmatic competence,” in *Interlanguage Pragmatics*, ed. Kasper, G. & Blum-Kulka, S. (New York: Oxford University Press, 1993), p.48.

③ 卢加伟：《认知框架下的课堂语用教学对学习者二语语用能力发展的作用》，《解放军外国语学院学报》2013 年第 36 卷第 1 期。

④ 教育部考试中心：《中国英语能力等级量表》，第 2 页。

⑤ 同上。

能力）和英语语用表达能力（说维度的语用表达能力和写维度的语用表达能力）。

三、教学策略

从教育史上看，教育学一直把“策略”与“方法”或“程序”作为同义词。从语义学角度，策略指根据形势发展而制定的行动方针和斗争方式，还指讲究斗争艺术，注意方式方法。[①]《简明国际教育百科全书》认为教学中的“策略”与“方法”和“步骤”同义，还用来指“教学活动的顺序排列和师生间连续的、有实在内容的交流”[②]。因此，本研究将教学中采用的策略、方法和步骤统称为教学策略。

美国 Eggen, P. D.（1979）较早开始研究课堂教学策略，认为教学策略就是“依据教学任务的特点来选择适当的方法”[③]。

皮连生（2004）在《教育心理学》一书中指出，教学策略是“适合达到一定教学目标的一整套教学步骤、方法、媒体的选择等”[④]。

黄甫全（2006）在《现代课程与教学论学程》一书中指出，广义上的教学策略是“在课程与教学目标确定以后，依据学生的学习规律和特定的教学条件，有针对性地选择与组合相关的内容、媒体、评价技术、组织形式、方法和各种手段等，以便形成有效率意义的特定教学方案的原理、原则和方式”[⑤]。

美国语言学家 Stern（1992）从对原理、原则和具体行为三个层面对语言方面的教学策略进行解析，认为语言教学策略属于中间原则层；“技巧”属于具体行为层，指具体的行为、程序和活动；“方法”指自成理论体系的教学方法，如直接法、翻译法、听说法等。[⑥]Stern 的语言教学策略更为宽泛，不仅包括了教学方法，也包括了具体的教学技巧。

综合对比上述定义，不同研究者对教学策略界定有相近之处，也略有侧重。从总体上看，研究者们对教学策略的本质认定基本可以归纳为行为说、方案说、方法说等。教学策略是为完成教学任务，实现教学目的，在一定教学理念支配下而采取的行为、活动、方法、计划、方案等，教学策略的选择和使用反映出教师内心深处的教学思想和教学理念的具化，同时也呈现了教学目标导向性和操作性特征。在运用教学策略时，

---

① 王笃勤：《英语教学策略》，外语教学与研究出版社，2002，第 1 页。

② 中央教育科学研究院等：《简明国际教育百科全书：教育卷（下）》，教育科学出版社，1990，第 261-262 页。

③ 保罗・D.埃金等：《课堂教学策略》，王维诚等译，教育科学出版社，1990，第 1 页。

④ 皮连生主编《教育心理学 第三版》，上海教育出版社，2004，第 445 页。

⑤ 黄甫全主编《现代课程与教学论学程》，人民教育出版社，2006，第 722 页。

⑥ 斯特恩（Stern, H. H.）：《语言教学的问题与可选策略》，上海外语教育出版社，1999，第 31 页。

教师可将其转化为教学的具体程序、步骤和活动。教学目标制约着教学策略的实际操作及其实施效果。教学目标解决的是“教什么”的问题，教学策略解决的是“如何教”的问题[①]，教学策略指向教学目标的达成。

本研究结合如上研究者等对教学策略的界定方式，从原则、方法、活动和方案视角出发，将教学策略界定为：为实现预期的教学目标和达到预期的教学效果，依据教学任务的特点，在一定教学理念指导下，所采取的一系列有目的的教学原则、方法与活动或方案等。

四、语用教学策略

语用教学策略是在语用学理论指导下，为实现语用能力培养目标而采取的教学原则、方案和方法，属于语言教学策略。与传统的语言教学策略不同，语用教学策略更突出交际得体性与互动性，强调语境的动态性与综合性，不仅局限于文本语境，还关注语用知识、语用意识、语用输出对得体交际语用能力培养的重要作用。

美国语言学家 Stern 针对语言教学提出了不同的教学策略，从不同分类角度划分，包括语内与跨语教学策略、分析型与经验型教学策略、显性与隐性教学策略。[②]鉴于语用能力培养也是语言教学的培养目标之一，指向语用能力培养的教学策略即为语用教学策略。研究者们针对语用能力培养的教学策略开展了实验研究，其中以显性教学策略和隐性教学策略研究为主，如 Judd, L. E.（1999）提出了三类语用教学策略，即“认知意识激发策略、言语行为运用技巧的训练活动、语言输出活动”[③]。从 Judd 对语用教学策略的分类方式来看，语用教学策略是指向语用能力培养的教学策略，是一系列有目的的教学原则、方案、方法与活动。

本研究中的语用教学策略，指向非英语专业大学生英语语用能力培养的教学策略，为实现大学英语语用教学目标和达到预期的教学效果，依据大学英语语用教学任务的特点，在一定语用教学理念指导下，根据对大学英语教学语篇及语境的理解和认识，所采取的选择适当的教学原则、方法与活动或制定的教学总体实施方案等。语用教学策略可分为语用知识输入教学策略、语用意识强化教学策略和语用理解与表达输出教学策略。语用能力培养的教学策略注重语言在语境中使用的意义，注重真实的语言交际情境，注重语境中进行语用知识分析、语用意识控制及语用理解与表达输出，最终通过多维度强化语境中语言形式、意义及功能的统一而实现语用能力提升。

---

① 李定仁、徐继存主编《教学论研究二十年 1979—1999》，人民教育出版社，2001，第 248 页。

② 斯特恩（Stern, H. H.）：《语言教学的问题与可选策略》，第 31 页。

③ Judd, L. E., “Some Issues in the teaching of pragmatic competence,” in *Culture in Second Language Teaching and Learning*, ed. Hinkel, E (Cambridge: Cambridge University Press, 1999), pp.152-166.

第二节 关于语用能力的研究

本研究聚焦通过语用教学策略干预提升大学生英语语用能力水平，结合具体研究问题，从语用能力概念发展及其相关概念与关系厘清、语用能力框架维度、语用能力理论基础、语用能力培养的影响因素、语用能力测试评价、语用能力培养对象维度，对相关文献进行了梳理。

一、语用能力概念发展研究

早期的语用能力研究与交际能力概念的提出和发展有密切的联系。语言学家们对交际能力的框架描述中，对得体运用的描述实际上就是对语用能力的描述，但是并未将其作为交际能力独立的组成部分进行阐述。

美国语言学家 Chomsky, N. A.（1965）将语言能力与语言行为分开，但过于关注语言形式规则和语法标准。美国社会语言学家 Hymes, D.（1972）认为 Chomsky 只关注了语言层面，而将社会层面诸多因素排除在外，缺少对语言和社会关系的思考。[①]鉴于此，Hymes 将 Chomsky 的语言行为研究纳入交际语言能力范畴，提出了交际能力理论，认为交际能力应具有语法性、可行性、得体性和出现性四个特征。虽然 Hymes 没有对语用能力进行概念界定，但是英国应用语言学家 Widdowson, H. G.（1989）认为交际能力的可行性、得体性和出现性就是语用能力的特征。[②]Chomsky（1980）从知识角度对语用能力进行了界定，将其描述为“得体运用语言的各种条件和方式的知识”的能力。[③]Thomas（1983）从能力角度对语用能力进行了正式界定，突出了语用能力是特定场景下的有效地理解和表达交际意图的能力，成为研究者们普遍接受的语用能力概念。[④]之后的研究者们虽然对语用能力有不同的强调和侧重，但是其核心组成要素基本没有改变。

英语语言环境下的研究者们更关注社会因素对语用能力的制约作用，所以在其概念界定中突出了社会语言能力组成要素。语言学家 Canal, M.（1983）和 Bachman, L. F.（1990）在对语用能力概念进行界定时，均体现了语用能力具有社会语言能力的特征，分别将其界定为“在语境中得体使用语言的知识，……具体包括意义上的得体和形式

---

① 李民、肖雁：《语用能力分析框架述评》，《外语教学理论与实践》2012 年第 3 期。

② 李怀奎：《第二语言语用能力研究 理论与实践》，上海交通大学出版社，2013，第 11-13 页。

③ Chomsky , N. A., *Rules and Representations* (Oxford:Blackwell,1980), p.224.

④ Thomas, J., “Cross-cultural pragmatic failure,” *Linguistics* 4, No.2 (1983): 91-112.

上的得体”[①]，以及“特定语境中得体实施语言功能的社会语言规约知识”[②]。从其概念界定中，可以看出适切与得体交际的语用能力要符合社会语言规约，掌握符合社会规约的知识，并能依据语境加以应用，以实现得体交际的目标。此外，还有一部分研究者们注重语用知识对语用能力培养的重要作用，在对语用能力概念界定时突出了语用知识因素的作用，如语言学家 Bialystok 与 Sharwood-Smith, M.（1985）认为语用能力是“知道如何使用语言知识进行交际”的能力[③]；Rose（1999）认为语用能力是“在特定语境中使用语言资源进行交际”的能力，由语用系统知识和恰当使用语用系统的知识组成。[④]

英语为外语环境下的研究者们更加强调语用知识对语用能力培养的重要作用，同时从理解和表达两个维度对语用能力进行了描述。日本研究者 Taguchi, N.（2012）认为语用能力包括语用知识和语用知识使用，是掌握和运用语用知识的能力。其中，语用知识指理解和表达言语意图的能力，而语用知识运用能力指在真实环境中有效使用语言知识的能力。[⑤]中国研究者何自然（1996）、刘绍忠（1997b）、杨文秀（2002）、戴炜栋（2005b）等，从理解和表达交际意图两个维度对语用能力进行了界定。同时，越来越明确地提出了语境对适切、得体交际能力的影响作用。何自然（1996）认为语用能力就是“为了达到特定目的而使用语言及在语境中理解语言的能力”[⑥]。刘绍忠（1997b）认为语用能力指“听话人对语境的认识能力和在对语境认识的基础上理解别人的意思和意图，能够准确表达自己的意思和意图”的能力。[⑦]杨文秀从说话人和听话人角度对语用能力进行了解释，即从说话人角度，语用能力是说话人利用语境表达多种语言功能；而从听话人角度，语用能力就是指根据语境理解对方的真实意图的能力。[⑧]戴炜栋（2005b）对语用能力的概念界定中不仅强调了基于语境准确理解别人和得体表达自己的能力，还特别突出了识别语境的能力。[⑨]卢加伟（2014）从话语语用学视角对语用能力进行了界

---

① Niezgoda, K., Röver, C., “Pragmatic and grammatical awareness,” in *Pragmatics in Language Teaching*, ed. Rose, K. R. & Kasper, G. (Cambridge: Cambridge University Press, 2006), p.64.

② Bachman, L. F., *Fundamental Consideration in Language Testing* (Oxford: Oxford University Press, 1990), p.90.

③ Ellis, R., *The Study of Second Language Acquisition* (Shanghai: Shanghai Foreign Language Education Press, 1999), p.296.

④ Rose, K. R., “Pragmatics in teacher education for nonnative speaking teachers: A consciousness-raising approach,” *Language, Culture and Curriculum* 10, No.2 (1997): 125-138.

⑤ Taguchi, N., *Context, Individual Differences and Pragmatic Competence* (Bristol: Multilingual Matters, 2012), p.1.

⑥ 何自然：《语用学讲稿》，南京师范出版社，2003，第 29 页。

⑦ 刘绍忠：《语境与语用能力》，《外国语》1997 年第 3 期。

⑧ 杨文秀：《语用能力·语言能力·交际能力》，《外语与外语教学》2002 年第 3 期。

⑨ 戴炜栋、陈莉萍：《影响二语语用能力发展的因素》，《外语与外语教学》2005 年第 9 期。

定，突出了语用能力是“交际者参与会话互动的能力”，可分解为识别、产出话语风格和语境线索的能力，共建话题与维持话轮的能力，构建和谐交际关系的能力。[①]基于国内外研究者们对语用能力的研究成果，教育部（2018）以中国英语学习者为研究对象，研制并发布了《中国英语能力等级量表》，采取了窄式界定方式对语用能力进行了概念界定，即语用能力是基于特定语境，运用各种知识和策略，理解和表达言语行为交际意图的能力。[②]

综合以上概念界定，研究者们对语用能力内涵的认识历经了从语用能力知识观向语用能力行为观的转变，也都认识到了识别语境的语用意识对语用能力培养的重要作用。通过强化语用意识，可以提升学习者基于不同的语境正确地理解语言形式所表达的交际意图的能力和选择不同的语言形式得体表达交际意图的能力。

二、语用能力相关概念研究

语用能力不仅是语际语用学最为核心的研究议题，而且也是交际能力的重要组成部分和二语或外语学习的重要培养目标。Thomas（1983）认为说话者表达中出现语法错误可以接受，可以认为是说话者“说得不好”，而没有遵循语用原则进行交际的说话者则被视为表现不好、态度不真诚。[③]可见，是否正确理解和得体表达交际意图的语用能力对交际能力的形成至关重要，因此有必要对语用能力的相关概念进行解析。

（一）语用学：语用能力发展的理论基础

开展语用学研究为选择语用教学内容提供了理论依据。语言学家发现，在真实的语言使用中，有些语言现象是句法学和语义学理论无法解释的。因此，研究者们开始转向语言运用研究，关注语用学理论与实践研究。[④]我国研究者何自然和陈新仁（2014）认为语用学是关于“如何理解和使用语言，如何使语言合适、得体的学问”[⑤]，而基于语境，正确理解语言的交际意图和得体表达交际意图的能力就是语用能力，所以语用能力是语用学的重要研究议题。国外的语用学研究开始于 20 世纪六七十年代，主要研究内容为指示语、言语行为理论、关联理论、语言间接性、会话含义、会话原则、前

① 卢加伟：《中国英语学习者二语会话中语用非流利的实证研究》，博士学位论文，南京大学，2014，第 55 页。

② 教育部考试中心：《中国英语能力等级量表》，第 2 页。

③ Thomas, J., “Cross-cultural Pragmatic Failure,” *Applied Linguistics* 4, No. 2 (1983): 91–112.

④ 谷健飞：《运用 Grice 会话含义理论提高学生英语交际能力》，《外语与外语教学》1998 年第 7 期。

⑤ 何自然、陈新仁编著《当代语用学》，外语教学与研究出版社，2004，第 6 页。

提、会话结构等。国际语用学的研究热点包括语篇、礼貌、习得、会话和理解等。从主题词角度分析，其研究热点从言语行为、语用句法、语用习得拓展到了语用韵律和语用临床等层面。国内的语用学研究始于 20 世纪 80 年代，通过 CiteSpace 5.8 软件对 40 年来中国知网收录的核心期刊论文的关键词进行主题词频分析，结果可见：我国语用学研究的主要议题包括语用能力、关联理论、言语行为、语用失误、礼貌原则、认知语用学、中介语用学、外语语用能力和后格莱斯语用学等。其中，语用能力研究是我国语用学研究的重要内容。围绕语用能力开展的研究议题体现在语用能力的培养方法、内容依托式教学、交叉文化的语用能力培养等方面。从时间维度分析研究议题可见，20 世纪 80 年代的语用学研究处于引介阶段，主要是引入语用学研究理论，其中以会话含义分析为主要议题；从 20 世纪 90 年代开始，认知语用学的相关议题逐步成为语用学研究的关注点，其中“关联理论”是该时期主要的研究议题，认知语境、语境效果成为研究热点；进入 21 世纪，言语行为、礼貌原则、语用能力、语用失误、语用教学等已经成为新的研究议题。①

在语用能力研究的主题及内容方面，国内外研究者们的研究侧重点有所不同。其中，国外的语用能力研究范围更为广泛，而国内语用能力研究更为集中。从研究问题出发，本研究旨在探讨关于非英语专业大学生英语语用能力培养的教学策略研究。因此，文献综述部分集中围绕语用能力概念、框架、语用能力培养与测量等方面进行梳理，为研究设计、理论研究与实验检验提供依据。

（二）语用知识：语用能力发展的知识基础

语用知识是语用能力的基础，Kasper（2001）提出语用能力提升与语用知识输入密切相关。②《中国英语能力等级量表》中将语用知识分为功能知识和社会语言知识。功能知识是关于语言形式与其交际意图相匹配的知识，是如何识别话语意图，以及选择恰当话语形式表达其交际意图的知识，具体包括：概念功能知识、操控功能知识、探究功能知识和想象功能知识。社会语言知识是基于语境如何适切使用语言的知识，即如何恰当地理解和产出话语的知识，具体包括：语体知识、方言知识、语域知识、自然表达或惯用表达知识、文化参照与修辞知识。③影响言语交际的语用知识涵盖了指示语、会话含义、言语行为、语用预设、话语标记、会话组织、合作原则、礼貌原则、关联原则等。④

---

① 李民、肖雁：《二语语用能力研究》，中国社会科学出版社，2017，第 25，42-43 页。

② Kasper, G., “Four perspectives on L2 pragmatic development,” *Applied Linguistics* 22, No.4 (2001): 502-530.

③ 刘建达、吴莎主编《中国英语能力等级量表研究》，高等教育出版社，2019，第 29-30 页。

④ 何自然编著《语用学与英语学习》，上海外语教育出版社，1997，第 1-6 页。

（三）语用意识：语用能力发展的前提基础

Bardovi-Harlig 与 Dornyei, Z.（1998）发现了语用意识与语用能力密切相关。语用能力高的人语用意识水平就高，语用意识水平高又会促进语用能力的发展。[①]因此，可将语用意识强化作为提升语用能力水平的教学策略进行检验。

比利时语言学家、国际语用学会秘书长 Verschueren, J.（2000）认为，人们在使用和选择语言而作出顺应时，会涉及语用意识问题。语用意识由特定交际语境特点所决定，交际者能够使用恰当的、规约的语言，得益于其对语言规则及交际实现过程的清晰认识。[②]理解和表达话语时，交际者不能只停留在对话语字面意义的解读和传达，应该树立理解话语含义的语用意识。他还认为语用意识能影响学习者的语义产出、语义协商，也影响其语言水平和跨文化交际能力，语用意识是语用能力发展的关键，语用意识越强，语用能力越强。[③]Alcón, E.等（2008）认为语用意识是学习者对语用规则和社会规约的意识与反思。[④]叶邵宁等（2003）认为语用意识包括语用语言意识和社交语用意识。[⑤]胡美馨（2007）以言语行为作为主要研究对象，分析综合英语教材中语用意识培养问题。[⑥]陈新仁（2013）认为语用意识是学习者在特定语境下对语用规则与语用实现的意识性与敏感性。[⑦]因此，可以通过语用意识的调控能力来反映学习者语用知识的掌握情况和语用行为表现情况。可见，语用意识是语用能力发展的前提和基础，也是影响其语言水平高低的重要因素。

（四）得体性：语用能力发展的特征指标

得体性是语用能力的重要特征。Hymes（1972）提出了交际能力概念，认为交际能力应具有四个特征：一是语法性，语言形式是否符合语法规范；二是可行性，在交际手段允许的范围内，某一形式是否可接受；三是得体性，在具体的交际情境中，某一形式是否合适；四是出现性，在实际交际过程中，某一形式是否能得到使用。后三个特征是关于得体性特征。语境就是人在言语时所处的环境，其中包括语言语境与言

---

① Bardovi-Harlig, K, & Dörnyei, Z., “Do Language Learners Recognize Pragmatic Violations? Pragmatic Versus Grammatical Awareness in Instructed L2 Learning,” *TESOL Quarterly* 32, No.2 (1988): 233-262.

② Verschueren, J., *Understanding Pragmatics* (Beijing: Foreign Language and Research Press, 2000), p.187.

③ Verschueren, J., “Notes on the role of metapragmatic awareness in language use,” *Pragmatics*, No. 10 (2000): 439-456.

④ Alcón, E. & Jordà, P. S, “Pragmatic awareness in second language acquisition,” *Encyclopedia of language and education*, No. 6 (2008): 193-204.

⑤ 叶绍宁、滕巧云：《英语教学与语用能力的培养》，《外语界》2003 年第 6 期。

⑥ 胡美馨：《言语行为语用意识培养在综合英语教材中的实现》，《外语研究》2007 第 4 期。

⑦ 陈新仁等：《语用学与外语教学》，外语教学与研究出版社，2013，第 36 页。

语语境。前者指口语的前后语和书面语的上下文方面的小语境，而后者指主观环境（如身份、职业、性格等）与客观环境（如时间、地点、场合、对象、话题等）的大语境[①]。何自然（1998）提出，得体本身就是交际的准确，说话时要注意交际场合，交际双方的亲疏关系，社会、文化背景等。[②]郑荣馨（2002）认为语言的得体性是指“语言材料对说写主体和语言环境的适应程度”[③]。《中国英语能力等级量表》（2018）提出以语言使用是否得体的标准来检验知识运用的效果，认为得体性是交际能力的一部分，指“语言运用是否与特定语境相符，符合程度如何”[④]。

基于上述有关得体性的描述和解释，可以总结出交际得体性的共同特征，即：从语境和交际者间的关系出发，选择适切的语言形式来表达交际意图、实现交际功能，换句话说，选择语言形式来表达交际意图时，需要考虑语言形式是否与交际情境和交际主体的关系相符合。语用能力就是指得体交际的能力。因此，对交际是否得体及得体程度进行判断可以作为语用能力发展程度的确定依据。

（五）语言能力：语用能力发展的语言基础

20 世纪以来，比较有影响力的语言能力观包括结构主义语言能力观、生成语言学语言能力观和交际语言能力观。20 世纪早期，结构主义语言学奠基人 Saussure, F.区分了语言（langue）和言语（parole），认为语言是抽象的语言系统，言语则是使用的实际话语。结构主义语言能力观突出语言要素及其规则的掌握和运用情况，具体体现在语音、词汇、语法结构、句型等语言点。[⑤]在 20 世纪中期，Chomsky（1980）区分了“语言能力”（competence）和“语言行为”（performance），认为语言能力是理想化的语言规则的心理表征，而语言行为是具体交际情境下语言的实际运用[⑥]。Chomsky 更多关注心理属性的外在语言行为表现，即通过听、说、读、写、译等过程中运用语言的能力反映语言使用者的心理表征。《中国英语能力等级量表》（2018）将语言能力界定为“语言学习者和使用者运用自己的语言知识、非语言知识以及各种策略，参与特定情境下某一话题的语言活动时表现出来的语言理解能力和语言表达能力”[⑦]。可见，该量表中的语言能力包括了语用能力。尽管研究者们对语言能力与语用能力的关系有不同的看法，但是语用能力发展都离不开语言能力基础。

---

① 苓运强主编《交际语言学 第二版》，中国人民大学出版社，2015，第 161-162 页。

② 何自然：《语用学与英语学习》，第 204 页。

③ 林大津、谢朝群：《论言语交际的得体原则：争议与意义》，《外语教学与研究》2005 年第 6 期。

④ 教育部：《中国英语能力等级量表》，高等教育出版社，2018，第 9 页。

⑤ 戴炜栋、何兆熊主编《新编简明英语语言学教程》，上海外语教育出版社，2010，第 5-6 页。

⑥ Chomsky, *Rules and Representations*, p.224.

⑦ 教育部考试中心：《中国英语能力等级量表》，高等教育出版社，2018，第 2 页。

（六）交际能力：语用能力发展的终极目标

20 世纪 70 年代，社会语言学研究不仅认识到语言教学活动中仅让学习者掌握语言要素（或成分）及其规则是不够的，还应该考虑到语境的重要作用，应认识到语言的真实使用过程不是一个静态过程，而是一个动态的交际过程。基于此，产生了“交际能力”这一概念，并在后来得到了广泛发展。Widdowson（1989）认为Hymes（1972）所提出的交际能力应具备的可行性、得体性和出现性特征就是语用能力。Hymes 和 Widdowson 认为语言能力和交际能力是一致的，一个人只要获得了关于语言规则的知识，就获得了交际能力。Canale（1980, 1983）和 Swain（1980）把交际语言能力归纳为四个方面的知识和技能：语法能力、社会语言学能力、成段话语能力与策略能力。文秋芳（1999）在《英语口语测试与教学》中提出了跨文化交际能力的新模式，认为跨文化交际能力包括交际能力和跨文化能力，跨文化能力具有敏感性、宽容性和灵活性，外语环境下的语言交际能力包含文化能力，延伸出了跨文化交际能力。[①]Nattinger, J. R.（1992）等认为语言能力和交际能力中间的语用能力是英语学习者能否学成英语的关键，认为语言发展要经历三个阶段：获得语言能力发展的初始阶段，即学习和掌握语音、词汇和语法等语言知识；正确理解和得体表达的语用能力培养的中级阶段；最终获取交际能力的高级阶段。[②]因此，语言能力的量变不一定会引起交际能力的质变，没有语用能力的媒介作用，语言能力难以转化为交际能力。目前个案学校大学英语教学还处于语言能力培养的初级阶段，应将教学重点放在语用能力培养上，以实现学生交际能力培养的最终目标。

语用能力可以简要地概括为人们能在言语交际活动中，通过恰当有效地运用语言和理解语言，从而实现交际意图的能力。其基本特征可以概括为：在语用语言层面上，遵守语言规则，体现出语法性；在社交语用层面上，注重文化差异，体现出得体性；在心理认知层面上，了解态度和行为的制约，体现出可行性；在时空情境层面上，讲究语境的限制，体现出适切性。[③]在具体的语言运用中，语用能力受到多重因素制约，交际者应能够依据语境线索正确理解交际意图和得体表达交际意图。

三、语用能力框架维度研究

语用学研究开始于 20 世纪六七十年代，为语用能力习得与发展提供了理论依据和研究基础。此外，开展语用能力水平及其教学策略研究需要语用能力相关维度研究作

① 王秀文：《外语交际测试理论与实践》，世界图书出版公司，2014，第 6–7 页。

② Nattinger, J. R. & DeCarrico, J. S., *Lexical Phrases and Language Teaching* (Oxford: Oxford University Press, 1992), p.8.

③ 赵永宏：《语用能力在教学中的培养》，《中外教育研究》2010 年第 2 期。

为支撑。

（一）国内外研究者对语用能力维度的描述

对语用能力维度的描述往往来源于对语用能力概念的界定。大部分研究者普遍接纳 Thomas（1983）的语用能力框架，即语用能力框架可分解为语用语言能力和社交语用能力[①]，前者研究言语行为语用策略，后者研究关于语用现象的策略影响[②]。Bachman（1990）认为语用能力包括施为能力和社交语言能力两个维度。其中，前者突出交际者在交际过程结合语境理解和表达交际意图的能力，而后者强调交际者对不同语境下的语用规范的敏感程度。[③]Jung, J.（2002）将语用能力划分为五个维度：实施言语行为的能力、传达和理解非字面意义的能力、实施礼貌功能的能力、实施会话功能的能力和运用文化知识的能力，反映出语用能力是运用文化知识理解和表达间接言语行为传递礼貌的交际意图的能力。[④]陈新仁（2008, 2009）从操作性角度将语用能力分解为语用语言能力、社交语用能力、语用认知能力和语篇组织能力。其中，语用语言能力指说话人为实施或理解某一言语行为所掌握的全部语言资源的能力；社交语用能力指基于社会及文化因素的考虑进行得体交际的能力；语用认知能力指在话语表达和理解中提供或捕捉最佳关联的能力；语篇组织能力包括语篇结构搭建的能力、话轮操控能力、会话调整能力、话语掌控能力等。[⑤]不同研究者们对语用能力框架具体描述如下[⑥]（见表 2-1）。

表 2-1 语用能力框架汇总表

Thomas	Bachman	Jung	陈新仁
语用语言能力	施为能力	实施言语行为的能力	语用语言能力
社交语用能力	社交语言能力	传达和理解非字面意义的能力	社交语用能力
		实施礼貌功能的能力	语用认知能力
		实施会话功能的能力	语篇组织能力
		运用文化知识的能力	

① Thomas, J., “Cross-cultural pragmatic failure,” *Applied Linguistics*, No. 4 (1983): 91–112.

② 冉永平编著《语用学：现象与分析》，北京大学出版社，2006，第 200 页。

③ Bachman, L. F., *Fundamental Consideration in Language Testing* (Oxford: Oxford University Press, 1990), p.7.

④ Jung, J., “Issues in acquisitional pragmatics,” *TESOL and Applied Linguistics*, No.2 (2002): 1–34.

⑤ 陈新仁编著《新编语用学教程》，外语教学与研究出版社，2009，第 204 页。

⑥ 李民、肖雁：《语用能力分析框架述评》，《外语教学理论与实践》2012 年第 3 期。

对比分析不同学者提出的语用能力框架，可以从中发现四个框架中都包含了两种基本能力：一是运用语言进行理解与表达的能力，二是依据语境从社会与文化因素出发，对话语作出正确的理解和得体表达的能力。可见，语用能力以一定言语行为能力为基础，在此基础上掌握目的语环境下的社会文化规约，依据不同的社会文化规约对话语意图作出正确解读，并在理解的基础上能基于交际语境选择正确的表达形式进行得体交际。

（二）语言量表中语用能力维度的描述

首先，CEFR 量表（2001）把语用能力界定为语言使用者（学习者）“依据互动交流的情境或进程，运用语言资源以实现语言功能（产出语言的功能、言语行为）的能力”①。因此，可将语用能力分解为语篇能力、功能能力和构思能力。CEFR 量表分别从灵活性、话轮转换、主题拓展、连贯与衔接四个维度描述语篇能力，又从表达自如度和命题表达精确度描述功能能力。②其次，CLB 量表从知识角度对语用能力进行了描述，认为语用知识可分解为功能知识和社会语言知识两个维度。其中，功能知识是“理解或表达口头或书面语篇字面意义之外真实意图的能力”，包括概念功能、操控功能、探究功能和想象功能等方面；社会语言知识是有关“情境如何影响实际语言运用方式的知识”，涉及题材类型、方言变体、语域、自然或地道表达和文化参照与修辞。③再次，CSE 量表从交际成功与否的关键因素维度出发，突出了准确理解语言使用者的言语行为交际意图和得体表达自己的意图能力。因此，我国的英语能力等级量表将语用能力分解为语用理解能力和语用表达能力。其中，语用理解能力包括理解说话人意图和理解作者意图，语用表达能力包括表达说话意图和表达写作意图（见表 2-2）。④

表 2-2 英语能力等级量表中语用能力描述框架汇总表

CEFR 量表	CLB 量表	CSE 量表	
语篇能力	功能知识	语用理解能力	理解说话人意图和理解作者意图
功能能力	社会语言知识	语用表达能力	表达说话意图和表达写作意图
构思能力			

① Council of Europe, *Common European Framework of Reference for Languages: Learning, Teaching and Assessment* (Cambridge: Cambridge University Press, 2001), p.13.

② 常明慧：《CEFR 语言能力框架中语用能力的内涵与描述》，《英语教师》2018 年第 14 期。

③ 韩宝成、黄永亮：《中国英语能力等级量表的研制——语用能力的界定与描述》，《现代外语》2018 年第 1 期。

④ 教育部考试中心：《中国英语能力等级量表》，高等教育出版社，2018，第 3 页。

对比分析上述三个量表中对语用能力框架的描述可见，国外的语用能力框架没有严格区分知识和能力，而中国的语用能力框架将知识与能力区分开来，采用窄式界定，突出准确理解与得体表达交际意图的能力对成功交际的重要作用。

（三）本研究对英语语用能力维度的描述

在《中国英语能力等级量表》中，语言能力包括听力理解能力、阅读理解能力、口头表达能力、书面表达能力、组构能力、语用能力、口译和笔译能力等，这表明语用能力是语言能力的组成维度之一。[①]从听、说、读、写四种信息的接受与传递途径，可将语言能力分解为听力理解能力、阅读理解能力、口头表达能力和书面表达能力。语用能力是基于语境正确理解语言形式交际意图的能力和选择适切的表达形式得体表达交际意图的能力。因此，语用能力可分解为语用理解能力和语用表达能力。其中，语用理解能力可以分解为理解说话人意图和理解作者意图的能力，而语用表达能力可以分解为表达说话意图和表达写作意图的能力。

本研究以口语交际中话语意图的理解与表达能力水平提升为主要研究目标，从书面和口头两个维度对语用能力进行维度分解。首先，从口语交际话语意图传递的方向，将英语语用能力分解为英语语用理解能力和英语语用表达能力。其次，根据口语交际话语意图传递的方式，从听、读、说、写维度将英语语用能力分解为听维度语用能力、读维度语用能力、说维度语用能力和写维度语用能力。其中，听维度语用能力可称其为听力语用理解能力，即从听维度理解说话人意图的能力；读维度语用能力可称其为阅读语用理解能力，即从读维度理解说话人意图的能力；说维度语用能力可称其为口头语用表达能力，即从说维度表达说话人意图的能力；写维度语用能力可称其为书面语用表达能力，即从写维度表达说话人意图的能力（见表 2-3）。

表 2-3 《中国英语能力等级量表》与本研究中的语用能力框架描述表

研究领域	一级维度	二级维度
《中国英语能力等级量表》语用能力框架	语用理解能力	理解说话意图能力
		理解作者意图能力
	语用表达能力	表达话语意图能力
		表达写作意图能力

① 同上书，第 2 页。

续表

研究领域	一级维度	二级维度
本研究语用能力框架	语用理解能力	听力语用理解能力
		阅读语用理解能力
	语用表达能力	口头语用表达能力
		书面语用表达能力

与《中国英语能力等级量表》中语用能力框架相比，本研究侧重特定的口语交际活动中非英语专业大学生英语语用能力的培养。因此，英语语用能力描述框架是从口语交际话语意图理解与传递进行分解，培养非英语专业大学生听懂和看懂话语意图能力，以及口头表达与书面表达话语意图能力。

四、语用能力理论基础研究

语用能力不仅是语言能力的重要组成部分，也是语用学研究的重要内容、社会交际中的语言应用行为，还是心理加工、分析过程。因此，二语习得理论、语用学理论、社会语言学理论、心理学理论及教育学理论，均可作为语用能力培养的理论基础。

第一，二语习得理论基础。二语习得关注学习者的语用失误、话语习得的顺序、话语环境、语言输入与输出、注意假设等。在话语输入方面，语用学习领域包括了显性输入与隐性输入。其中，显性输入主要是为学习者提供关于话语行为的元语用信息，而隐性输入则只提供接触而不提供元语用信息。此外，其他的心理因素，如学习动机、学习者策略、母语迁移问题等，对语用能力的发展更具不可忽视的重要作用。

第二，语用学理论基础。语言学家 Ellis, R.将语用因素融入二语习得研究中，说明语用学对二语语言习得有重要作用。[①]语用能力研究是语用学中重要的研究内容，因此语用学中基本的微观研究内容可作为提升交际得体性的重要理论依据。例如：指示词、预设、话语行为、会话含义、会话结构等，为分析语境提供了依据，有助于交际者正确理解语言形式表达的间接意图，进而提升其语用理解能力。谷健飞（1998）基于会话含义理论探究了如何提高学生英语交际能力。[②]李三福（2004）基于言语行为理论进行了语用教学研究。[③]Comenius, J. A.指出“学生首先应当学会理解事物”[④]，然后基于

① Ellis, R., *Understanding Second Language Acquisition* (Shanghai: Shanghai Foreign Language Education Press, 1999), pp.5-9.

② 谷健飞：《运用 Grice 会话含义理论提高学生英语交际能力》，《外语与外语教学》1998 年第 7 期。

③ 李三福：《教学的语用学研究》，博士学位论文，华东师范大学，2004，第 16 页。

④ 夸美纽斯：《大教学论（第 2 版）》，傅任敢译，教育科学出版社，2014，第 75 页。

理解，再去记忆及应用语言，这样会取得更好的效果。因此，语用学理论知识教学有助于交际者依据语境选择正确的语言表达形式，得体地表达交际意图。

第三，社会语言学基础。从社会语言学视角来看，认知结构会影响交际者的语言使用，如概念、背景、前景、框架、图示等。[①]认知语言学认为语言能力是可以后天通过范畴化学得，如陶源、姜占好（2012）探究语用能力培养的认知观，对概念、隐喻、意向等语用能力培养的作用进行了研究。[②]在语言交际中，偏离了语言交际的原则也会带来某些附加的意义。因此，语境在交际中的作用至关重要。语言形式的意义不是一成不变的，话语意义是交际双方共同建构的。[③]听话人的记忆中有着不同的信息图式，可以通过这种图式来补充缺失的信息空间，推理出说话人通过话语传递的真实交际意图，正确理解话语表达形式的语用含义。从社会语言学视角，语言是一系列交际事件中的语言实践，[④]可以通过互动交际促进语用能力发展。

第四，心理学基础。从心理学视角来看，在处理语言信息内容的过程中，听话人要先接收外来的信息，然后通过大脑进行信息处理，调取和激活已有的语言信息来与新信息进行联结。因此，在语用能力培养过程中，需要针对学习者的认知能力与心智发展状况来确定语言信息的输入量，结合学习者的实际水平输入语用信息，促进其认知内化与语用能力发展。

第五，建构主义理论基础。建构主义强调认识的能动性，认为人们完全可以解释语言的本质，认为语言主要是靠交际需要引起，是通过使用来学习的。[⑤]建构主义理论认为学习是新旧知识相互作用的同化过程，通过内部因素与外部因素相互作用而产生和发展的。建构主义对英语教学的启示是强化可理解性语言输入，即通过创设真实的语言使用机会，增加学习者的语言输入量实现语言学习。此外，建构主义为支架式教学、抛锚式教学提供了理论基础。支架式教学主要通过教师的指导和帮助，逐渐将学习任务转移给学生，其主要教学环节包括搭起支架、进入情境、探索尝试、独立探索、协作学习及效果评价。汪云芳等（2017）基于支架理论探究大学生英语语用能力培养模式，将具体教学环节分为：搭建支架、进入情境、独立探索、协作学习、效果评价。[⑥]抛锚式教学，也称“基于问题的教学”，强调让学生在实际的环境中去感受和体验问题，其主要教学

---

① 盖拉茨主编《认知语言学基础》，邵军航、杨波译，上海译文出版社，2012，第 7-15 页。

② 陶源、姜占好：《语用能力培养的认知观》，《外语界》2012 年第 3 期。

③ 陈新仁：《基于社会建构论的语用能力观》，《外语研究》2014 年第 6 期。

④ Risager, K., *Language and Culture Pedagogy: From a National to a Transnational Paradigm* (Shanghai: Shanghai Foreign Language Education Press, 2014), pp.168-169.

⑤ 符雪青、黄杏：《大学英语与专门用途英语的教学融合探究》，中国水利水电出版社，2013，第 9 页。

⑥ 汪云芳、龙玉梅：《浅谈支架理论视角下大学生英语语用能力的培养》，《兰州教育学报》2017 年第 9 期。

环节包括设计情境逼真的事例或问题，围绕事例或问题组织教学，进行各种形式的学习，消解问题，效果评价。[①]建构主义强调学习者主动进行意义的建构，这与交际过程中交际双方进行意义协商一致。

五、语用能力影响因素研究

外语教学中，语用能力是培养目标，而语言知识是基础，两者互为补充。目前我国外语教学依然注重语言形式和意义上的直接连接，弱化了对使用语境的解释说明，更无暇涉及社会文化知识和交际原则，极大地阻碍了学生的语用能力发展。

在国外语用能力影响因素相关研究中，研究者主要围绕语用教学、语用失误和语言水平等影响因素开展了研究。Takahashi, T.和 Beebe, L. M.（1987）对英语环境下日本学生学习英语拒绝言语行为进行研究，发现了英语水平较高的学生更懂得委婉拒绝，这说明英语水平影响了语用迁移，进而影响了语用能力发展水平。[②]Kasper 和 Rose（2001）、Ishihara, N.和 Cohen, A.（2010）等认为，语用教学是影响二语学习者语用能力发展的重要因素之一，并通过大量的研究证实了第二语言语用特征的可教性以及显性语用教学策略对语用能力培养的有效性。[③]Liddicoat, A. J.和 Crozet, C.（2001）以澳大利亚大学中以法语为二语的大学生为研究对象，通过角色扮演的方式收集语料，采用前后测设计实验，验证了讲授语用知识对二语语境下的学生语用能力培养有促进作用，但是研究也发现了如果没有机会在日常会话中进一步练习语用知识，那么所学的语用知识难以得到保持。[④]Kasper 和 Schmidt, R.（1996）通过调查发现，在理解“同情”和“支持”的表达时，女性的理解比男性更接近目的语的语言习惯。[⑤]Jeon, Y.（1996）研究中介语的语用迁移作用，采用了话语填充测试和非正式访谈的方法对四组受试对象进行了问卷调查，研究了美、韩英语学习者的恭维语言语行为在句子结构、话题和应答方面是否存在差异性，其研究结果表明：本族语者与外语学习者之间有很大差异性，

---

① 贾冠杰：《英语教学基础理论》，上海外语教育出版社，2010，第 34-36 页。

② Takahashi, T. & Beebe L. M., “The development of pragmatic competence by Japanese learners of English,” *JALT journal* 8, No. 2 (1987): 131-155.

③ 杨仙菊：《ELF 语境下基于人种志方法的英语语用教学》，《外语与外语教学》2015 年第 2 期。

④ Liddicoat, A. J. & Crozet, C., “Acquiring French interactional norms through instruction,” in *Pragmatics in Language Teaching*, ed. Rose, K. R. & Kasper, G. (Cambridge: Cambridge University Press, 2006), pp.125-144.

⑤ Kasper, G. & Schmidt, R., “Developmental issues in interlanguage pragmatics,” *Studies in Second Language Acquisition*, No. 18 (1996): 149-169.

二语语用水平较低也反映出了母语语用迁移的影响作用。①Bardovi-Harlig（2001）认为影响外语学习者语用能力发展的因素诸多，包括语用知识输入、课堂教学、外语水平、在母语环境中生活时间的长短、语用迁移等。② Rose 和 Kasper（2006）认为把语用输入转换为有效的语用输出是培养二语语用能力的关键所在。③Ahn, S. J.（2007）以韩国学习者为研究对象，探究了学习动机和学习时间对语用能力发展的影响，结果发现学习动机与语用能力发展有中度的正相关，但是时间长短对其没有显著影响作用。④Taguchi（2011）以 25 名以英语为母语的学生和 64 名以英语为母语的日本大学生为研究对象，探究了出国留学对语用能力总体水平发展的影响作用，结果发现留学经验对大学生理解非常规含义和常规方面是有利的。⑤

在国内语用能力的影响因素相关研究中，由于我国英语教学属于外语教学环境，英语课堂教学缺乏足够的交际语境，再加上英语教材中语用知识补充不足，以及语用能力培养未引起教师的足够重视，学生的语用能力的发展水平滞后于语言能力的发展水平（主要指语法能力发展水平）。通过对大学生英语语用能力发展的影响因素主题词聚类分析，所得到的影响因素包括：缺乏语言环境、语用失误、缺乏语用教学方法、缺乏语用教材内容、缺乏语用考试方式、缺乏语用课程设置、（教师）缺乏语用教学素质、语言能力薄弱、缺少语用知识、母语语用负迁移、缺少语用指导思想、缺少语用输出等。刘荔、李玮（2001）认为英语教材偏重书面语、语言内容脱离现实、教材内容陈旧等问题，影响了学生语用能力培养。⑥李鸿耀（2003）基于语用知识与语用失误关系的研究，提出了语用知识对纠正语用错误有重要作用。⑦叶红英（2004）认为大学英语教学语用能力差的问题与教学理念、教学模式直接相关，还认为传统教学缺少文化教学和语用评价，应该加大文化输入，建议在测试中增加口试和主观题量以提高语用

① Jeon, Y., "A Descriptive Study on the Development of Pragmatic Competence by Korean Learners of English in the Speech Act of Compliment" (PhD diss., Texas A&M University,1996), pp.7-9.

② Bardovi-Harlig, K., "Evaluating the empirical evidence: Grounds for instruction in pragmatics?" in *Pragmatics in Language Teaching*, ed. K. R. Rose K & G. Kasper (Cambridge: Cambridge University Press, 2001), pp.29-32.

③ Rose, K. R. & Kasper, G., *Pragmatics in Language Teaching* (Beijing: World publishing Corporation,2006), p. D17.

④ Ahn, S. J., *Korean ESL Learners' Pragmatic Competence: Motivation, Amount of Contact, and Length of Residence* (PhD diss., Texas: Texas A&M University, 2007), pp.96-105.

⑤ Taguchi, N., "The effect of L2 proficiency and study-abroad experience on pragmatic comprehension," *Language Learning* 61, No. 3 (2011): 904-939.

⑥ 刘荔、李玮：《改革大学英语教学 提高学生的语用能力》，《陕西师范大学学报（哲学社会科学版）》2001 年 S1 期。

⑦ 李鸿耀：《语用知识与语用失误》，《云南民族大学学报（哲学社会科学版）》2003 年第 20 卷第 3 期。

能力水平。[①]杨仙菊（2006）通过研究验证了母语迁移对二语语用习得的影响作用。[②]李萌萌以二年级园林专业大学生为测试对象研究了学习动机对语用能力的影响作用，结果发现了内在动机有助于大学生的语用能力发展。[③]卢加伟（2010）采用了语篇补全测试方式对语用迁移与二语水平的关系进行了探究，结果表明语言水平与语用迁移呈正相关。[④]龙翔（2010）通过研究中国学习者言语交际中的语用失误发现，中国学习者语言语用失误比社交语用失误多。[⑤]蒲靖新（2012）研究了语用失误现象对学生跨文化沟通能力培养的影响作用。[⑥]汪旭琴等（2007）对大学英语写作中连接的语用失误进行了分析，认为语用失误是由语用知识输入有限所导致。[⑦]杜鹃（2019）通过问卷、访谈及课堂观察对318位中学和高校英语教师的跨文化语用能力与教学意识进行了调研，结果表明英语教师对本国传统文化、西方文化的了解和掌握情况相对有些薄弱。[⑧]戴沅芳（2019）采用基于语料库的实证研究方法，依据双语理论对外语学习者语用能力与语用迁移之间的关系进行了研究。[⑨]

国内外研究者对语用能力发展的影响因素的研究既有共性，也各有侧重。在共性方面，国内外研究者均提出了语言环境、语用教学、语用迁移对外语学习者来说影响作用较大。在各自研究侧重点方面，国外研究者更关注学习者个体内在因素对语用能力发展的影响作用，认为性别可以影响语言表达形式选择、受文化规约的策略选择、修饰语选择等，还认为动机也可以影响语用能力发展，以及培养交际意愿也会影响语用能力发展；国内研究者更关注学习者个体外在因素对语用能力发展的影响作用，认为教材、评价与教师因素均可影响语用教学效果。我国的大学英语课堂教学中，接受学习还是主要的学习方式，这样不利于知识内化和隐性知识显性化，也影响了静态知识向动态能力转化。因此，教师应加大输出性教学策略和意识强化类策略的使用频率，

---

① 叶红英：《如何培养大学生的英语语用能力》，《湛江师范学院学报》2004年第1期。

② 杨仙菊：《第二语言语用习得：中国学习者英语“请求”言语行为习得的横向研究》，博士学位论文，上海外国语大学，2006，第176-178页。

③ 李萌萌：《学习动机对语际语用能力发展的影响研究》，硕士学位论文，东北林业大学，2007，第40页。

④ 卢加伟：《语用迁移与二语水平的关系研究》，《外语教学理论与实践》2010年第1期。

⑤ 龙翔：《中国英语学习者言语交际中语用失误之研究》，博士学位论文，上海外国语大学，2010，第111-112页。

⑥ 蒲新婧：《外语教学中语用失误现象和学生跨文化沟通能力培养》，《江苏社会科学》2012年S1期。

⑦ 汪旭琴、李堉华：《大学英语写作中连接的语用失误分析》，《中国成人教育》2007年第7期。

⑧ 杜鹃：《外语教师的跨文化语用能力与教学意识研究》，《海外英语》2019年第23期。

⑨ 戴沅芳：《双语理论下的中国英语学习者语用能力与语用迁移关系研究》，博士学位论文，东北师范大学，2019，第1页。

发挥学生的主动性，提升其课堂参与度，引领学生在实践应用中实现语用知识向语用理解与表达能力转化。

六、语用能力测试评价研究

语言教学的终极目标之一是培养语言学习者交际能力，使其具备能正确解读对方意图、得体地表达自己意图的语用能力。本研究通过测评研究对象英语语用能力的等级水平变化来反映大学英语语用教学的实践效果。因此，从测试对象、内容、原则、方法四个维度对语用能力测试主题文献进行了梳理。

（一）测试对象

国外语用能力测试研究的对象分为两类：一类是以不同国家的学习者为测试对象，一类是以某一国家的学习者为测试对象。Farhady, H.（1980）测试了不同国家学生的请求、建议等言语行为表达能力；[①]Wujiabudula, A.（2018）测试了不同国家的外语学习者对会话含义和语用惯用语等的掌握情况，结果显示语言环境下的学习者语用能力好于缺乏语言环境的学习者。[②]Hudson, T.等研究者（1995）采用了五种测量方式对日本人礼貌表达进行了测试；Yamashita, S. O.（1996）以日本外语学习者为研究对象进行了语用测试研究；[③]Ahn（2005）以口头和书面话语填充形式测试了韩国学生语用能力[④]，其测试数据及语用测量方式由 Brown, J. D.（2008）进行了信度检验[⑤]。

第一，国内语用能力测试研究的对象层次较为丰富。以“语用测试”为检索词，在中国知网期刊数据库进行文献检索，共得到 76 篇文献，所涉及的语用测试对象包括：中国学习者、英语专业学生、非英语专业学生、中小学生、英语教师等。在以中国学习者为测试对象的研究中，刘建达（2006）以 108 位中国大学生和 22 位以英语为本族语的参加者为研究对象，使用 WDCT、MDCT 等题型测试，开展了 12 个道歉情景下的语用

---

① 姜占好、周保国：《学习者语用能力评估研究》，《外语教学》2012 年第 33 卷第 5 期。

② Wujiabudula, A., “An Investigation on Second Language Learners’ Production of Conventional Expressions in L2 Pragmatics,” *Advances in Language and Literary Studies* 9, No.5 (2018) :43-48.

③ 李清平、郑娜新：《语用能力测试研究综述》，《外语与翻译》2015 年第 1 期。

④ Ahn, R. C. *Five Measures of Interlanguage Pragmatics in KFL(Korean as a Foreign Language) Learners* (PhD diss., Honolulu: University of Hawai’i at Mānoa, 2005), pp.45-47.

⑤ Brown, J. D., “Raters, functions, Item Types and the Dependability of L2 Pragmatics Tests,” in *Investigating Pragmatics in Foreign Language Learning, Teaching and Testing*, ed. Soler, E. A. & Martinez-Flor, A., (Clevedon: Multilingual Matters, 2008), pp. 224-248.

测试研究；[1]李清平（2019）以话语填充方式测试了中国英语学习者的语用能力。[2]在以英语专业学生为测试对象的研究中，洪岗（1991）使用调查问卷调查了两个年级英语专业学生的语用能力发展情况，发现了被试的语用能力和语言能力不存在正相关；[3]桑思民、栾守凤（1993）采用多项话语填充测试（MDCT）方式测试了 40 名英语专业学生在问候、道歉、询问、赞誉、道别、提议、介绍等方面的语用能力水平，结果表明英语专业学生的语用能力处于中等水平，及格率为 58%。[4]在以非英语专业大学生为测试对象的研究中，毛云（2003）对已经通过大学英语四级笔试的非英语专业学生进行了语用能力测试，并对语用能力与大学英语四级笔试的测试结果进行了相关性检验，结果发现了两者的相关性较低。[5]研究者本人等（2021）以非英语专业本科生为研究对象，从语用自评与他评维度开展了语用能力评价模型理论建构与实践研究。在以中小学生为测试对象的研究中，毛延生和张鹏达（2016）采用了完形填空测试方式探讨了高中生语用能力测评中的难度控制问题。[6]在以英语教师为测试对象的研究中，甘文平（2001）采用选择题形式调查了大学生及大学英语教师对语用学基础知识的掌握情况，发现我国大学师生的语用能力较差。[7]

（二）测试内容

以“语用能力测试”为检索词，在中国知网收录的期刊文献库中进行检索，共检索到 112 篇文献。对测试内容关键词进行主题词分析可见，语用测试的主要内容包括：测试构念、言语行为、会话含义、社交语用能力、等级量表、语用意识等，可聚类为下面三个维度。

1.测试构念

语用能力测试以中介语语用学和跨文化语用学的研究成果为理论依据。继语言学家 Austin, J. L.（1962）与 Searle, J. R.（1969）提出了言语行为理论后，语言学家 Brown, P.与 Levinson, S. C.（1987）提出了礼貌理论。之后，学者们开始围绕请求、道歉等言语行为开展了语用能力测试研究。卜杰民（2016）认为在语用能力知识范畴，语用能

① 刘建达：《中国学生英语语用能力的测试》，《外语教学与研究》2006 年第 4 期。

② 李清平：《话语填充任务在中国英语学习者语用能力测试中的应用研究》，《外语与翻译》2019 年 26 卷第 4 期。

③ 姜占好、周保国：《学习者语用能力评估研究》，《外语教学》2012 年第 33 卷第 5 期。

④ 桑思民、栾守凤：《跨文化交际语用测试分析》，《外语与外语教学》1993 年第 4 期。

⑤ 毛云：《大学英语测试中的语用能力问题》，《湖北工业学院学报》2003 年第 18 期。

⑥ 毛延生、张鹏达：《高中生英语语用能力评估中的难度控制——以完形填空测试为例》，《教育测量与评价（理论版）》2016 年第 1 期。

⑦ 甘文平：《中国大学师生英语语用能力的调查与分析——兼评〈大学英语听力〉教材修订版》，《西安外国语学院学报》2001 年第 9 卷第 1 期。

力测试构念维度包括意义与所指、指示、语言的间接性、言语行为、会话含义、会话的礼貌体现和惯用语；在语用能力认知范畴，语用能力测试构念包括语言规则、社会规约、时空语境和认知心理。[①]《中国英语能力等级量表》（2018）明确规定了中国英语学习者应掌握的言语行为及其行为标准，具体的言语行为包括问候、感谢、请求、赞同、祝福、指示、邀请、建议、赞扬、致歉、抱怨等，具体的行为标准突出了言语行为的适切性与得体性。[②]这不仅标志着我国从国家层面对语用能力测试的重视与推动，也对语用教学与评价更具有指导意义。

2.单一言语行为

国外二语语用测试研究围绕言语行为的测试原则、测试方式等主题开展研究。

在测试原则方面，国外研究者强调语用能力测试的真实性。Oller, J. W.（1979）等对语用能力水平测试环境进行了研究，提出了语用能力测试的自然性概念，主张语用能力考核情境应该贴近实际生活。[③]

在测试方式方面，20 世纪 80 年代的语用能力测试研究多以选择题方式测量个别言语行为。Farhady（1980）从功能角度设计选择填空题，测试了不同国家的学生基于具体学术语境的言语表达能力，具体言语行为包括了请求、建议、争执等。Cohen（1981）等开发了角色扮演评价量表，对“道歉”言语行为进行了测量，结果发现该测试方式可以区分出文化与风格方面的语用失误。基于 Farhady 的研究模式，Shimazu, Y. M.（1989）设计出了“美国英语语用能力”试题，对“请求”与“道歉”等个别言语行为能力进行了测试。[④]

在测试内容方面，研究者们集中对言语行为、会话含义与交际用语开展了研究。第一，言语行为能力是体现语用功能水平的关键因素，测试内容包括了请求、邀请、道谢、赞扬、批评、抱怨、道歉、介绍、称呼、问候、寒暄、道别、提议和应答等言语行为。第二，言语行为的语言及语用特征能反映出语用能力水平，测试内容包括了语音、词汇、话语和篇章层面语言与语用分析。第三，语境识别能力能反映出语用能力水平，测试内容包括了基于交际语境的社交距离识别、权力大小识别、交际环境和气氛识别等。语用能力水平高低不仅体现在语言形式的正确与否，更主要的是反映出语言形式选择背后的语用意识程度，即通过对语境的识别而反映出对社交语用规则的认识程度。在跨文化交际中，社会距离不同，所选择的语言表达形式也略有差异。[⑤]文

① 卜杰民：《外语语用能力测试构念的研究》，《成都师范学院学报》2016 年第 8 期。

② 教育部考试中心：《中国英语能力等级量表》，第 70 页。

③ Oller, J. W., *Language Tests at School: A Pragmatic Approach* (London: Longman, 1979). pp.1–2.

④ 李清华、邹润：《二语语用测试研究 30 年》，《解放军外国语学院学报》2015 年第 4 期。

⑤ 王振亚：《语言与文化（第 2 版）》，高等教育出版社，2000，第 28 页。

化立场的表达具有身份建构和文化维持功能，[①]遵循目标语环境的社会规则而进行得体交际的能力，是更高层次的语用能力。第四，会话式含义和惯用语的程式化含义分析也是言语行为研究中的重要内容。Bouton, L. F.（1994）认为会话式含义需要听者从话语中推测出话语隐含意义，而惯用语含义分为情景型惯用语和功能型惯用语，[②]测试内容包括了基于情境的会话含义与惯用语含义的理解与表达。

3.互动言语行为

语用能力是依据语境进行得体交际的能力，其测试应该反映出真实的交际情境，而交际的实质是互动性，因此近几年研究者们开始关注互动交际中的语用能力研究。Walters, F. S.（2007）以角色扮演的方式测量了赞扬相邻语对的互动使用情况。[③]Kasper与 Rose（2013）通过口语测试方式对学习者互动交际行为进行了测量，其中包括语用策略使用、话轮转换、序列等。[④]Taguchi（2014）考查了日语二语学习者互动语用能力。[⑤]Youn, S. J.（2015）通过角色扮演任务测量了学习者在学术英语交际中的互动语用能力。[⑥]从测试内容维度进行分析，语用能力测试基本围绕日常生活交际情境和一般社交场合的言语行为进行测试，以反映学习者在真实交际中正确理解交际意图和得体表达交际意图的真实能力。

与国外语用能力测试研究相比，我国在该领域的研究起步较晚。基于国外语用能力测试研究成果及我国英语学习者的特征开发的《中国英语能力等级量表》，以言语行为能力水平来反映学习者的语用能力总体水平，为语用能力水平测试的内容选择提供了依据。

（三）测试原则

Bachman 与 Palmer, A. S.（1996）提出了“测试有用性框架”，即语用能力测试应该有信度、构念效度、真实性、交互、影响和可行性，这也反映出语用能力测试应遵

① 贾艳丽：《话语理解中文化立场的语用研究》，博士学位论文，华东师范大学，2017，第171 页。

② Bouton, L. F., “Conversational implicature in a second language: Learned slowly when not deliberately taught,” *Journal of Pragmatics* 22, No. 2 (1994): 157-167.

③ Walters, F. S., “A conversational-analytic hermeneutic rating protocol to assess L2 oral pragmatic competence,” *Language Testing* 24, No.2 (2007): 155-183.

④ Rose, J. S. & Kasper, G., *Assessing Second Language Pragmatics* (Basingstoke: Palgrave Macmillan, 2013), pp.5-7.

⑤ Taguchi, N. “Development of international competence in Japanese as a second language: Use of incomplete sentences as interactional resources,” *The Modern Language Journal* 98, No.2(2014): 518-535.

⑥ Youn, S. J., “Validity argument for assessing L2 pragmatics in interaction using mixed methods,” *Language Testing* 32, No. 2(2015): 199-255.

循的原则。[①]国内外研究者们一致认为语用能力测试应反映出真实性和学生主体性。吴连春、王宏军（2014）提出语用测试原则应呈现出多元化特征，主张语用测试应坚持动态性与静态性相结合的原则、经济性与实用性相结合的原则、全面性与重点性相结合的原则、自评和他评相结合的原则、灵活性与针对性相结合的原则、分类性与整体性相结合的原则。[②]可见，语用能力测试原则突显了真实性和实用性特征。

（四）测试方式

国外语用测试研究早于国内，侧重于针对单一的言语行为开发了主客观语用能力测试工具，并检验其信效度。国内主要针对英语专业学生开展了语用测试研究，侧重对国外研究成果的理论介绍及测试方式的信效度检验。

1.国外的语用测试方式研究

Hudson 与 Brown（1995）等围绕请求、道歉、拒绝言语行为开发了一套语用能力测量工具，具体包括：书面话语填充（WDCT）、多项选择话语填充（MDCT）、听说话语填充（LODCT）、话语角色扮演（DRPT）、话语自我评估（DSAT）、角色扮演自我评估（RPSA）。[③]虽然 Hudson（1992）设计的语用能力测试方法缺少信度和效度验证，但是对语用能力测试研究产生了重大影响。进入 21 世纪，研究者们开始对 Hudson 等提出的语用能力测试方式进行检验，并进行了新的尝试。Yamashita（1996）对上述语用能力测试方式的信效度检验结果显示，多项选择话语填充信效度不高，其他测试方法均具有很高的信效度；Brown（2001）等对上述测试方式进行的定量和定性研究结果表明，听力话语填充、话语角色扮演、话语自我评估、角色扮演自我评估四种测试方式具有较高的信效度，但多项选择话语填充的测试信效度较低；Enochs, K.与 Yoshitake-Strain, S.验证结果显示，多项选择话语填充和书面话语填充的信效度都不高，其他方法都有较高的信效度。[④]

随着网络技术的发展，研究者们开始探究网络技术与语用能力测试的融合。Roever, C.（2004，2006，2007）设计了基于网络的语用语言知识评估模式（WBT），采用选择填空和话语填充题编制问卷测试了学习者语用语言知识的掌握情况。通过评估其语用语言能力，了解学习者是否能理解英语会话含义、习惯用语和言语行为。Roever 编制的试卷具有较好的信度和构念效度，并在测试内容上有所创新。在请求、

---

① 刘建达：《外语语用能力：定义、教学与测试》，《江西师范大学学报》2006 年第 2 期。

② 吴连军、王宏军：《我国外语语用能力评估测试研究》，《浙江海洋学院学报（人文科学版）》2013 年第 1 期。

③ Ross, S., & Kasper, G.，*Assessing second language pragmatics* (London, UK: Palgrave Macmillan, 2013), p.173.

④ 黄玮莹：《二语语用评估概论》，北京时代华文书局，2016，第 108 页。

道歉、拒绝言语行为基础上，测试内容还对会话含义和程式语方面进行了测试，但缺少社会语用能力测试内容。①Tada, M.（2005）基于拒绝、请求、道歉言语行为内容，设计了以视频材料为先导的语用能力测试方式、口头话语填充和多项选择填充，结果发现测试方式信度值达到了 0.75，而且还发现了语言水平不同的学习者语用表现也存在差异，即语用表达水平高于语用理解水平。②Taguchi（2008）定义了语用能力测试的三个方面，即语言形式、语言功能和社会文化规则，这为语用理解能力测试的研究维度提供了很好的借鉴。③

2.国内的语用测试方式研究

我国早期的语用测试研究以介绍分析为主，如王松林（1988）对国外听觉、视觉和口语语用测试进行了介绍与分析。④在语用测试方式方面，我国研究者们主要对书面选择题型、书面篇章完形和判断正误测试方式有效性进行了检验（何自然、阎庄，1986；洪岗，1991；谌莉文，2005；陈治安、袁渊泉，2006；赵菲菲，2006；吴连春、王宏军，2014；房红芳、李延波，2015 等）。刘建达教授对语用能力评估进行了一系列定性和定量探索（2006b），不仅对我国外语学习者语用能力评估的可行性进行了理论研究，而且对书面话语填充（WDCT）、选择性话语填充（MDCT）和自我评估（DSAT）测试方法进行了实践检验。⑤国内的语用测试研究不足主要体现在三个方面：

第一，语用能力测试研究具有较强的理论指导性，缺乏实践指导性。Hudson（1995）等人的社会语用能力评估、Roever（2006）的语用语言能力评估，刘建达（2006b）的请求和道歉的言语行为评估等研究缺乏构念效度检验。

第二，语用测试形式多以静态测试方式测评学习者的语用能力水平，对真实交际的互动性特征体现得不够充分。语用测试多采用多项选择、话语填充等方式对学习者语用知识掌握情况进行测评，这不能完全反映出真实交际情境下学习者对语用知识的实际应用水平。因此，应该加大对真实情境的测试力度，采用动态的语用能力测试方式对学习者在真实场景中的语用能力水平进行测试。

第三，语用测试研究多关注语言功能本身，对语言形式及社会语境分析有待加强。⑥会话需要交际者互相配合，才能达到交际的目的，会话没有明示的原则，隐含规约受

① 李清华、邹润：《二语语用测试研究 30 年》，《解放军外国语学院学报》2015 年第 4 期。

② Tada, M., “Assessment of EFL Pragmatics Production and Perception Using Video Prompts,” (Phd. Diss., Temple University, 2005), pp.90-92.

③ Taguchi, N., “Pragmatic comprehension in Japanese as a foreign language,” *The Modern Language Journal* 92, No.4 (2008):558-576.

④ 王松林：《国外语用测试介绍与分析》，《外语界》1988 年第 1 期。

⑤ 刘建达：《中国学生英语语用能力的测试》，《外语教学与研究》2006 年第 4 期。

⑥ 卓家薇、傅治夷：《在语境中寻求更有效的大学英语教学》，《西南民族大学学报（人文社科版）》2007 年第 12 期。

会话背景影响。[①]通过提升会话分析能力，可以改善测试效果。Cohen 认为学习者在词汇、语法和言语行为等方面表现欠缺，这也为语用能力测试提供了一定的借鉴。[②]在未来研究中，可以综合使用多种测试方式共同反映学习者真实的语用能力水平。

七、语用能力培养对象研究

我国英语语用能力培养对象主要包括中小学生和大学生。其中，大学生研究对象可分为英语专业大学生与非英语专业大学生。通过对这两类研究对象的相关文献进行对比分析可见，英语专业大学生与非英语专业大学生在人才培养目标、语用能力培养与学生个体特征方面存在一定的差异。

（一）培养对象的人才培养目标存在差异

英语专业大学生人才培养目标是培养具有较高人文素养，掌握熟练的英语技能和厚实的英语语言文学专业知识，能熟练运用英语和本族语从事与英语相关工作的英语专业人才；[③]非英语专业大学生人才培养目标是培养复合型人才，旨在能够恰当而有效地使用英语为其学习、生活和未来工作服务。[④]

（二）培养对象的语用能力现状存在差异

在语用能力总体情况方面，英语专业大学生对文化知识掌握最好，适切度次之，言语行为知识掌握程度最差；[⑤]非英语专业大学生语用能力较差，日常教学中对语用的重视程度不够，语用知识欠缺与语用意识较弱，口语交际过程中出现的语用失误较多，交际缺乏得体性。[⑥]在语用学习动机方面，英语专业大学生的兴趣动机、社会责任动机和个人发展动机显著高于非英语专业大学生，其出国动机与语用意识显著正相关，而非英语专业学生的成绩动机与语用意识显著负相关。在语用意识方面，英语专业大学

① Carroll, D., *Psychology of Language* (Beijing: Foreign Language and Research Press, 2000), p. F37.

② Cohen, A, *Strategies in Learning and using a second Language* (Beijing: Foreign Language and Research Press, 2000), p. F14.

③ 常俊跃、赵勇青、赵秀艳：《关于我国高校英语专业培养目标、培养要求和核心课程的思考》，《外语教学与研究》2013 年第 6 期。

④ 教育部高等学校大学外语教学指导委员会：《大学英语教学指南 2020 版》，第 3 页。

⑤ 李燕、姜占好：《新时期英语专业学生语用能力调查报告及启示》，《外语教学》2014 年第 5 期。

⑥ 洪俊彬：《非英语专业大学生英语语用能力调查研究与分析》，《黑河学院学报》2019 年第 2 期。

生的语用意识和语用能力高于非英语专业大学生，但没有显著差异。[①]可见，作为学习者个体因素，学习动机和专业都会影响大学生语用意识和语用能力的培养。在社交语言能力方面，两类大学生的语用能力水平不分高低。[②]在语用语言能力方面，英语专业大学生的语用语言能力显著高于非英语专业大学生。[③]

（三）培养对象的语用教学重点存在差异

以中国知网期刊数据库中“英语专业”和“非英语专业”的“语用能力”主题期刊论文为例，运用CiteSpace 5.8绘制其主题词知识图谱后可见，英语专业语用教学重点较为集中且更成体系，突出了对英语专业大学生的语用意识与交际得体性的培养，指向跨文化交际能力培养目标，具体内容包括语用意识、语用失误、得体性、礼貌性、文化背景知识等；非英语专业语用教学重点较为分散，更关注外在因素对改善语用教学效果的积极作用，具体内容包括语用教学策略的实践应用、语用导向的教学评价改革、信息化的语用教学环境建设等。

综上可见，与英语专业大学生相比，非英语专业大学生的语用能力培养突出了教学策略引领作用，从语用教学理念、语用教学目标、语用教学内容、语用教学媒介、语用教学评价多维度，全面培养非英语专业大学生的英语语用能力。

第三节 关于大学英语语用教学的研究

语用教学包括“教”和“学”两个维度。在教的维度下，语用教学指教师在语用学思想指导下，基于教学内容制定合理的教学方案，采用恰当的教学策略和方法促进学习者语用能力发展；在学的维度下，语用教学指将语用理论与原则教授给学习者，借此培养其语用意识。[④]本研究选择教的视角，对大学英语语用教学文献进行了梳理。

---

① 牟小梅：《学习动机与语法、语用意识及能力的关系研究——英语专业与非英语专业学生的差异》，《赤峰学院学报（自然科学版）》2012年11期。

② 王静：《专业与非专业英语学习者社交语用能力的对比分析》，《科技信息》2012年第28期。

③ 王静：《专业与非专业英语学习者语用语言能力对比分析》，《中国科技纵横》2012年第24期。

④ 陈新仁等：《语用学与外语教学》，第48-49页。

一、大学英语语用教学目标研究

20 世纪以前，大学英语对语用教学目标要求不高，更多是从听、说技能角度进行描述，缺乏真实情境的交际目标要求。20 世纪末，为了满足全球化发展对人才的外语交际能力需求，我国对大学英语教学大纲进行了调整，在教学目标中增加了“能用英语交流信息”①的目标要求，体现出交际能力培养目标意识。进入 21 世纪，2004 年和 2007 年版大学英语课程教学要求提出了综合应用能力的目标要求，突出了交际的有效性。②2015 年和 2020 年版大学英语教学指南均提出了“有效地使用英语”的目标要求③，可见 21 世纪以来，大学英语语用教学目标得到了突显。

李怀奎（2008）对语用能力的具体内容及其本质进行了研究，将语用能力分解为语用知识与语用行为，其中语用知识包含了语言意识，语用行为包括理解与表达维度。因此，指向语用能力培养的语用教学目标包括知识、意识与行为目标维度。④《中国英语能力等级量表》对语用知识与其使用的得体性进行了描述。语用意识和语用知识对语用能力培养起着关键作用。基于影响语用能力发展的因素与语用能力组成因素的分析，语用教学目标可分解为语用知识目标、语用意识目标、语用理解与表达能力目标，即通过语用教学使学习者掌握语用知识，强化语用意识，提升语用理解与语用表达能力，最终实现语用能力培养的教学目标。

二、大学英语语用教学内容研究

教学内容旨在实现教学目标，是师生共同作用的知识、技能、思想、行为习惯等的总和。⑤大学英语课程的纲领性文件内容、教材内容、结构组成、测试题型与内容等，均可以反映出大学英语语用教学的内容。通过文献梳理可见，语用教学内容涵盖了言语行为知识、语篇组织知识、语用惯例语和语用含义教学。⑥

---

① 《大学英语教学大纲》修订工作组：《大学英语教学大纲（高等学校本科用）》，外语教育出版社，1999，第 1 页。

② 教育部高等教育司：《大学英语课程教学要求》，外语教学与研究出版社，2007，第 1 页。

③ 教育部高等学校大学外语教学指导委员会：《大学英语教学指南 2020 版》，第 3 页。

④ 李怀奎：《论语用能力的基本内容及性质——过渡语语用学系列研究之一》，《广西师范大学学报（哲学社会科学版）》2008 年第 3 期。

⑤ 周帆：《高校英语教育教学理论与实践研究》，吉林大学出版社，2017，第 57，6 页。

⑥ 黄玮莹、李忻洳：《国外二语语用评估回顾与展望》，《解放军外国语学院学报》2016 年第 2 期。

（一）言语行为教学

Bachman（1990）认为，语用能力培养主要集中在言语行为能力的培养上，是外语教学的核心任务，也是大学英语语用教学的主要内容。[①]在言语行为教学中，主要的教学内容是讲解各种言语行为的语义程式语和分析语义程式的社交语用影响因素。[②]黄文（2004）对言语行为理论在语用能力培养中的作用进行了研究，得出的结论是通过言语行为理论知识输入有助于提升学生理解言外之意的能力。[③]周红等（2008）通过语用教学，提升了学习者对言语行为语义程式语的掌握程度，同时也增强了学习者对语境的敏感程度，使学习者能够基于不同语境因素，准确理解言语行为语义程式语的真正内涵，并能基于语境选择出最适合的语言形式来表达其交际意图。[④]由于文化背景的差异，不仅言语行为的表达方式存在一定差异，而且社交语用规则的运用也存在一定差异。通过语用教学干预，可以改善语用教学的效果。

（二）语篇组织能力教学

陈新仁（2009）将语篇组织教学分为篇章组织教学和会话组织教学。篇章组织教学针对独白语篇；而会话组织教学主要涉及会话互动策略，包括话语标记语和会话组织结构教学。会话组织教学以言语行为会话分析为主要教学内容，解释日常会话互动规律与原则。[⑤]Huth, T.与 Tagai-Nikzmn, C.（2000）认为会话分析可以作为语用教学资源，通过会话分析教学可以让学习者预测会话含义、产出会话序列结构中的相邻对，更好地理解二语交际特征。此外，在会话组织教学中，通过练习可以促使学习者掌握互动交际的技巧，提升得体交际的语用能力。[⑥]郑志海（2006）通过预习、课堂实践、课后语篇重建来提升大学英语语篇语用教学效果，突出了语篇语用教学的重要性。[⑦]

---

① 戴忠信：《外语言语交际能力形成过程：个体体验理论视角》，博士学位论文，北京师范大学，2004，第 106 页。

② Bachman, L.F., *Fundamental Consideration in Language Testing*, (Oxford: Oxford University Press,1990), p.90.

③ 黄文：《言语行为理论视野中的语用能力培养》，《江苏教育学院学报（社会科学版）》2005 年第 1 期。

④ 周红、钱纪芳：《模糊限制语——表达礼貌的语言策略》，《外语教学理论与实践》2008 年第 2 期。

⑤ 陈新仁编著《新编语用学教程》，第 204-208 页。

⑥ Huth, T. & Taleghani-Nikazm, C., “How can insights from conversation analysis be directly applied to teaching L2 pragmatics?” *Language Teaching Research* 10, No.1(2006): 53-79.

⑦ 郑志海：《大学英语课应加强语用教学、突出语篇教学》，《教育与职业》2006 年第 21 期。

（三）语用惯用语教学

早期的语用教学研究关注交际惯用语教学。惯用语属于程式化序列，不仅使用频率高，而且与特定交际情境和言语行为紧密关联。日常惯用语将语境、语言形式与交际意图结合在一起。对于语言基础较为薄弱的学习者来说，惯用语教学具有一定优势。Fernando, C.（1996）[①]与 Bardovi-Harlig（2009）[②]认为惯用语是实现言语行为的重要语用资源。Pawley, A.与 Syder, F.（1983）更是明确指出，有相当一部分言语行为可用程式化结构进行表达。[③]李满红、康响英（2014）基于概念隐喻理论开展英语惯用语教学研究，研究结果显示概念隐喻很大程度上对惯用语教学产生了重要影响，能使学习者充分理解惯用语的含义。[④]赵珺、许家金（2018）运用在线情境化自然度判断任务，探究了中国大学生对英语惯用语知识掌握和加工情况。数据分析结果显示，英语水平对惯用语的接受和反应程度都没有造成显著影响，即高、中、低水平组的惯用语的语用知识和加工能力均有不足。[⑤]日常惯用语的输入，不仅可以增加语用知识，还能提升语用意识，有利于正确理解和适切表达话语意图。

（四）语用含义教学

语言学家 Grice, H. P.提出了会话含义理论，认为人们都会以合作的态度进行日常交际，这就是遵循了合作原则（Cooperative Principle）。[⑥]当语言形式所表达的意义超出其字面意义，我们称其为语用含义。当交际者依据合作原则选择话语表达含义时，属于规约含义，是一般会话含义；而交际者故意利用或违背合作原则时，赋予语言形式非字面的意义就是非规约性含义。当会话被赋予了特殊会话含义时，就是语用含义。[⑦]张立新、张权（2003）对大学英语听力测试进行了语用分析，结果发现大学生语用预设答对率较低。[⑧]为了提升理解的正确性，研究者多采取增加语用学相关理论输入策略，

---

① Fernando, C., *Idioms and Idiomaticity* (Oxford: Oxford University Press.1996), p.153.

② Bardovi-Harlig, K., “Conventional expressions as a pragmalinguistic resource: Recognition and production of conventional expressions in L2 pragmatics,” *Language Learning* 59, No. 4 (2009): 755–795.

③ Pawley, A. & Syder, F., “Two puzzles for linguistic theory: Nativelike selection and nativelike Fluency,” *in Language and Communication*, ed. Richards, J. & Schmidt, R. (London: Longman, 1983), pp.191–226.

④ 李满红、康响英：《概念隐喻对英语惯用语教学的影响》，《牡丹江大学学报》2014 年第 9 期。

⑤ 赵珺、许家金：《中国英语学习者情境惯用语的语用知识及加工研究》，《现代外语》2018 年第 4 期。

⑥ 俞东明主编《什么是语用学》，上海外语教育出版社，2011，第 73 页。

⑦ Verschueren, J. & Jan-Ola Östman, *Key Notions for Pragmatics* (Shanghai: Shanghai Foreign Language Education Press, 2014), pp.149–152.

⑧ 张立新、张权：《会话含义显隐性分级——大学英语听力测试的语用分析》，《外语电化教学》2003 年第 94 期。

如张卫红、张凯（2006）对外语语音、语法、词汇、文化教学中语用知识运用进行了分析，探究言语行为理论、合作原则、礼貌原则、面子理论等对提升语用与交际能力的作用；[①]崔国鑫（2009）对语用学视域下会话分析进行了研究，认为合作原则与礼貌原则有助于实现交际意图。[②]

喻倩、毛延生（2018）测试了 50 名大学三年级非英语专业学生的听力语用理解能力，结果发现：学生对于语用能力考查的感知和理解还不够清晰，缺乏克服听力理解障碍的系统性知识。[③]周欣等（2020）对工科院校本科英语教学内容进行了调查，对应《中国英语能力等级量表》中的 4 级标准，发现大学生在语用理解能力和语用表达能力方面存在障碍，有时不能正确理解对方的意图，不能运用交际策略流畅地、礼貌地表达自己的意图。从语用教学实践成果来看，语用教学内容研究依然存在一些不足，缺少指向性、得体性和动态性语用教学内容输入。第一，语用教学内容缺少语用能力等级指向性，削弱了语用能力等级提升意识。第二，语用教学内容缺少交际得体性知识输入，阻碍了有效交际的达成度。跨文化交际中，导致交际障碍的主要原因是文化习俗差异。[④]不了解文化习俗差异进行交际，会导致交际缺乏得体性，进而影响到有效交际的效果达成。第三，语用教学内容缺少动态性活动设计，影响了语用知识向语用行为输出能力转化。第四，语用教学内容缺少语境分析意识强化，导致了语用理解与表达出现偏差。语境分析方式是语形、语义和语用分析集合。通过语境分析，可以明确语言形式在具体交际语境下的含义[⑤]。

综合上述分析，在语用教学内容方面，还应加强动态性、得体性、推理性知识输入，提升语用意识敏感性，增强交际得体性与适切性。

三、大学英语语用教学法研究

语用能力培养强调得体交际的能力，体现出交际的情境性、互动性与得体性。因此，所有针对这种交际特征的方法均可作为语用教学方法。

从传统的教学法来看，突出情境性与交际性的教学方法包括直接法、情景化教学法、交际教学法。第一，直接教学法注重培养表达能力。直接法主张在创设的自然语言习得环境中，通过模仿和反复使用教学方法形成语言习惯。直接教学法采用外语组

① 张卫红、张凯：《外语教学中语用知识的应用分析》，《陕西师范大学学报》2006 年第 3 期。

② 崔国鑫：《语用视野下的会话分析》，博士学位论文，首都师范大学，2009，第 212-213 页。

③ 喻倩、毛延生：《大学英语四级考试听力理解测试对语用能力的考查——基于〈中国英语能力等级量表〉的分析》，《浙江外国语学院学报》2021 年第 4 期。

④ 胡学增：《中英（英语国家）文化习俗比较》，外语教学与研究出版社，1999，第 4-5 页。

⑤ 魏屹东等：《语境实在论：一种新科学哲学范式》，科学出版社，2015，第 17 页。

织教学和听说领先的教学理念，通过创设真实的情境，设计易于学生理解与完成的教学活动，强调模仿与重复句子，最终形成语言习惯。[①]第二，情境化教学法侧重基于情境进行语言教学。情境化教学强调通过口语教学实现交际能力培养，通过创设具体的活动情境提升学习者外语学习的兴趣和主动性。在情境化教学策略实施中，强调基于所学内容的主题意义创设情境和活动，通过生动形象的情境激发学习者学习外语的兴趣。[②]第三，交际教学法侧重培养交际能力。从 20 世纪 80 年代开始，交际法对我国大学英语教学影响越来越大。交际法是一种教学理念，以在语言使用中学习语言为指导思想，通过语言交互活动实现意义的理解与表达。第四，任务式教学法侧重通过任务完成过程实现语言教学目标。在 21 世纪，任务式教学法开始盛行。通过设计真实的任务为学生创造语言交流机会，使其在具体任务中关注语言形式与其功能的匹配，增强学生对语言正确理解和得体表达能力，以实现达到预期的教学目标。[③]第五，产出导向式教学法侧重通过产出任务驱动提升输出能力。产出导向式教学法突出了学生的主体性，要求教师通过创设交际场景、设计交际活动、布置交际任务等来促进学生完成产出活动[④]，实现语言实践应用能力培养的课程目标。

在语用教学实践中，教师会根据教学目标、教学内容、具体学情、教师自身特定情况等选择教学法开展语用教学。王丽（2008）运用“解释—交互—归纳—内在化”的教学方法来教授中国学习者语用标记语的用法。[⑤]在语用转向教学理念引领下，有些研究者开展了大学生英语语用能力提高的途径研究，如王晓燕等（2013）对个性化英语语用教学方法进行了总结，认为演绎教学法是语用能力培养的主要教学法，而归纳教学法更适用于高水平的英语学习者使用。[⑥]何丽艳（2013）基于语蚀理论提出了大学英语输出能力培养的方法，如创建多样化的语言输出方式、话题讨论、辩论、展示类比赛等。[⑦]李侠（2014）建议采用单向的讲授方法进行语用输入和文化输入[⑧]。

---

① 章兼中主编《国外外语教学法主要流派》，福建教育出版社，2016，第 26-35 页。

② 姚驰：《外语教学策略与方法——从英美人的语言思维出发》，吉林大学出版社，2016，第 8 页。

③ 刘玉梅、肖肃编著《英语教学法：理论与实践》，国防工业出版社，2007，第 25 页。

④ 文秋芳：《构建“产出导向法”理论体系》，《外语教学与研究》2015 年第 4 期。

⑤ 王丽：《基于语料库的中国学习者英语口语中语用标记语研究》，博士学位论文，上海交通大学，2008，第 178-181 页。

⑥ 王晓燕、邓兆红：《个性化英语语用教学：原则、内容与方法》，《外语与外语教学》2015 年第 4 期。

⑦ 何丽艳：《基于语蚀理论的大学英语输出能力培养策略研究》，《中国电化教学》2013 年第 16 期。

⑧ 李侠：《英语教学中少数民族大学生语际语用能力培养策略研究》，《贵州民族研究》2014 年第 5 期。

综上，语用实践教学中教师所采用的教学方法存在一定的问题，多以讲授法为主，缺乏基于语境特征、得体性分析的分析类教学法。对于理解与表达行为的培养，主要的教学法是操练法，缺乏互动性与交际性，不利于得体交际行为的培养。

四、大学英语语用教学过程研究

对于语用教学过程，研究者们发现语用能力培养是输入、注意、输出和反馈有机结合的系统过程。Kasper 与 Rose（2002）认为，单一的可理解输入并不能保证学习者形成互动和输出能力，需要提供互动与输出机会促使学习者形成得体交际能力。同时，研究者们也发现，在语用知识输入后，需要对所输入内容进行注意强化处理，然后再进行语言输出，最后对输出内容提供反馈。Schmidt（1995）提出了注意假设理论，认为语言能力培养只靠接触语言远远不够。在语用能力培养过程中，还需注意具体的语用语言特征和语境特征，通过注意、强化，使语用输入变成有效的输入，为得体的语用输出提供必要和充分的条件。

显性课堂语用教学分为四个阶段：教师提供元语用信息、提供真实语境输入、功能练习与及时反馈。第一阶段是元语用信息讲解。元语用信息包括语用语言知识和社交语用知识两个方面。确定语用教学目标后，教师可以提供元语用信息来凸显语言形式的语用特征，通过引导学生注意语用特征来提高语用意识。第二阶段是真实语境输入。输入语用知识后，教师可提供大量真实示例和创设交际环境，培养学生的语境意识。提供元语用信息和真实的语境输入都属于语用输入。对于注意的效果方面，德国语言学家 Schmidt（1993）认为频率、凸显和教学可以影响注意程度。通过增加输入频率、强化输入内容和显性教学，可以提升学习者对目标语运用的敏感性，增强其语用意识。[①]第三阶段是练习。Schmidt 认为在课堂环境下，发展语用能力最有效方法是任务型语言教学，通过教师布置的任务使学习者对语用形式、功能和语境产生注意，强化语用意识。[②]Kasper（2002）认为互动能力是二语语用习得的过程和目的，也是课堂教学环境的优势，指向语用能力培养的任务应具备互动特征。[③]Bardovi-Harlig（2001）认为课堂教学是理想的语言学习场所，学习者可以通过课堂语用行为输出练习，把已经掌握的语用知识转变成恰当的语用输出行为展现出来。[④]练习分为知识性练习和功能性练习，指向语用能力培养的练习应体现出交际性、真实性、互动性，有利于学习者把

① 陈新仁等：《语用学与外语教学》，第 57 页。

② 同上书，第 58 页。

③ Kasper, G. & Rose, K. R., "Pragmatic development in a second language," *Language learning*, 2002: 364.

④ Bardovi-Harlig, K., "Evaluating the empirical evidence: Grounds for instruction in pragmatics?" in *Pragmatics in Language Teaching*, ed. Rose, K. R. & Kasper, G. (Cambridge: Cambridge University Press, 2001), pp.29-32.

语用知识转变成语用理解与表达行为。把语用知识转变成语用能力过程是对其转化的控制过程，通过充足的练习机会可以实现语用知识向语用能力转化。第四阶段是反馈。反馈是课堂教学不可缺少的步骤。教师通过纠正性反馈把学习者的注意力再次引到元语用规则上，加强学习者的语用意识。纠正性反馈可以采用改写、重复或者显性改正的形式。

Ellis（1994）归纳出学习者语用能力发展的三个阶段，即以信息为中心阶段、以过渡语为中心阶段和以文化间性为中心阶段。[①]在以信息为中心的阶段，学习者依赖会话情景理解言语行为的交际意图，并采用简单的策略表达言语行为的交际意图。在以过渡语为中心的阶段，学习者能够区分不同语言形式表达同一言语行为交际意图的社会意义。该阶段学习者能够采用不同的策略实施言语行为，表达交际意图。与本族语者话语表达方式不同之处，外语学习者言语行为表达方式更为啰嗦，并受母语语用迁移影响。最终，外语学习者的言语行为中，会反映出语言层面和社交层面存在的问题。在以文化间性为中心的阶段，外语学习者与本族语者的言语行为表达方式非常接近，会运用相应的语用策略进行交际。在语用能力培养的教学过程中，可依据学生者语用能力不同发展阶段，有针对性地开展语用教学，实现语用能力培养教学目标。

BOPPPS 语用教学模式以注意假设、输出假设和建构主义理论为依据[②]，具体教学过程包括六个步骤：一是导言，通过引入主题激发学生注意语用教学内容；二是学习目标，通过明确语用教学目标，让学生明白具体要学会什么；三是前测，通过采用问卷、考试、作业、提问或者讨论等摸底测试方式激活学生的先前知识；四是参与式学习，通过灵活运用各种教学媒体与资源来创设真实语境互动，进而促进学习者多方位主动学习；五是后测，通过对学生展开及时评测，掌握学生学习成果；六是总结，通过回顾和总结教学要点来巩固学习内容。第一步至第六步教学过程分别属于输入、注意、评价、输出、评价和反馈。国内的语用教学过程依然从输入、注意、输出和反馈四个主要步骤开展语用教学，但是加强了评价环节，以反馈教学现状与教学结果。此外，刘燕（2011）研究了西北地区新升本院校大学英语语用教学模式，其教学过程包括：提升语用意识，输入元语用信息，提供真实语料，组织语用讨论，提供受控制的语用练习，提供自由的、综合性练习。[③]

国内外语用教学过程研究的共同点是关注语用输入、语用注意、语用输出与语用反馈环节，都注意到了真实语境的重要作用。然而，在大学英语语用教学过程中，往

---

① 姜占好：《过渡语语用学视角下的我国大学生语用能力评估研究》，博士学位论文，上海外国语大学，2009，第 25-26 页。

② 宋欢：《基于 BOPPPS 教学模式的大学英语语用教学设计》，《南昌教育学院学报》2018 年第 3 期。

③ 刘燕：《西北地区新升本院校大学英语语用教学模式研究》，《教育与职业》2011 年第 27 期。

往没有充分发挥语用教学作业对语用教学效果的巩固作用，以及通过作业环节实现语用知识迁移能力培养的重要作用。学习迁移发生的关键在于已有的知识经验，[①]通过语用知识归纳、语用理解与表达输出的作业促进知识迁移到相关情境解决新问题。

五、大学英语语用教学评价研究

教学评价与测试具有检查教学大纲执行情况、评价教学质量、提供教学反馈和提升教学效果的重要作用。教学评价与测试内容可以反映出不同发展阶段大学英语教学的目标指向。20 世纪 90 年代中期，大学英语教学指导性文件开始关注语用学在教学中的应用，对学习者语用能力培养的研究逐步成为研究热点。进入 21 世纪后，语言技能、综合应用能力测试逐步成为大学英语测试的重点。1999 年版《大学英语教学大纲（修订本）》指出："语言测试应着重考核学生的语言基础和语言应用能力。"[②]这说明大学英语教学测试开始侧重对语言应用能力的考核。2004 年和 2007 年版《大学英语课程教学要求》[③]及 2015 年与 2020 年版《大学英语教学指南》[④]对于教学评价的描述均体现出了多元化特征。随着教学主体从教师转向学生，教学评价也逐步转向学生，语用教学评价标准也从语用知识掌握转向语用知识应用。

大学英语语用教学评价方面，从评价思想、形式、内容、方式等维度取得了一些研究成果。然而，采用选择性话语填充和书面话语填充等方式来评价大学生英语语用知识掌握情况，[⑤]这也反映出语用教学评价存在着不足。第一，评价理念存在问题。评价的本质是判断教学计划在多大程度上实现了教育目标的过程。[⑥]基于结构主义语言观，语言教学评价重视语言知识和形式评价，轻视语言实际应用能力的评价。因此，应基于语用能力观建构语用评价体系，确定语用评价理念，即以语用知识和语用意识教学为中心，以语用能力培养为重心，以语用评价落实为核心，实现语用教学目标。第二，多元化语用教学评价的形式结合存在问题。语用教学评价缺少形成性评价、终结性评价及诊断性评价相结合的实践应用。第三，语用教学评价内容缺乏互动性特征。语用教学评价多采用知识考核的单一模式，缺少结合输出能力进行考核的多元模式。因此，应逐步建立基于能力导向的教学评价体系，注重考查学生融会贯通、综合运用

① 张丽华：《教育心理学》，吉林大学出版社，2005，第 98 页。

② 隋晓荻：《人文素质教育视阈下的大学英语教学研究》，世界图书广东出版公司，2013，第 117 页。

③ 教育部高等教育司：《大学英语课程教学要求》，第 7-8 页。

④ 教育部高等学校大学外语教学指导委员会：《大学英语教学指南 2020 版》，第 25-31 页。

⑤ 刘建达：《语用能力测试研究：现状、问题与启示》，《外语研究》2008 年第 4 期。

⑥ 泰勒：《课程与教学的基本原理》，罗康、张阅译，中国轻工业出版社，2016，第 113 页。

知识的能力。[①]第四，语用教学评价方式多采用选择题、填空题或者角色扮演的方式进行语用教学评价，反映语用教学效果[②]。然而，这种语用评价方式未能充分发挥学习者自我评价主体的积极作用。研究者本人基于《中国英语能力等级量表》中的“语用能力等级量表”，建构了 CEPCA 大学英语语用能力评价模型，以语用能力自评、笔试他评和口试他评为评价维度，对语用能力等级水平进行了综合评定。在此方面，还需开展更多的实践研究，探究多元语用教学评价的导向作用。

第四节 关于教学策略的研究

自 20 世纪 60 年代，美国匹兹堡大学 Glaser, R.等首次使用“教学策略”术语后，各国研究者纷纷从不同角度对“教学策略”进行了概念界定和内涵解释，探究教学策略的特征、分类、效果及设计。

一、教学策略概念研究

国外研究者认为教学策略与教学方法、教学步骤和教学模式区别不大。美国著名教学设计专家 Reigeluth, C. M.（1983）认为教学策略是“教师为实现教学目标或教学意图所采取的一系列问题解决行为”[③]，并将其分解为组织策略、传输策略和管理策略。Gagne, R. M.（1972）认为教学策略是帮助学生以自己的努力达到某一目标的计划，提出了引起注意、告知学习者目标、促进先行知识的回忆等教学策略。[④]Lev Vygotsky 认为教学策略使记忆和遗忘默契、协调地工作[⑤]。

近年来，国内研究者对教学策略概念内涵的研究突出了教学策略的行为性和方案性特征，如顾明远（1998）和夏征农等（2009）均认为，教学策略建立在一定理论基础之上，是为实现某种教学目标而制定的教学实施总体方案，包括合理选择和组织各

① 刘华：《语用评价思想的内涵及意义》，《教育理论与实践》2011 年第 31 卷第 12 期。

② 宋欢：《基于 BOPPPS 教学模式的大学英语语用教学设计》，《南昌教育学院学报》2018 年第 3 期。

③ P. L.史密斯、T. J.雷根：《教学设计》，庞维国等译，华东师范大学出版社，2008，第 186 页。

④ R. M. 加涅：《教学设计原理》，王小明等译，华东师范大学出版社，2007，第 27-28 页。

⑤ 列・谢・维果茨基：《维果茨基全集（第 6 卷）》，龚浩然等译，安徽教育出版社，2016，第 159 页。

种方法、材料，确定师生行为程序，有效选用教学媒体，确定教学步骤、教学形式等[①]；施良方、崔允漷（1999）认为教学策略是“教师为实现教学目标或教学意图所采取的一系列问题解决行为”[②]；张大均（2003）认为教学策略是“在特定教学情境中为实现教学目标和适应学生学习的需要而采取的教学行为方式或教学活动方式”[③]；周军（2003）认为教学策略是“根据问题的情境，选择合适的教学理论作依据来制定解决问题的方案”[④]；外语教学研究者鲁子问（2008）等认为教学策略是“教师在一定教学理念的指导下，根据自己对具体教学任务及教学情景的理解和认识，对教学活动起调节作用的系统行为”[⑤]。上述概念表述均反映出教学策略的制定应以特定的教学目标和教学对象为依据，使教学思想或模式转化为教学行为的桥梁，更具有可操作性。

综合对比国内外研究者对教学策略的界定，国外研究者更偏向行为说和计划说，而我国研究者持有的观点更为宽泛，包括行为活动说、方案说、方法说、原则说等。可见，教学策略是为了实现特定的教学目标而采取一系列措施，具有改善教学效果的积极作用。

二、教学策略特征研究

和学新（2000）认为教学策略具有指向性、操作性、整体综合性、调控性、灵活性和层次性特征。[⑥]第一，教学策略具有指向性，即指向特定的情境、内容、目标。第二，教学策略具有操作性，涉及具体的方法、技术和实施程序和具体的教学行为。第三，教学策略具有整体综合性，需要在实施过程进行整体和综合考虑。第四，教学策略具有调控性，通过元认知支配教师根据具体活动要求选择解决问题的方法，并监控其过程。第五，教学策略具有灵活性，需针对具体情况作出灵活选择。第六，教学策略具有层次性，需要针对不同的教学层次选择适合的教学策略。

周军（2003）提出教学策略具有综合性、可操作性、灵活性和层次性基本特征。第一，综合考虑教学内容、媒体、组织形式、方法、步骤、技术与评价等要素；第二，要有明确具体的内容和应用的基本步骤。第三，应具有根据具体的教学情境对有关教学策略进行变通的组合性。第四，应分层次设计：一个层次是教学监控策略，另一个

---

① 夏征农、陈至立主编《辞海（第六版）》，上海辞书出版社，2009，第 1101 页。

② 施良方、崔允漷主编《教学论：课堂教学的原理、策略与研究》，华东师范大学出版社，1999，第 27 页。

③ 张大均主编《教与学的策略》，人民教育出版社，2003，第 7 页。

④ 周军：《教学策略》，教育科学出版社，2003，第 4 页。

⑤ 鲁子问、康淑敏主编《英语教学方法与策略》，华东师范大学出版社，2008，第 9 页。

⑥ 和学新：《教学策略的概念、结构及其运用》，《教育研究》2000 年第 12 期。

层次则侧重于具体教学目标。[①]可见，教学策略是具体的可操作性方案。

王允庆、孙宏安（2018）提出教学策略具有指向教学目标、综合性、针对具体情境性、即时反映性四个特征。第一，教学策略要指向教学目标，即教学策略要合乎教学目标的要求。第二，教学策略实施方案具有综合性，从教学内容、教学方法、师生和生生互动，以及隐含目标的发掘和达成等要素考虑策略选择与实施。第三，教学策略具有具体的情境针对性，依据具体情境确定具体的方法。第四，教学策略具有即时反应性，需要针对具体情境，即刻作出选择。[②]

综上所述，教学策略特征既具有共性，又具有不同的侧重性。教学策略共性体现在指向性、灵活性、可操作性、综合性，即依据具体目标、内容、情境，综合考虑各要素后选择适切的教学策略，确定具体的实施过程与方法，实现解决具体问题的目的。

三、教学策略分类研究

基于不同分类依据，教学策略分类也不尽相同。Gagne（1989）从教与学维度将教学策略分为教的策略和学的策略。其中，教的策略包括管理策略和指导策略，学的策略包括选择注意策略和编码策略。[③]黄甫全（2006）从教学因素、教师行为、教学成分、学习结果性质、教学主体等维度对教学策略进行了分类。第一，在教学因素维度，教学策略分为方法型策略、内容型策略、方式型策略和任务型策略。第二，在教师行为维度，教学策略分为主要教学行为策略、辅助教学行为策略和课堂管理行为策略。第三，在教学成分维度，教学策略分为组织策略、传递策略和管理策略。第四，在学习结果性质维度，教学策略分为直接教学策略、间接教学策略和提问策略。第五，在教学主体维度，教学策略分为学习策略、教授策略和互动式教学策略。

此外，教学策略也可以根据其共性特征进行次级分类，如方法型教学策略包括讲授性策略和发现性策略；内容型教学策略包括调整知识结构策略和问题解决策略；方式型教学策略包括以教师为中心策略和以学生为中心策略；任务型教学策略包括练习策略、问题定向型策略和综合能力测量策略。教学策略分类依据、分类类型及具体教学策略划分等研究成果为语用教学策略理论研究提供了依据。教学策略的具体分类如下（见表 2-4）。

---

① 周军：《教学策略》，第 18-19 页。

② 王允庆、孙宏安：《教学策略设计》，科学出版社，2018，第 5 页。

③ 胡捷利、杨扬：《关于有效教学策略思想的综述》，《教育研究与实验》1992 年第 1 期。

表 2-4 教学策略分类表

分类依据	教学策略类型	具体教学策略
教学因素	方法型策略	讲授性策略、发现性策略
	内容型策略	调整知识结构的策略、问题解决策略
	方式型策略	教师为中心策略、学生为中心策略
	任务型策略	练习策略、问题定向型策略、综合能力测量策略
教师行为	主要教学行为策略	呈示策略、对话策略、指导策略
	辅助教学行为策略	学习动机的培养和激发策略、有效的课堂交流策略、课堂强化技术策略、积极的教师期望策略
	课堂管理行为策略	课堂问题行为管理策略、课堂时间管理策略
教学成分	组织策略	导言、主题、结论和评价
	传递策略	确定媒介策略
	管理策略	决策策略
学习结果性质	直接教学策略	直接提供信息策略
	间接教学策略	内容组织策略、概念归纳和演绎策略、自我评价策略、小组讨论策略、探索发现策略等
	提问策略	封闭性问题提问策略、开放性问题提问策略
教学主体	学习策略	学生主体策略
	教授策略	教师主体策略
	互动式教学策略	师生互动主体策略

四、教学策略结构研究

和学新（2000）对教学策略结构进行了研究，认为教学策略结构“是它所包含的诸要素有规律地构成的系统”①。教学策略结构包括四个要素：指导思想、教学目标、实施程序、操纵技术。其中，指导思想是教学策略的理论依据，教学目标是教学策略结构的核心，实施程度反映了教学策略具体实施步骤，操纵技术则反映了教学策略得以实施的具体方法及技巧。何少庆（2010）认为英语教学策略结构可分为普遍性策略和具体性策略。从英语学科不同课型维度划分，普遍性教学策略包括听、说、读、写和译等课型的教学策略。每种课型中普遍性策略还可以分解为组织策略、提问策略、

① 和学新：《教学策略的概念、结构及其运用》，《教育研究》2000 年第 12 期。

激励策略和评估策略。具体性教学策略是从教学策略层次性对其结构进行的解构。①

五、教学策略设计研究

教学策略是连接理论与具体实践做法的纽带，是达成教学目标的决策，是教学设计的组成部分，教学策略实施过程也是具体的课堂教学过程。如何设计教学策略对提升教学质量具有一定指导意义。

（一）设计流程

王允庆和孙宏安（2018）提出，教学策略设计是“依据教学目标，在一定的教学理论引领下选择教学策略，确定教学方法，确定教学任务、教学资源和教学媒体等”②。其具体设计流程可分解为四个步骤：一是确定教学目标，基于不同的教学目标，根据教学内容特点选择教学策略；二是选择教学理论，基于不同的教学理论，确定宏观的教学策略；三是确定具体的教学方法，依据教学目标、教学内容选择具体的教学方法；四是确定教学任务、教学资源和教学媒体，依据不同的教学方法选择适合的教学媒体开展教学活动。

（二）选择与制定依据

和学新（2000）提出了六种教学策略选择的依据：一是依据教学的具体目标与任务，二是依据教学内容的特点，三是依据学生的实际情况，四是依据教师本身的素养，五是依据教学策略的适用范围和使用条件，六是依据教学时间和效率的要求。③何少庆（2010）提出了五种教学策略制定的依据：一是依据学习者的认知水平制定教学策略，二是依据教师自身能力制定教学策略，三是依据教学内容制定教学策略，四是依据教学环境制定教学策略，五是依据教学目标制定教学策略。④从共性特征来看，两位研究者均关注到教学目标、教学内容、学生水平、教师素养、教学环境对教学策略选择与制定的制约作用；从差异性特征来看，与何少庆相比，和学新不仅对教学环境制约因素研究得更深入，具体到了教学时间与空间环境因素，还关注到预期教学效果对教学策略选择与制定的制约作用。

① 何少庆：《英语教学策略理论与实践运用》，浙江大学出版社，2010，第5页。
② 王允庆、孙宏安：《教学策略设计》，第10页。
③ 和学新：《教学策略的概念、结构及其运用》，《教育研究》2000年第12期。
④ 何少庆：《英语教学策略理论与实践运用》，第6页。

（三）实施原则

在教学策略实践应用时，需要遵循一定的原则才能确保其实施效果。和学新（2000）提出了四种教学策略的实施原则：第一，要树立正确的教学指导思想。教学策略是受一定教学思想支配的，在教学策略实施中要坚持贯彻正确的教学思想，确保教学策略实施达到预期效果。第二，要树立完整的观点。教学策略具有具体指向性，实施教学策略时需要以总体教学目标和任务完成情况综合实施教学策略，进而发挥教学策略体系的整体综合功能。第三，要坚持以学生的自主学习为主。教学策略实施中，要充分调动学生的主观能动性，引导学生积极获取知识、培养能力。第四，要寻求教学策略的多样化配合和变通运用。影响教学策略实施效果的因素是多方面的，教学策略针对具体情境和具体问题是多样的，教学内容是丰富多彩的，教学任务也是多重的。因此，教学策略实施中，要坚持灵活变通原则，及时调整教学策略，灵活运用多样化的教学策略，以获得更好的教学效果。①

综合分析教学策略的设计流程、选择与制定的依据、实施原则可知，教学策略服务于教学目标、教学内容和教学任务，受制于教学理论与思想、学生、教师和教学环境。因此，应以多元视角和灵活变通态度，对教学策略进行设计、选择与实施。

第五节 关于语用教学策略研究

Stern（1992）将语言教学分为了三个层次，即原理层、原则层和具体行为层。从语内与跨语、分析与经验、显性与隐性三个维度对语言教学策略进行了详细阐述。应用于得体交际能力培养的语言教学策略可视为语用教学策略。可以根据语用教学策略的目标与内容指向性、方法与活动选择性进行归类。

一、知识与技能指向的语用教学策略研究

分析思维主要包括演绎的推理和归纳。演绎语用教学策略与归纳语用教学策略也是语用能力培养的主要教学策略，其目标与内容指向知识与技能的培养。

（一）分析语用教学策略

自20世纪60年代起，人们开始对分析型与经验型教学策略进行区分。分析型策略

① 和学新：《教学策略的概念、结构及其运用》，《教育研究》2000年第12期。

关注形式，而经验型策略关注功能。Stern（1992）提出了分析语言教学策略和体验语言教学策略。[①]其中，分析教学策略强调客观性、正式性和语言中心性，以语言为中心，注重语言表达的准确性和系统性，具有抽象性和非情境性、非交际性特征，其目标是技能获取，分析思维可以提升人们对知识的认识程度。分析教学策略包括采用机械性语言操练、听说教学法、语法翻译教学法、讲授法等。采用分析教学策略开展语用教学就属于分析语用教学策略[②]。

（二）演绎与归纳语用教学策略研究

演绎与归纳是基本的思维方式。演绎是从抽象到具体的推论方式，而归纳是从具体到抽象的逻辑顺序。二者都可按照“呈现—实践—迁移”三个步骤开展教学活动。[③]Ishihara 与 Cohen（2010）认为演绎语用教学策略是由教师提供语用信息，而归纳语用教学策略则是学习者分析语用材料，找出目标语使用的语用规则。Rose（2001）通过恭维回应言语行为研究发现了演绎语用教学对提高社交语用水平的效果更好。Martinez-Flor, A.与 Fukuya, Y. J.（2005）通过开展建议和缓和语教学研究证实了显性演绎教学策略实施效果略优于归纳语用教学策略。Tukimoto, H.（2008）采用了演绎法进行语用语言知识和社交语用知识教学，其教学效果略优于归纳语用教学策略。但是，Kubota, R.（1999）的研究却证实了归纳教学策略在语用含义教学中的教学效果优于演绎语用教学策略。Narita（2012）验证了语用意识提升策略可以有效地帮助学习者提升其语境识别与得体表达交际意图的能力。纵观国内外语用教学策略研究可见，演绎语用教学策略对语用能力水平提升效果显著，但是归纳语用教学策略更适用于语言水平较高者使用。

二、交际能力指向的语用教学策略研究

体验教学策略突出语言的情境性，旨在通过感性体验和语言的实际运用实现语言的内化与外显，指向交际能力培养目标。显性与隐性语用教学策略是采用“意识突显”或“意识弱化”的教学方式开展语用教学，旨在通过意识强化实现交际能力培养目标。

（一）体验教学策略研究

体验教学策略突出交际性、功能性和以信息为中心的参与性，指向交际、情境以

---

① Stern, H. H., *Issues and Options in Language Teaching* (Shanghai: Shanghai Foreign Language Education Press, 1999), p.31.

② 布鲁纳：《教育过程》，邵瑞珍译，文化教育出版社，1982，第 69 页。

③ 张正东、黄泰铨编著《英语教学法双语教程》，科学出版社，1999，第 109 页。

话题为中心，强调真实、具体，其目标是技能运用。通过体验，在实践基础上获得感性认识，再经过思维的加工形成理性认识。[①]语言是思维的具体化和客观表现，通过外部活动使内部语言外显化。[②]体验型策略的标准包括关注真实的话题，强调流利而非语言的学习和操练活动，交谈含有一般谈话的特征及正常的读写交际运用，鼓励课堂中的多种社会互动。采用体验型教学策略开展语用教学，又被称为体验语用教学策略。

（二）显性与隐性语用教学策略研究

在国内外语用能力培养的教学策略研究中，以显性和隐性教学策略相关的研究最为突出。在语用能力培养的课堂教学研究中，研究者们较多关注课堂教学是否能促进外语语用能力的发展。通过文献研究发现，二语和外语语用均具有可教性，即通过显性教学干预与提高足够的实践机会，更有利于提升学习者的语用能力。Stern（1992）认为显性教学策略是指“有意识的”教学方式，突出正式性和反思性，强调有意识地学习，注重意识提升、规则学习、元认知元语言策略输入及推理能力和解决问题能力的培养。具体的显性教学策略包括直接法、翻译教学法、观察注意语言特征、讲授抽象概念、解释规则、规则归纳、辨别、句型练习、监控规则使用等。隐性教学策略指向习得，强调直觉自动，具体包括重复、死记、句型模仿与操练等。[③]

首先，研究者发现显性与隐性语用教学策略对语用能力培养有积极作用。Wildner-Bassett, M.运用美、德学生间对话录像教美国学生学习德语日常客套话和会话策略，研究结果表明语用教学对提高学生外语语用能力有帮助；Billmyer, K.针对言语行为进行了课堂讲授，研究结果表明采用讲授言语行为知识策略有助于提高外语学习者的语用能力[④]；Bouton 和 Kubota 认为显性教学策略和意识培养策略有助于提高学生理解外语会话含义的能力；Liddicoat 和 Crozet 通过角色替换的训练方法，按照意识强化、故事重构、表达和反馈四个步骤实施教学，取得了非常明显的教学效果；Vyatkina, N. A.（2007）以讲授德语语气词为例，验证了数据驱动的远程协作式教学法（主要是与德语本族同龄人互通电子邮件和交互聊天）在语用教学中的应用效果显著[⑤]；季佩英（2008）从二语习得理论、二语习得的认知和社会文化视角出发，以交际语言教学法、任务教

---

① 黄济：《教育哲学通论》，山西教育出版社，2016，第 474-475 页。

② 维果茨基：《思维与语言》，李维译，北京大学出版社，2010，第 153-154 页。

③ Stern, H. H., *Issues and Options in Language Teaching* (Shanghai: Shanghai Foreign Language Education Press,1999), p.31.

④ Billmyer, K., “I really like your lifestyle: ESL learners learning how to compliment,” *Penn Working Papers in Educational Linguistics*, No.6 (1990): 31-48.

⑤ Vyatkina, N. A., “Development of Second Language Pragmatic Competence: the Data-Driven Teaching of German Modal Particles Based on Learner Corpus” (Phd., The Pennsylvania State University, 2007), p.269.

学法和跨文化语言教学法开展了显性语用教学研究[①]；马腾（2010）采用了基于主题的显性教学策略培养学生的语用能力[②]；Yuan, Y.（2012）研究了 237 名的中国大学生的语用感知与策略掌握情况，调查结果显示中国大学生运用基于语境的策略占比最少（仅占 4.64%）[③]；姜占好（2013）对显性和隐性语用教学模式进行了研究，同时提出了大学低年级有开展语用教学的必要性，以及隐性语用教学应发挥多媒体技术优势的建议[④]；袁铁锋（2014）从认知视角探究了中国大学生语用教与学的策略，并建议运用任务教学法和认知教学法等显性教学策略开展语用教学[⑤]；刘梓樵、李萌萌（2015）以哈尔滨理工大学 2013 级三个 A 班的学生为研究对象，开展了为期 15 周的显性教学策略和隐性教学策略研究，旨在提高大学生的语用能力水平。[⑥]

其次，研究者发现显性语用教学策略与隐性语用教学策略之间存在差异。国外研究者 House, J.对显性教学和隐性教学策略进行了实验检验，对控制组采用隐性教学策略，只提供言语行为习惯用法接触和练习机会，而对试验组清晰讲授请求言语行为的元语用信息。通过对话录音方式收集数据，分析元语用知识教学对学生外语语用能力培养的作用，其研究结果表明：隐性和显性教学均具有提升学生语用能力的作用，但是显性教学效果更明显、更有效。Tateyama, Y.以感谢言语行为教学内容检验显性教学和隐性教学的作用，其研究结果证明了显性教学更有效。王敏霞（2015）开展了善意批评语用能力培养教学策略的实验研究，证实了外语语用能力具有可教性，同时也验证了显性教学策略实施效果更有效。[⑦]

综合分析国内外的语用教学策略研究，多以显性教学策略与隐性教学策略对比研究为主，较少针对语用能力等级水平开展研究。为了实现语用教学目标，有必要将二者结合起来，通过语用教学策略干预实现大学生得体交际语用能力培养目标。

---

① 季佩英：《大学英语教学中的语用研究》，上海外语教育出版社，2008，第 202–207 页。

② 马腾；《民族院校英语专业学生与语际语语用能力及其培养模式研究》，博士学位论文，上海外国语大学，2010，第 121–124 页。

③ Yuan, Y., “Pragmatics, Perception and Strategies in Chinese College English Learning” (Phd. Diss., Queensland University of Technology, 2012), p.134.

④ 姜占好：《过渡语语用学视角下的语用能力研究》，北京大学出版社，2013，第 143–153 页。

⑤ 袁铁锋：《中国大学英语学习中的语用、认知和策略研究》，复旦大学出版社，2014，第 101–108 页。

⑥ 刘梓樵、李萌萌：《显性和隐性教学策略对大学生英语语用能力影响研究》，《黑龙江教育学院学报》2015 年第 5 期。

⑦ 王敏霞：《显性与隐形指导对英语语用能力培养作用的对比研究》，《河南理工大学学报（社会科学版）》2015 年第 4 期。

第六节 研究局限及启示

通过梳理国内外语用能力培养及其教学策略研究文献，可以得出如下结论：第一，语用能力培养具有一定可行性，语用知识是培养语用能力的基础，语用意识是培养语用能力的前提和条件，应充分发挥语用知识与语用意识对语用能力培养的积极作用；第二，语用教学策略研究关注了语用能力培养的教学目标、教学内容、教学方法与教学活动，但缺少针对评价导向与效度达成的语用教学策略研究；第三，语用能力培养离不开语用知识输入、语用意识强化语用教学策略干预，也离不开真实的、互动性输出语用教学策略促进语用知识向语用能力转化；第四，《中国英语能力等级量表》为语用能力培养的教学与评价提供了理论依据，可据此选择与制定不同等级指向的语用教学策略。尽管我国语用能力及其培养研究取得了一些成绩，但是大学生英语语用能力培养研究依然存在不足。通过分析上述研究成果及其不足，可为未来研究提供启示方向。

一、确定非英语专业大学生研究对象

非英语专业大学生英语语用主题的量化研究数量较少。从关键词的共现网络分布来看，大学英语语用教学主要围绕语用失误、合作原则、语用教学、礼貌原则、会话含义、言语行为等主题开展研究，语用能力测试与评估方面的研究比例较少。从研究对象来看，以非英语专业大学生为研究对象，开展基于《中国英语能力等级量表》的语用教学策略实验研究数量较少。提升高级人才交际能力是复合型人才培养的重要目标。避免形成“惰性思维”的有效方法就是要对所学知识进行应用与实践[①]。因此，增强语用知识应用与实践的教学策略对培养非英语专业大学生得体交际的语用能力至关重要，直接影响我国复合型人才的国际竞争力的水平高低。

二、确定语用教学策略研究主题

自从《中国英语能力等级量表》颁布后，基于该量表的研究逐渐增多。在外语语言环境下，实现语用能力培养目标离不开课堂教学。因此，如何开展课堂语用教学是语用能力培养的关键所在。采用 NVIVO 12 质化软件对语用教学中存在的问题进行主题分析，主要的语用教学问题集中在四个方面：缺少基于语境推理分析能力训练、提

① 怀特海：《教育的目的》，靳玉乐、刘富利译，中国轻工业出版社，2017，第 4-5 页。

供的语言输出机会不足、英语教师欠缺对提高学生口语能力重要性的认识、语用知识输入不充分（见表 2-5）。上述四个方面问题均反映出教师对语用教学策略的重视度不够。研究者本人对四册《新编大学综合英语》教材中语用教学内容与活动进行了统计分析，结果显示大学英语语用教学资源严重不足，其中语用导向的教学任务均值约占 12%，文化信息任务均值只有 1.46%。此外，对比上述教材中的教学活动的目标与内容指向，有 81.90%教学活动是围绕语言知识而设计的，而不是指向交际应用能力培养目标的。

表 2-5 语用教学策略存在问题编码

语用教学策略问题		参考点
缺少基于语境推理分析能力训练	动态新语境中无法解读句意	1
	跨文化语用语言能力有所欠缺	1
	难以准确解读字里行间的隐含寓意或言外之意	1
	难以准确理解上下文的关联互通	1
	用词不当、语境上把握不准确	1
提供的语言输出机会不足	交际心理有障碍，学生的语言输出能力低	1
	交流中产生畏惧心理或抵触心理	1
	学生缺少用英语与人交流的环境	1
对提高口语能力重要性的认识不足	英语教师欠缺对提高学生口语能力重要性的认识	1
语用知识输入不充分	不地道：缺乏得体性知识输入	1
	需要夯实语用学基本理论	1
	需要培养跨文化语用意识和国际文化素养	1
	英语发音不标准，“中国式”口音过重	1

《中国英语能力等级量表》为语用能力培养的教学与评价提供了质化的标准，但缺少具体的语用能力等级测量工具。本研究基于该量表开展语用教学策略理论与实践研究，编制语用能力测量维度与测量工具，通过以评促学增强语用教学策略理论的指导性与实际操作性。

三、确定个案及混合研究取向

国外语用研究范式比较多元，更注重量化研究范式，而国内语用能力研究则体现为以理论介绍与经验总结为主，缺少量化研究和混合研究。我国大学英语语用教学策略研究主要运用了调查法和简单统计的方法，缺少实验研究和以量化为主的混合研究。

这也反映出我国大学英语教师开展量化研究的能力较为薄弱。[①]本研究采用混合研究取向，不仅通过量化与质化相结合的研究范式来测评研究对象的英语语用能力水平，而且通过量化与质化相结合的混合方式检验语用教学策略的实施效果，旨在提升研究结论的科学性与全面性。

① 张淑玲：《语用能力研究述评》，《浙江外国语学院学报》2013 年第 11 期。

第三章 大学英语语用教学策略研究设计

通过梳理语用能力及其培养的教学策略相关文献，研究者不仅对语用能力维度、语用能力影响因素、语用能力测试构念维度与具体测量方法，有了清晰的了解，而且对语用教学目标、语用教学内容、语用教学过程、语用教学策略、语用教学评价和语用教学效果，有了整体的了解。这为语用教学策略理论与实践研究提供了研究基础。本章对语用教学策略研究设计进行了详细解析，具体从研究取向、研究思路、研究方法、数据收集与分析工具等方面进行了阐释。

第一节 研究取向

选择研究取向不仅要从研究目的的要求出发，还要注意不同取向的研究方法间的不可替代性和配合性。①从研究问题自身性质和研究者实施研究的操纵能力出发，本研究选择了个案研究和混合研究的价值取向，选取个案学校，采用质化和量化相结合的混合研究方法收集数据与分析数据，以求全面反映大学英语语用教学策略研究结果。

一、个案研究

陈向明指出：个案研究是“系统地研究个人、团体、组织或事件，以获得尽可能多的相关资料，解决研究问题的过程，……使研究者可以通过对选定的个案进行详细的数据收集和分析来获得有价值的结论”②。个案研究具有整体性、独特性和启发性。个案研究根据个案数量分为单一个案研究和多重个案研究；根据研究目的分为本质型个案研究与工具性个案研究。本质型个案研究旨在深入了解研究对象的本质特征。工具性个案研究对事物现状研究更加深入，更有助于发现问题，推动理论发展，也更有利于推广个案，解决普遍性问题。应用语言学研究越来越重视工具性个案研究，主要

① 裴娣娜编著《教育研究方法导论》，安徽教育出版社，2000，第 114 页。

② 陈向明主编《教育研究方法》，教育科学出版社，2012，第 292-294 页。

是通过特定案例的研究来揭示某一现象的本质，并且通过对比验证的方法，将其研究成果推广到同质的研究对象中。[①]本研究以大学英语语用教学策略研究为题，属于多重个案和工具性个案研究。

首先，本研究旨在通过语用教学策略干预，解决 S 大学的大学生英语语用能力培养问题，属于对单一团体的多重个案研究对象开展语用教学深入研究，符合个案研究特征。其次，英语语用能力培养问题属于较为复杂的能力发展研究范畴，需要针对研究对象进行持久的干预，利用多种研究方法收集数据和分析数据，才能得出科学可信的结论，这一点也符合个案研究的特征。最后，本研究以 S 大学为个案研究对象，基于个案学校大学生英语语用能力水平及语用教学策略使用现状调查结果，对其存在问题进行归因分析，从理论上建构大学英语语用教学策略体系，并通过准实验来验证语用教学策略对提升大学生英语语用能力的实际效果。其研究结论可以推广到其他同类研究对象的相关研究中，因此属于工具性个案研究。

二、混合研究

本研究的核心问题是对大学英语语用教学策略进行理论建构，并对其有效性实践进行检验。鉴于此，采用单一的研究范式开展研究难以有效地解决所有的研究问题。混合研究是一种包含“哲学假设和调查方法的研究设计”“关注定性和定量数据的收集、分析与混合”，可以拓宽研究的深度与广度。[②]因此，本研究采用了混合研究取向，以质化与量化相结合的方式收集数据、分析数据，并验证假设，最终得出全面、客观、可信的研究结论。本研究采用了 Cresswell（2017）提出的顺序性探究混合研究设计模型来开展语用教学策略的混合研究（见图 3-1）。

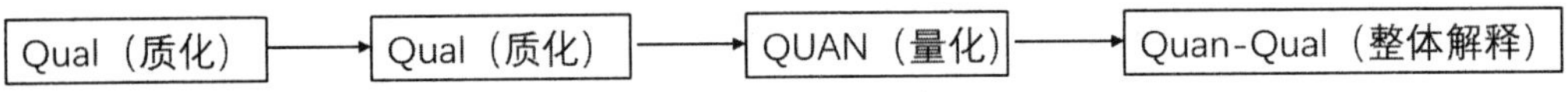

图 3-1 顺序性探究混合设计模型[③]

具体的设计方案是“主一次”型设计方案，即以量化的实验研究为主、其他研究方法为辅的混合研究设计。在文献法研究基础上，本研究采用了测量法、问卷调查法、访谈法、课堂观察法和实验研究等方法收集量化与质化数据，并结合 SPSS 25 和 NVIVO

① 杨延宁：《应用语言学研究的质性研究方法》，商务印书馆，2014，第 34-35 页。

② 约翰·W.克雷斯维尔、薇姬·L.查克：《混合方法研究：设计与实施》，游宇、陈福平译，重庆大学出版社，2017，第 3-4 页。

③ 克雷斯维尔：《研究设计与写作指导：定性、定量与混合研究的路径》，崔延强译，重庆大学出版社，2017，第 168 页。

12 数据分析软件对其进行处理与分析，最终从多个维度检验语用教学策略的实施效果。

第二节 研究思路

基于文献综述启示及研究问题性质，本研究选择个案研究和“主—次”顺序性探究混合研究模式，即按照“质化—质化—量化—整体解释”的研究思路，以量化的实验研究为主、其他质化研究方法为辅开展混合研究。本研究开始前，研究者对 S 个案学校的大学英语语用教学策略存在问题及原因进行了调查，为语用教学策略理论与实验研究奠定了前期研究基础。首先，研究者基于语用教学策略现状调查结果进行了文献梳理，结合专家咨询法最终确定了语用教学策略建构的理论依据，完成了对语用教学策略的理论体系的建构；其次，研究者随机选择实验班与对照班，分别采用语用教学策略与传统语言教学策略开展了前后测准实验研究，运用测量法、调查法、访谈法、课堂观察法等收集了语用教学策略实施中产生的相关数据，借助 SPSS 25 量化统计分析软件、NVIVO 12 质化分析软件、文本分析法对研究数据进行了整体分析，检验了语用教学策略的有效性；最后，研究者基于研究结果分析形成了研究结论、建议与展望（见图 3-2）。

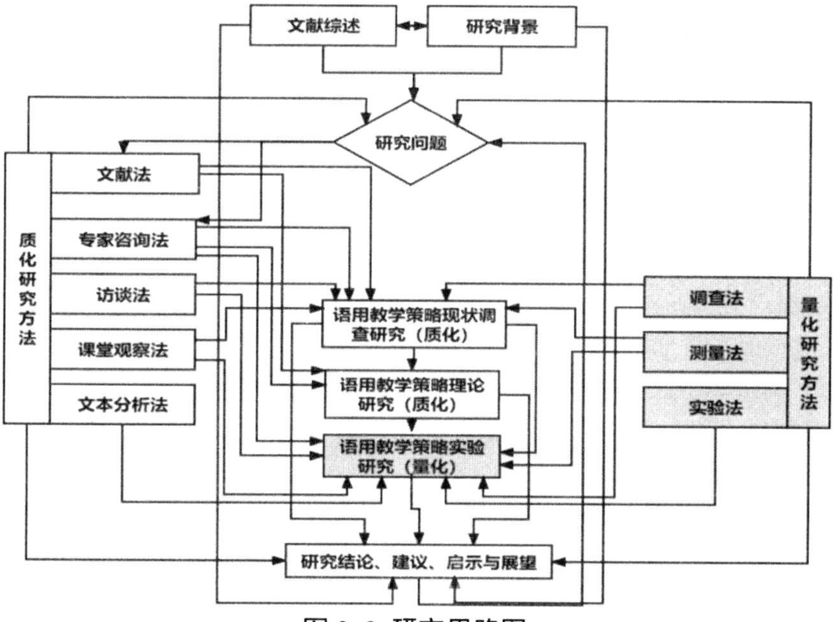

图 3-2 研究思路图

第三节 研究方法

研究问题的性质类型决定着研究方法的选择。大学英语语用教学策略的理论建构问题更适合采用质化的研究方法开展研究；而检验其实施效果的有效性问题更适合采用质化与量化相结合的研究方法与工具来收集、处理、分析数据，最终得出科学的分析结论。

一、量化研究方法

本研究中的量化研究主要包括语用能力的水平测量、语用教学策略的实施效果检验。因此，可采用的具体量化研究方法包括准实验法、测量法及问卷调查法。

（一）准实验法

实验法是检验实验变量之间因果关系的研究方法。[①]文献梳理发现：语用知识输入教学策略对语用能力培养有显著作用；语用意识强化教学策略对语境分析与识别能力培养有帮助；语用理解与表达输出教学策略有助于将内隐的语用知识与语用意识向外显的语用理解与表达能力转化。为了验证语用教学策略对非英语专业大学生英语语用能力水平提升的影响作用，本研究选择 S 个案学校非英语专业大学生为实验对象，开展不等组前后测准实验研究，旨在检验语用教学策略对语用能力培养的有效性。

（二）测量法

本研究的核心研究问题是如何通过语用教学策略干预提升大学生英语语用能力水平。因此，语用能力的水平变化是语用教学策略实施效果的判断依据，而测量法是判定语用能力水平的重要方法。首先，基于教育部颁布的《中国英语能力等级量表》中的“语用能力总表”和“语用能力自我评价量表”，研究者编制了“大学生英语语用能力自评量表”，并运用该量表对调查对象进行了语用能力等级调查，以此来反映个案学校非英语专业大学生英语语用能力的水平现状。其次，结合“语用能力自我评价量表”中不同级别语境和交际功能描述语，研究者编制了“大学生英语语用能力笔试测试题”（四套）和“大学英语语用能力口试测试题”（四套），以此对研究对象的书面阅读理解语用能力、听力理解语用能力、口头表达语用能力、书面表达语用能力进行了客观评定，获取了相关的量化数据，最终确定被试英语语用能力综合等级水平

① 陈向明主编《教育研究方法》，教育科学出版社，2012，第 136 页。

及其各维度的等级水平。最后，研究者运用“日常交际用语测试题”来检测不同语用教学策略及其策略组合间的实施效果差异。

（三）问卷调查法

问卷调查法是开展语用教学策略现状调查和语用教学策略实施效果调查的主要研究方法，也是收集相关的量化与质化数据的主要方法。在实验研究前，研究者运用“大学英语语用教学策略现状调查问卷”对实验对象进行了调查，并从语用教学目标、语用教学内容、语用教学策略、语用教学评价和语用教学效果等方面对大学英语语用教学中存在的问题及其原因进行了诊断，为语用教学策略理论和实验研究提供了研究基础。在实验研究中，研究者运用“大学英语语用教学策略实施效果调查问卷”对实验班的研究对象进行了调查，又从语用教学目标、语用教学内容、语用教学策略、语用教学评价和语用教学效果等方面收集了语用教学策略实施效果的相关数据，用于进一步的统计分析与假设验证。

二、质化研究方法

本研究中的质化研究主要包括语用教学策略的理论研究和语用教学策略实施效果的质化检验。因此，可采用的具体质化研究方法包括文献法、专家咨询法、访谈法、课堂观察法、文本分析法。

（一）文献法

文献法是通过查阅、分析、整理文献找出事物本质属性。[①]本研究采用文献法对语用能力及其培养的语用教学策略进行综述，通过梳理相关研究成果发现研究不足、选择研究视角、确定编制研究工具的理论与实践依据，探究语用教学策略的理论体系（包括语用教学策略建构的理论依据，语用教学策略的组成、分类、设计与实施等）、语用教学策略的调查维度、语用能力的测量维度、测量方式与数据处理方法等。

（二）专家咨询法

《中国英语能力等级量表》对语用能力不同等级要求进行了描述，提供了“语用能力总表”“语用理解量表”“语用表达量表”和“语用能力自我评价量表”，但是缺少配套的语用能力等级测试题。因此，结合专家咨询法，研究者运用“大学英语语用教学策略研究专家咨询提纲”收集了语言学与英语教学等领域专家对语用能力理论与实验研究的指导意见，并为编制研究工具、选择语用教学策略建构的理论依据、确定

① 李秉德主编《教育科学研究方法》，人民教育出版社，2001，第 129-130 页。

策略分类、分解语用能力的因变量维度和选择具体的实验策略等提供了专家建议。具体专家信息如下（见表 3-1）。

表 3-1 大学英语语用教学策略实验研究专家信息统计表

序号	姓名编码	性别	教龄	职称	身份	研究领域
1	DLM	女	30 年以上	教授	博士生导师	英语语言学、语篇分析
2	GP	男	30 年以上	教授	博士生导师	英语语言学、英语教学
3	YYC	女	30 年以上	教授	博士生导师	英语语言学、语篇分析
4	YZ	男	30 年以上	教授	博士生导师	英语语言学、英语教学
5	YXC	男	26~30 年	教授	博士生导师	英语语言学、语用能力
6	LZL	女	26~30 年	副教授	教研室主任	英语教学
7	WT	女	11~15 年	助教	教师	英语教学
8	ZLH	女	26~30 年	副教授	教师	英语教学
9	HJ	男	11~15 年	助教	教师	英语教学
10	SYM	女	30 年以上	副教授	教师	英语教学

（三）访谈法

本研究旨在通过访谈法收集质化数据，应用于语用教学策略实施效果的调查研究。研究者运用“大学英语语用教学策略实施效果访谈提纲”，从语用教学策略指向的目标、内容、活动、评价、媒介、课后作业等维度，对实验研究对象进行了深入访谈，收集了语用教学策略实施效果的相关质化数据，借此了解研究对象对语用教学策略实施效果的态度和收获，揭示大学生因语用教学策略干预而引起的语言能力、语用能力及个人素养等方面的改变，为验证语用教学策略实施效果的有效性提供了质化佐证。

（四）课堂观察法

教育观察法指研究者通过感官，在自然状态下或者人为控制干预下，有目的地、有计划地观察和描述客观对象，从而获取事实资料的一种科学研究方法。[①]在实验研究中，研究者运用课堂观察法对 16 节研究对象的课堂教学视频进行了观察与分析，描绘语用教学策略干预下的大学英语课堂教学实践样态，观察实验班语用教学的目标、内容、策略、评价与效果维度发生了什么改变，总结有效的语用教学策略特征，为反映

① 马云鹏、孔凡哲主编《教育研究方法》，东北师范大学出版社，2006，第 164-171 页。

语用教学策略的实施效果提供了质化佐证数据。

（五）文本分析法

文本分析法是传播学常用的分析方法，是“用来描述和解释媒介讯息，……侧重于描述文本内容、结构和功能，解释深层的潜在意义”①的研究方法，是对文本内容的一种解读。文本分析法从文本的表层深入到文本的深层去挖掘深层意义。进行文本分析时，研究者采用主题分析法，从研究问题出发，分析标记文本，创建主要的主题类目，进行主类目编码，编录归属同一类目的所有字段，界定子类目，进行二级编码，基于类目进行分析及呈现结果。②为了全面反映研究对象的英语语用能力真实水平，研究者收集了英语语用能力水平口试和笔试的文本数据，通过对测试文本进行编码与对比分析，反映实验前后测研究对象的英语语用能力特征变化，为检验语用能力教学策略的实施效果提供了质化佐证。

第四节 数据收集与分析工具

本研究的数据类型包括文本、视频、音频、图片等。对于问卷调查中的文本数据，研究者主要利用问卷星调查平台对其进行发送、回收与存储；对于访谈中音频与视频数据，利用录音与录像设备对其进行存储；对于测试中视频与图片数据，使用 UMU 互动教学平台对其进行回收及存储。

本研究所运用的量化数据分析工具包括文献分析工具与量化数据统计分析工具。首先，在文献分析方面，研究者运用 CiteSpace 5.8 文献分析工具对文献进行主题词分析，揭示语用能力研究的关注点、主要聚类领域及主题凸现变迁；其次，运用 SPSS 25 量化统计分析软件对测量和调查工具的信度与效度进行检验，对量化数据差异性、相关性、因果关系进行检验，③揭示不同语用教学策略间实施效果是否存在显著差异，不同变量间是否存在相关性及因变量对自变量的影响关系等；最后，对访谈、调查、观察所得到的文本型数据，本研究运用 NVIVO 12 质化分析软件对其进行编码、聚类、矩阵分析④等，揭示质化数据特征及其背后逻辑关系。

① 陈阳：《大众传播学研究方法导论》，中国人民大学出版社，2007，第 232 页。

② 伍多·库尔茨：《质性文本分析》，重庆大学出版社，2017，第 68-69 页。

③ 薛薇：《基于 SPSS 的数据分析（第四版）》，中国人民大学出版社，2017，第 4 页。

④ 冯狄：《质性研究数据分析工具 NVIVO 12 实用教程》，人民邮电出版社，2020，第 8-10 页。

第四章 大学英语语用教学策略理论研究

个案学校大学英语语用教学策略的现状调查结果显示，语用教学策略目标指向不具体、语用教学策略内容指向偏于基础、语用教学策略方法与活动选择趋于静态性、语用教学策略评价导向缺少真实交际性、语用教学策略效果达成较差等问题，为语用教学策略理论研究提供了研究基础。本章对语用教学策略理论进行本体研究，确定语用教学策略研究的理论依据、语用教学策略分类方式、语用教学策略设计流程及其具体选择依据、实施流程与评价原则。通过对语用教学策略的理论研究，为后续大学英语语用教学策略实验研究提供理论基础。

第一节 大学英语语用教学策略研究的理论依据

语用能力研究是跨学科的研究，体现语言教学本质，指向语用能力培养的语用教学策略研究涉及多维度的理论支撑。首先，理论依据决定了语用教学策略的分类与选择、设计选择流程、实施流程与评价原则；其次，基于理论依据而建构的语用教学策略理论直接作用到语用能力发展水平上，通过语用教学策略干预有助于解决语用能力的培养问题。已有的研究成果为语用教学策略理论研究提供了依据，依此确定指向语用能力培养的语用教学策略组成与分类，确定策略设计、选择、实施流程与评价原则。

如图 4-1 所示，《中国英语能力等级量表》、社会文化理论下语用教学观、Stern 语言教学策略研究、SECI 知识转换模型为大学英语语用教学策略理论建构提供了理论依据，由此构成了本研究的理论框架。语用教学策略理论研究依据、语用教学策略理论建构与语用能力各要素间的逻辑关系如下。

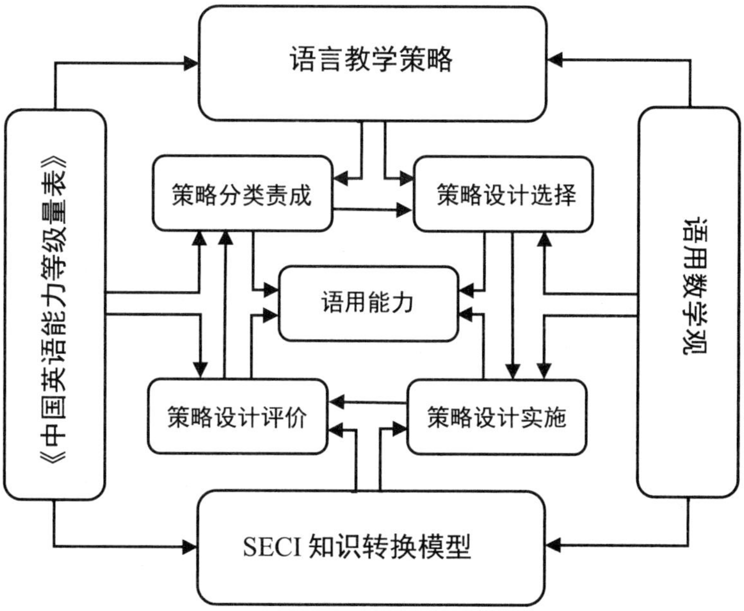

图 4-1 语用教学策略理论框架图

一、《中国英语能力等级量表》

全球化发展要求国际化人才应具备较强的跨文化交际能力，强调交际的有效性、适切性与得体性。因此，一些欧美国家开始研制语用能力量表，对语用能力的等级要求进行了描述，这一举措体现出语言教学和测试的语用转向趋势。受国外的语言评价量表影响，我国颁布了面向中国英语学习者的《中国英语能力等级量表》（2018），为我国的语用教学与测量、语用教学策略的目标确定提供了依据。

（一）提供语用教学与测量依据

《中国英语能力等级量表》不仅从外语学习者视角对语用能力进行了概念界定，即“语言学习者和使用者结合具体语境，运用各种知识和策略理解和表达特定交际意图的能力，”①而且还编制了语用能力相关量表，如“语用能力总表”“语用能力自我评价量表”。此外，该量表还从九个级别对语用能力不同维度进行了分级描述，如理解说话者意图、表达说话意图、功能知识、社会语言知识、得体性。量表中不同维度的等级描述语为我国英语语用能力教学和测评提供了理论依据，也反映出我国的英语课程改革逐步与发达国家的外语课程语用转向接轨。

① 教育部考试中心：《中国英语能力等级量表》，高等教育出版社，2018，第 2 页。

（二）提供语用教学策略目标依据

《中国英语能力等级量表》为确定语用教学策略的目标指向提供了依据。依据该量表对语用能力概念的框架分解，语用能力培养涉及语用知识、语用意识、语用理解和表达。从语用能力描述框架分析，语用能力有两层含义：一层是上位概念，涵盖了语言适切交际所涉及的一切必备要素的综合能力观，包括语用知识、语用意识、语用理解与表达输出行为；另外一层含义是下位概念，指根据交际语境运用各种知识和策略的能力，具体体现为语用理解和表达行为。此外，该量表从口头和书面两个维度将语用能力分解为话语意图的理解与表达能力和作者意图的理解与表达能力，这使得语用能力培养更具操作性。

本研究将语用能力培养的教学策略研究限定在口头言语行为理解与表达能力的培养上。基于语用能力概念内涵及其框架维度，本研究中语用教学策略目标分别指向语用知识目标、语用意识目标和语用理解与表达目标，这些目标指向成为语用教学策略的分类依据。据此，本研究聚焦语用知识、语用意识、语用理解与表达目标维度，开展语用能力培养的教学策略理论与实验研究，旨在结合个案学校大学生的语言水平及其专业特点，探索改善其口语交际中语用理解和表达能力的有效途径。

二、社会文化理论的二语语用教学观

语用学是研究语言使用的学科，在社会文化理论视域下，语用学就是研究如何受制于社会文化规约，在语言的调节下完成社会行为。所谓语言的调节就是基于社会文化规约选择适切的语言形式，实现得体交际目的。社会文化理论的二语语用观可以为确定宏观和微观语用教学策略设计理念及原则提供理论依据。

（一）提供宏观语用教学策略设计原则依据

文化工具是社会文化理论下的调节手段，使学习者通过参与社会文化活动来实现内化，强调运用显性方式传授概念知识。得体性是语用能力的核心属性，指语境中的可接受程度，是交际能力发展程度的重要标志。社会文化理论下，语用教学的核心就是“将社会语用概念内化为个性的有机组成部分”①，而语用意识培养是通过话语反思发展而形成的。交际行为的得体性程度可以反映出语用知识习得程度。因此，再通过策略性互动内化语用知识而提升交际的得体性可以促进语用能力发展。从宏观语用教学策略设计来看，指向语用能力培养的语用教学策略应体现出多元化和整合化特性，

① Comperrolle, R., *Socialcultural Theory and L2 Instructional Pragmatics* (Beijing: Foreign Language and Research Press, 2018), pp. iv–xiv.

依据输入、注意与输出相结合的总体原则来设计语用教学策略，将其培养目标指向语用知识、语用意识、语用理解与表达教学目标，最终有助于实现语用能力的培养目标。

（二）提供微观语用教学策略设计原则依据

认知语言学的语言习得观认为语言习得就是概念习得，注重通过概念内化方式习得语言，以具体的形义配对项作为习得对象，强调通过采用反复使用、对比分析的方式习得语言，认为外语学习要有输入频率、注意程度以及目标项目的复杂程度，主张以体验和交际活动来实现形义配对的构式习得。[①]根据社会文化理论，语用能力培养应基于互动式、任务式、协商式体验活动来习得形义配对项，并实现概念内化。语用学习不仅要加大输入和输出，还要引导学生注意交际的得体性，最终实现语用习得。认知语言学视角下，言语交际成功的关键是认知环境的互明，这是一个基于双方共有的知识和语境假设进行明示和推理的过程。[②]基于社会文化理论开展语用教学要注重建构动态、真实的交际事件，使学生感受动态语境下的真实言语交际。一方面有声思维可以提升意识程度[③]，另一方面语境具有渐变性和独特性[④]，随着语境的改变，语言形式所表达的交际意图也有所不同。因此，在社会文化理论观下，教师应本着语境、语言形式与交际意图相结合的原则来设计语用教学策略，具体设计原则包括：加大语用概念性知识输入；将学习者对语言学习的注意引向语境；创设互动的、任务驱动的、协商性质的语言实践活动；在动态语境中建构意义和传达意义。

基于上述原则设计语用教学策略，就是将语用教学策略的目标指向转向语用知识、语用意识、语用理解与表达行为培养目标上，在真实的交际互动中内化语用知识、提升语用意识，进而提升学生的语用理解与表达能力水平。

三、Stern 的语言教学策略分类研究

语言教学策略更多关注语言整体教学目标，当语言教学策略指向语用能力培养即为语用教学策略。Stern 的语言教学策略分类维度为微观层面的语用教学策略分类及组成要素的确定提供了依据。

---

① 文秋芳等：《认知语言学与二语教学》，外语教学与研究出版社，2013，第 25-48 页。

② Sperber, D. & Wilson, D., *Relevance: Communication and Cognition* (Beijing: Foreign Language and Research Press, 2001), pp. F25-33.

③ Cohen, A. D., *Strategies in Learning and using a second Language* (Beijing: Foreign Language and Research Press, 2000), p. F14.

④ 王占馥：《语境学导论》，内蒙古大学出版社，1993，第 185 页。

（一）提供微观语用教学策略分类依据

Stern（1999）将语言教学策略划分为语内与跨语教学策略、分析与经验教学策略、显性与隐性教学策略三个维度。首先，语内教学策略是以第二语言为参照而使用的教学策略，而语际教学策略则将另一种语言作为参照。其次，分析型教学策略以语言基础知识和基本技能为目标，缺少情境性，以识别、解释、分析、比较等方式实现教学目标；而经验型教学策略是情境化教学策略，指向真实的交际情形如何使用语言，认为基于交际情境的呈现和操练更容易实现交际培养目标。最后，显性教学策略让学习者有意识地学习语言知识，而隐性教学策略是让学习者在运用中内化语言知识。Stern的语言教学策略分类方式，为大学英语语用教学策略的分类提供了依据。因此，语用教学策略可分为："语内—跨语"语用教学策略、"分析—经验"语用教学策略、"显性—隐性"语用教学策略（见表 4-1）。

（二）提供微观语用教学策略组成依据

Stern 对不同类别的语言教学策略所采用的具体方法和技巧进行了详细说明。[①]这些具体的方法与技巧应用到语用教学中就是语用教学策略的具体组成要素（见表 4-1）。

在语内教学策略的语用转化方面，Stern 认为初学者与中级学习者更依赖视觉的支持或行为重复，而高级学习者更侧重表达自己与接触原文等，转化后的语内语用教学策略组成要素包括：通过影视欣赏了解语言与文化、通过阅读读物了解语言文化差异、背诵交际用语、通过对话提升理解与表达能力。在语际教学策略语用转化方面，翻译与比较策略是借助母语使学习者更好地理解语言间差异，转化后的语际语用教学策略组成的要素包括：利用母语翻译和比较中西文化。在分析型教学策略语用转化方面，Stern 认为分析型教学策略是通过识别、解释、比较、操练方式进行语言知识与语言技能教学，转化后的分析型语用教学策略组成要素包括：讲授语用知识、比较不同表达形式语用差异、通过操练提升理解与表达能力。在经验型教学策略语用转化方面，采用情景化角色互动与真实的话题表达方式有助于实现语言结构内化，转化后的经验型语用教学策略组成要素包括：通过角色扮演提升理解与表达能力、通过主题表达提升表达能力。在显性教学策略语用转化方面，学习者有意识地关注语言特征、意义传递，强调采用观察语言特征、讲授抽象概念、规则演绎、规则发现与归纳、记忆辅助、辨别、操作句型练习、监控规则使用及解决问题等方法来提升对语言形式与意义的掌握程度，转化后的语用教学策略组成要求包括：通过观察识别语境、讲授语用知识、讲授语用原则、归纳语用知识、记忆交际用语、辨别语言形式及功能适切性、通过操练

---

① Stern, H.H. *Issues and Options in Language Teaching* (Shanghai: Shanghai Foreign Language Education Press, 1999), pp.5, 277-278, 302, 323.

提升理解与表达能力、监控基于语境特征选择表达形式、基于问题解决培养语用能力。在隐性教学策略语用转化方面，学习者以无意识的方式习得语言，强调非目的性地重复、模仿、死记硬背，转化后的语用教学策略组成要素包括：通过重复掌握交际用语、通过模仿提升表达能力、通过死记硬背掌握交际用语。

美国学者 Eikin, P. D.认为，依据教学任务特点来选择适当的方法就是策略。[①]从英语语用教学目标出发，结合 Stern 提供的语言教学策略及具体做法，从中选择适合语用能力培养的大学英语语用教学策略，共计 22 种（见表 4-1）。

表 4-1 Stern 教学策略及具体方法语用转化示例表

教学策略分类	具体教学策略	语用教学目标指向			语用教学策略
		知识	意识	理解与表达能力	
语内教学策略	沉浸式教学	√	√		通过影视欣赏了解语言与文化
	接触原文	√			通过阅读读物了解语言文化差异
	背诵、记忆	√			背诵交际用语
语际教学策略	对话			√	通过对话提升理解与表达能力
	翻译、比较	√			利用母语翻译、比较中西文化
	解释	√			讲授语用知识
分析型策略	比较		√		比较不同表达形式语用差异
经验型策略	演示、操练			√	通过操练提升理解与表达能力
	情景化角色互动			√	通过角色扮演提升理解与表达能力
	真实话题表达			√	通过主题表达提升表达能力
显性教学策略	观察语言特征		√		通过观察识别语境
	讲授抽象概念	√			讲授语用知识
	规则演绎	√			讲授语用原则
	规则发现归纳	√			归纳语用知识
	记忆辅助	√			记忆交际用语
	辨别		√		辨别语言形式及功能适切性
	操作句型练习			√	通过操练提升理解与表达能力
	监控规则使用		√		监控基于语境特征选择表达形式
	解决问题			√	基于问题解决培养语用能力
隐性教学策略	重复	√			通过重复掌握交际用语
	模仿			√	通过模仿提升表达能力
	死记硬背	√			通过死记硬背掌握交际用语

① 保罗·D.埃金等：《课堂教学策略》，教育科学出版社，1990，第 1 页。

四、SECI隐性知识与显性知识转化模型

依据SECI隐性知识与显性知识转化模型（以下简称“SECI模型”），确定语用教学任务与活动类型。SECI 模型是由日本学者 Ikujiro Nonaka（2019）提出的，Ikujiro Nonaka 认为任何领域的知识管理都要在社会情境和社会交往中进行，知识创造过程是显性知识与隐性知识相互转化的过程。SECI 模型是由四个象限构成的、循环联动的知识转化过程。首先，S是社会化（socialization），即通过同感实现个体隐性知识向组织隐性知识转化的过程。由于隐性知识具有情境化特征，故强调通过接触或采用实际行动，在观察、模仿、倾听、交流、分享中获取隐性知识，以及在创设的情境中实现个体间隐性知识共享。其次，E是外显化（externalization），即通过图像、文字及对话方式把隐性知识转化为显性知识的过程。再次，C是组合化（combination），即把个体显性知识转化为组织显性知识的过程。在组合化过程中，学习者需要对显性知识进行分类、综合、分析和系统化梳理，以促进知识的传递与共享。[①]最后，I 是内隐化（internalization），即将模型运用到实践而实现显性知识隐性化的过程。在内隐化过程中，知识转移并内化为组织或个人隐性知识，形成新的隐性知识后再进行循环。隐性知识实现了从个人到群组，再到组织和环境，螺旋上升。[②]SECI模型的认识论理论基础是知识动态观，认为只有知识在无限循环中才能实现知识创新，倡导体验和积极参与。

语用能力的培养是在语用意识控制下，将语用知识应用到交际情境中来实现交际意图传递，实践应用中的语用知识具有迁移性，可以应用到其他类似的情境中，最终内化为自动行为。因此，语用能力的培养过程也属于隐性知识与显性知识不断转化的过程。鉴于 SECI 模型四个阶段的语言活动呈现出不同的特征，语用教学任务与语用教学活动应体现出情境性、互动性、综合性和真实性。首先，语用教学活动与教学任务应具有情境性。教师应基于学生熟悉的情境设计教学任务与教学活动，使学生在熟悉的情境中产生同感，通过观察、模仿、倾听、交流、分享实现隐性语用知识间的内化。其次，教学任务与教学活动应具有互动性，教师引导学生通过互动交际促使内在的语用知识与语用意识外显为语用理解与表达能力。再次，教学任务与教学活动应具有综合性，教师通过设计由系列任务组成的综合性任务或活动促使学生进行语用知识分类、综合、分析和系统化加工处理，形成新的语用知识组合，解决新的交际问题。最后，教学任务与教学活动应具有真实性，教师应创设真实的交际任务与交际活动，使学生产生真实的交际需求，通过大量的交际实践应用输出活动，最终实现语用理解与表达能力自动化。

---

① 兰英、杨霞：《基于 SECI 模型的实习教师隐性知识显性化探究》，《教师教育学报》2020年第2期。

② 野中郁次郎、西原文乃：《实践知识的创造》，人民邮电出版社，2019，第10-14页。

总之，本研究基于《中国英语能力等级量表》确定语用教学内容、语用测量维度及语用教学目标分类，依据社会文化理论的二语语用教学观来确定宏观语用教学策略框架，从 Stern 的语言教学策略中选择指向体验、互动、强化意识的语用教学策略及其具体方法，按照 SECI 模型创设有交互任务指向的交际事件促使个体隐性知识向显性知识和个体隐性知识存储系统转化。最终，本研究形成了以语用能力为核心、以语用理念为引领、以等级目标为导向、以语用策略为驱动、以交际活动为支撑的语用教学策略理论框架，将语用教学策略的理念、目标、内容、活动与评价聚焦在语用能力培养目标上。

第二节 大学英语语用教学策略的分类

大学英语语用教学策略指向语用能力培养的语用教学目标，其分类依据离不开语用教学目标与语用能力的等级要求。语用能力及其教学策略方面的研究成果为本研究中语用教学策略的分类提供了理论与实践依据。

一、语用教学策略的分类依据

基于语用教学策略的理论研究，语用教学策略的目标指向维度可作为语用教学策略的分类依据。第一，基于语用教学策略的目的性特征，可将语用教学目标作为语用教学策略的分类依据。通过梳理教学策略的相关文献可知，研究者们对教学策略的理解也不尽相同，认为教学策略可以是原则、方案、行为、具体的方法等。邵瑞珍（1997）认为教学策略是教师教学过程中，为达到目标而采取的一系列相对系统的行为，这体现出了教学策略的目的性和指向性。[①]社会文化理论的二语语用教学观认为语用能力培养离不开语用知识、语用意识及语用行为输出。因此，语用教学目标可以作为语用教学策略的分类依据。第二，基于《中国英语能力等级量表》对语用能力的概念界定，语用能力培养目标离不开语境意识、语用知识、理解和表达特定交际意图的行为输出能力，因此语用教学目标也包括了上述三个方面内容。可见，指向语用能力培养的语用教学策略也应指向上述三个方面的语用教学目标，并以此作为语用教学策略的分类依据。第三，基于对美国语言学家 Stern 语言教学策略的语用转化结果分析，语用教学策略的具体内容均指向一定的语用教学目标。因此，可按照语用教学策略指向的目标，对其进行分类。

---

① 邵瑞珍主编《教育心理学》，上海教育出版社，1997，第 80 页。

基于语用教学策略的实践研究，语用教学策略目标指向维度依然可作为语用教学策略的分类依据。与语言教学不同，语用教学不以词汇知识、句法结构、语法知识等语言内部结构为内容，不以产出正确、流利的句子为目的，而以语用知识、语用意识和语用理解与表达能力为教学目标与教学内容，最终实现得体、适切和有效交际。教学目标是教学过程中预期要达到的学习结果和标准。①语用能力是一种综合的能力，其中包括了知识、策略、理解、表达、语境等多种因素。一种语用教学策略难以指向所有的教学目标。因此，为了更好地开展语用教学，语用教学策略也应包括所有语用教学目标指向的策略。利用NVIVO 12质性分析软件对语用教学策略相关文献进行主题词编码，再从语用教学目标维度对语用教学策略的节点进行聚类，最终获得以语用教学目标为分类依据的语用教学策略分类方式。首先，以近 30 年来中国知网收录的以大学英语语用教学为主题的期刊文献为研究对象，对文献中出现的语用教学策略进行初始编码，共获得 44 个语用教学策略开放编码，主要包括：课程设置策略、制定保障制度策略、多媒体运用策略、网络资源运用策略、创设情境策略、互动策略、口语表达策略、语用知识输入策略、理解与表达产出策略、语境分析策略等。其次，以语用教学目标为分类维度，对 44 个编码进行聚类，结果发现大学英语语用教学策略指向了 3 个语用教学目标——语用知识目标、语用意识目标、语用理解与表达能力目标。

二、语用教学策略的具体分类

作为语用教学策略建构的理论依据之一，社会文化理论观突出输入、注意与输出相结合。交互教学模式包括四个步骤：解释、解释+交互、产出、解释，这四个环节的主体是学生，而学生活动的主要特征依然是输入、分析、产出相结合。②首先，基于Stern 的语言教学策略的语用转化结果，对 22 种具体的语用教学策略进行重新编码，按照具体策略实施方法进行策略合并，共得到 14 种语用教学策略（分别见表 4-2、表 4-3、表 4-4）。其次，再以语用教学目标为分类依据，将语用教学策略分解为语用知识输入教学策略、语用意识强化教学策略、语用理解与表达输出教学策略。教师在设计教学活动或任务时，通过为学生提供接触环境而有助于学生意识到学习目标。③通过语用意识强化教学策略可以影响语用知识输入教学策略及语用理解与表达输出教学策略实施效果，反之亦然。语用知识输入教学策略和语用理解与表达教学策略之间也是相互影

① 钟启泉、汪霞、王文静编著《课程与教学论》，华东师范大学出版社，2008，第 57 页。

② Shrum, J. & Glisan, E., *Teacher's Handbook: Contextualized Language Instruction* (Beijing: Foreign Language and Research Press, 2004), pp.137.

③ 戴炜栋、任庆梅编著《外语教学与教师专业发展：理论与实践》，上海外语教育出版社，2006，第 122 页。

响的关系。三类语用教学策略相互影响，共同促进语用能力发展（见图 4-2）。

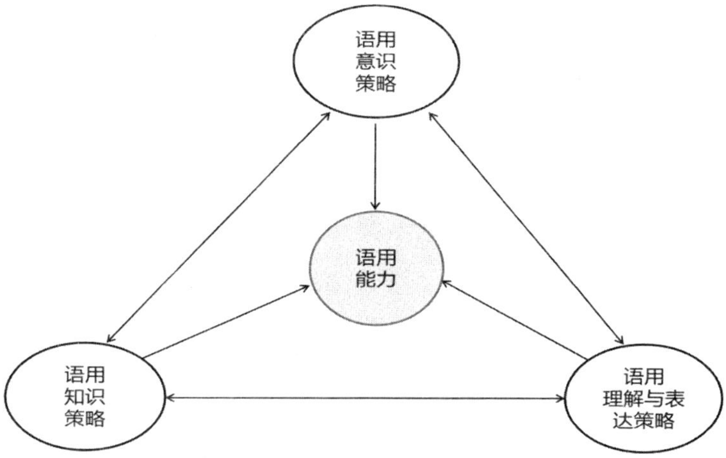

图 4-2 三类语用教学策略与语用能力关系图

（一）语用知识输入教学策略

语用知识输入教学策略主要指向语用知识基础提升，为语用理解与表达能力培养奠定基础。在《中国英语能力等级量表》中，语用知识包括功能知识和社会语言知识，分别是如何将语言形式与其交际意图相匹配的知识和如何识别话语意图和选择恰当话语形式表达其交际意图的知识。影响交际得体性的语用知识包括指示语、会话含义、言语行为、语用预设、话语标记、会话组织、人际交往原则（合作原则、礼貌原则、关联原则）等[①]。因此，语用知识可聚类为：语用理论、语用原则与策略；日常及社会交际用语；社会文化差异等。语用知识输入教学策略包括：通过阅读读物了解语言与文化、背诵记忆交际用语、讲授语用理论知识、讲授交际用语与表达、讲授国内外社会文化差异、归纳交际用语。首先，通过阅读读物了解语言与文化教学策略属于原文接触类策略，指向语言知识及社会语言知识教学内容，旨在通过提供原文接触，使学习者沉浸在目的语环境中学习语言、了解社会文化。其次，背诵记忆交际用语策略属于操作类策略，指向交际用语知识教学内容，旨在通过机械背诵方式记忆交际用语、形成语言习惯。再次，讲授语用理论知识教学策略、讲授交际用语与表达、讲授社会文化差异属于讲授类教学策略，指向语用理论、原则、策略、交际用语与表达和文化差异等教学内容，旨在通过讲授语用知识，使学习者更好地理解和表达交际意图，进

① 何自然：《语用学与英语学习》，上海外语教育出版社，1997，第 1-6 页。

行得体交际。最后，归纳交际用语属于归纳类教学策略，指向交际用语教学内容，旨在通过学习者自己归纳交际用语，形成语言习惯，用于日常交际（见表4-2）。

表4-2 语用知识输入教学策略汇总表

序号	语用教学策略	语用教学内容	具体实施方法
1	通过阅读读物了解语言与文化	语言与文化知识	原文接触
2	背诵记忆交际用语	交际用语	操作
3	讲授语用理论知识	语用学理论、原则、策略	
4	讲授交际用语	交际用语	讲授
5	讲授社会文化差异	社会文化差异	
6	归纳交际用语	交际用语	归纳

（二）语用意识强化教学策略

显性教学策略是运用分析、比较、监控、辨别、选择、匹配等方法来突显教学内容，使学生关注学习内容，在有意识支配下进行学习。学者们注意到能否引导注意是实践操作成败的决定因素。[①]上述具体的方法与《中国英语能力等级量表》中的语用知识运用得体性标准和要求相吻合，反映出语用意识培养应具备的技巧与方法。语用意识是学习者在特定语境下对语用规则与语用实现的意识性，是语用能力发展的前提和条件。因此，可将强化语用意识作为提升语用能力水平的教学策略。语用意识强化教学策略主要涉及识别语境特征、辨别不同语境下语言表达形式与交际功能是否匹配。具体的语用意识强化教学策略包括：比较不同表达形式语用差异、辨别语言形式及功能适切性、影视欣赏识别语境特征、影视欣赏分析语言与文化差异、监控基于语境特征选择表达形式。这些语用意识强化教学策略均采用分析类方法，旨在通过观察、比较、辨别和监控等方式，提升学习者对语境特征的敏感性及对语言形式与交际意图的匹配意识。首先，通过影视欣赏识别语境可以增强对特定语境的敏感性，快速识别语境对语言形式与交际功能的限制特征，进而实现得体交际。其次，比较不同表达形式语用差异和通过影视欣赏分析语言与文化差异教学策略，指向提升交际得体性，旨在通过对比不同语言形式表达相同功能时存在哪些差异，进而交际时能够依据语境作出正确选择。再次，辨别语言形式及功能适切性教学策略，指向语言形式与交际功能匹配性，旨在通过辨别语言形式与交际功能是否匹配而提升得体交际能力。最后，监控基于语境特征选择表达形式教学策略，指向语言形式与语境的匹配性，旨在通过对语境特征分析后，选择适切的语言形式，提升得体交际能力（见表4-3）。

① 维果茨基：《社会中的心智 高级心理过程的发展》，北京师范大学出版社，2018，第43页。

表 4-3 语用意识强化教学策略汇总表

序号	语用教学策略	语用教学内容	具体方法
1	比较不同表达形式语用差异	语言形式	
2	辨别语言形式及功能适切性	语言形式与功能	
3	影视欣赏识别语境特征	语境特征	分析
4	影视欣赏分析语言与文化差异	语言与文化差异	
5	监控基于语境特征选择表达形式	语言形式	

（三）语用理解与表达输出教学策略

《中国英语能力等级量表》采用了窄式界定方式，将语用能力界定为理解和表达特定交际意图的能力。本研究以口语交际中的语用能力培养教学策略为研究内容，针对理解说话人意图和表达话语意图开展了语用教学策略研究。在本研究中，语用理解能力是理解说话人意图，而语用表达能力就是表达话语意图。理解和表达话语意图需要根据具体交际情境来确定话语形式传递的意义，即真实的交际意图。交际是否得体也需结合语境来判断语言形式与其交际意图是否匹配。因此，语用理解和表达能力是语用知识和语用意识外显化的表现形式，是由静态知识向动态知识转化的过程。交际教学法认为只有学生积极参与交际才能获得交际能力。因此，培养得体交际的语用能力离不开学生的参与活动。[①]语用理解与表达输出教学策略包括：通过对话操练提升理解与表达能力、通过角色扮演提升理解表达能力、通过主题表达提升表达能力。首先，通过对话操练提升理解与表达能力属于操作类教学策略，旨在通过对话操练提升理解与表达能力。其次，通过角色扮演提升理解表达能力属于创设情境类教学策略，旨在通过创设角色扮演交际互动活动提升理解与表达能力。再次，通过主题表达提升表达能力属于表达类策略，旨在通过主题观点表达行为输出提升表达能力（见表 4-4）。

表 4-4 语用理解与表达输出教学策略汇总表

序号	语用教学策略	语用教学内容	具体方法
1	通过对话操练提升理解与表达能力	理解与表达能力	操作
2	通过角色扮演提升理解表达能力	理解与表达能力	创设情境
3	通过主题表达提升表达能力	表达能力	表达

① Cook, V., *Second Language Learning and Language Teaching* (Beijing: Foreign Language and Research Press, 2000), p. F24.

三、语用教学策略的等级指向

Bloom, B. S.（1986）根据行为从低到高层次发展，把教育目标逐级分类为知识、理解、运用、分析、综合与评价。[①]Anderson, L. W.（2008）将认知过程维度的教学目标分类为记忆、理解、运用、分析、评价和创造。[②]《中国英语能力等级量表》是语用能力的分级描述，涵盖了不同程度的中国英语学习者的语用能力等级要求，归为三个发展阶段：基础阶段、提高阶段和熟练阶段。在不同发展阶段，语用能力等级的认知目标也体现出层次性。1~3 级小学、初中水平的语言形式表现为直接表达形式；4 级高中水平的语言形式表现为间接表达形式；5~6 级非英语专业大学生水平的语言形式表现出依据情境灵活选择特征，更突出得体性。鉴于语用教学策略具有明确的语用教学目标指向，本研究以非英语专业大学生为研究对象开展语用教学策略研究，所以仅依据 1~6 级语用能力等级水平对上述 14 种语用教学策略进行分类。

首先，指向 1~3 级小学及初中水平语用能力培养的语用教学策略共有 5 种。基础发展阶段包括语用能力等级 1~3 级，处于小学和初中水平，指向基本的日常交际场合，强调直接简单表达问候、简单请求、感谢、建议和委婉请求等。针对 1~3 级小学及初中水平语用能力要求，教师应该采用思维相对简单、突出行为操练的教学策略开展语用教学，通过形成行为习惯而达到语用能力培养目标。因此，指向语用能力 1~3 级培养目标的语用教学策略包括：讲授语用理论知识输入、背诵记忆交际用语、比较不同表达形式语用差异、辨别语言形式及功能适切性、通过对话操练提升理解与表达能力教学策略（见表 4-5）。通过基于语境的语用理论、原则与策略讲授、交际用语背诵、语言形式差异比较和语言形式与功能匹配，实现语用知识和语用意识提升，再通过对话操练提升学生理解与表达简单的日常生活交际意图的能力等级。

其次，指向 4~6 级高中及大学水平语用能力培养的语用教学策略共有 9 种。语用能力提高发展阶段包括语用能力等级 4~6 级，其中 4 级为高中水平，5~6 级为非英语专业大学生水平。不同水平的语用能力等级在交际场合与语言表达形式上有一定的区别。因此，有必要对高中与大学水平的语用教学策略进行分层处理。

针对 4 级高中水平，语用能力等级要求是学习者能在一般社交场合完成简单邀请、表达抱怨等交际意图。达到 4 级水平的学习者具备了基本的语用知识和语用意识，具有一定的接受和分析能力。指向 4 级语用能力等级培养的语用教学策略共有 3 种，分别是：讲授交际用语、影视欣赏识别语境特征、通过角色扮演提升理解表达能力（见表 4-5）。讲授交际用语进行语用知识输入、在影视欣赏中识别语境特征强化语用意识、

---

① B.S.布卢姆编《教育目标分类学》，罗黎辉等译，华东师范大学出版社，1986，第 17-18 页。

② L.W.安德森等编著《学习、教学和评估的分类学 布卢姆目标分类学》，皮连生译，华东师范大学出版社，2008，第 26-28 页。

基于创设的互动情境分角色扮演，有助于提升学生正确理解与得体表达一般社交场合的简单邀请、表达抱怨等交际意图的能力。

针对 5~6 级非英语专业大学水平，要求学生能基于不同社交场合和较为正式场合，委婉地表达遗憾，得体地正式表达感谢、协商，得体地表达恭维，委婉地质疑等。可见，对于非英语专业大学生来说，交际场合更为正式，对语言的表达形式要求从直接过渡到间接，要求交际要适切、得体。指向 5~6 级语用能力培养的语用教学策略，更加突出对大学生辨析能力和自主学习能力的培养，具体语用教学策略共有 6 种：通过阅读读物了解语言与文化、讲授社会文化差异、归纳交际用语、监控基于语境特征选择表达形式、影视欣赏分析语言与文化差异、通过主题表达提升表达能力（见表 4-5）。通过阅读原文、讲授国内外社会文化、归纳交际用语和影视欣赏分析语言与文化差异的教学策略了解中西方文化差异，掌握得体交际的文化准则，再通过监控将注意放在语境特征识别和基于语境选择适切表达形式表达交际意图而提升语用意识，并通过主题表达输出行为训练，提升学生在较为正式场合下理解与得体地表达遗憾、感谢、协商、恭维、质疑等交际意图的能力。

表 4-5 语用教学策略的语用能力等级指向表

序号	具体语用教学策略	语用策略类型	指向等级
1	讲授语用理论知识	语用知识输入教学策略	1~3 级（小学及初中水平）
2	背诵记忆交际用语		
3	比较不同表达形式语用差异	语用意识强化教学策略	
4	辨别语言形式及功能适切性		
5	通过对话操练提升理解与表达能力	语用理解与表达输出教学策略	
6	讲授交际用语	语用知识输入教学策略	4 级（高中水平）
7	影视欣赏识别语境特征	语用意识强化教学策略	
8	通过角色扮演提升理解表达能力	语用理解与表达输出教学策略	
9	通过阅读读物了解语言与文化	语用知识输入教学策略	5~6 级（大学水平）
10	讲授社会文化差异		
11	归纳交际用语		
12	监控基于语境特征选择表达形式	语用意识强化教学策略	
13	影视欣赏分析语言与文化差异		
14	通过主题表达提升表达能力	语用理解与表达输出教学策略	

第三节 语用教学策略设计的选择、实施与评价

基于前期的语用教学策略现状调查结果分析，个案学校大学英语教学设计中弱化了语用教学目标、内容、策略与评价。因此，教师应加强对语用教学策略进行单元设计，增强大学英语教学策略的语用目标指向性。此外，在语用教学策略的设计与实施过程中，教师还应遵循语用教学策略设计的选择与实施流程，坚持语用导向的评价原则，切实完成语用教学策略的单元设计与实施任务。

一、语用教学策略设计的选择流程

在英语语用教学策略设计中，教师应该先对大学英语语用教学目标进行分解，然后从教学对象的学情出发，选择适合教学理论，结合教材的单元主题及具体内容来选择适切的方法和媒体等（见图 4-3）[①]。

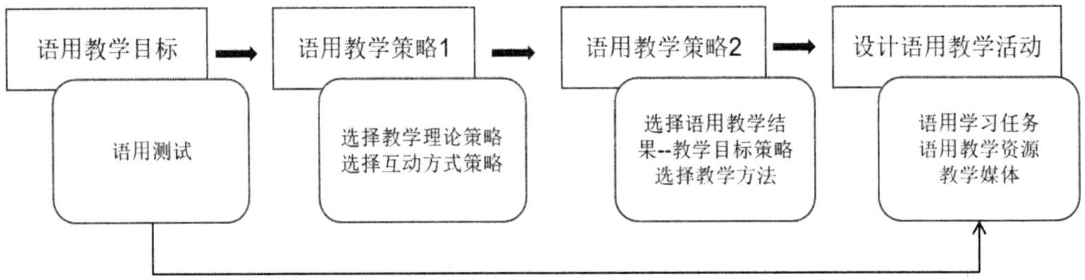

图 4-3 大学英语语用教学策略设计流程图

依据上述的大学英语语用教学策略设计流程，具体的设计步骤与设计内容如下：

第一步，确定语用教学目标。《中国英语能力等级量表》包括了语用能力相关量表，对语用知识（包括功能知识和社会语言知识）、语用能力（包括口头和书面的语用理解能力与语用表达能力）要求进行了分等级描述，不仅可以作为设计语用能力等级水平测试题的依据，还可以作为确定大学英语语用教学策略设计中语用教学目标的选择依据。通过英语语用能力等级测评，教师可以了解学习者当前的英语语用能力发展现状，分析其语用知识的掌握情况、语用意识的发展程度、语用理解与表达行为输出水平，进而确定符合学习者认知水平的语用教学目标。

第二步，确定宏观语用教学策略，选择语用教学理论策略和互动方式策略。传统的

① 王允庆、孙宏安：《教学策略设计》，科学出版社，2018，第 10 页。

语言教学侧重句子输出的正确性和流利性，侧重讲解词汇、句法和语法知识。语用教学则以依据不同语境产出得体的语言能力为目标，注重言语行为、会话含义、互动语篇教学。本研究基于社会文化理论的二语语用教学理念开展大学英语语用教学策略研究，旨在帮助学习者获得语用知识、增强其语用意识、提升其语用能力。[①]首先，社会文化理论认为人类认知受文化工具的调节，该视域下的二语语用教学观强调通过话语反思来发展语用意识，认为话语反思能促进学习者外化语用知识、增强语用意识、发展语用理解与表达能力。其次，社会文化理论认为，通过得体性判断的任务可以促进学习者的语用能力发展，即让学习者判断不同社交互动语境中的语用语言形式是否具备得体性，并对其选择作出解释。这种“以评促学”和“以评促教”教学思想更有助于实现语用教学目标。最后，社会文化理论视域下的二语语用教学观建议通过策略性互动情境促进语用能力发展。在策略性互动情节中，交际者需要根据具体的交际情境通过策略性的互动交际来协商交际意图，以实现有效交际的目的。具体的策略性互动包括排练阶段、运用阶段与汇报阶段。在汇报阶段，学习者通过接受返回来进一步促进话语产出。因此，依据社会文化理论下的二语语用教学理念来确定宏观的语用教学策略时，设计者应突出策略的反思性、分析性与互动性特征。

第三步，确定微观语用教学策略，指向语用教学结果和目标，选择具体教学方法。鉴于大学英语教材以单元为单位进行编写，所以教师应结合非英语专业大学生语用能力培养目标进行分解，将其落实到大学英语语用教学策略的单元设计中去。在进行单元语用教学策略设计时，教师应从单元教学主题或单元教学内容出发，以学习者的英语语用能力实际水平为语用教学策略设计起点，确定语用教学结果目标，选择适切的语用教学策略。针对语用知识教学内容，教师可以选择输入类讲授、归纳等语用教学策略；针对语用意识教学内容，教师可以选择意识强化类分析语用教学策略；针对语用理解与表达能力培养教学内容，教师可以选择输出类表达、互动交际等语用教学策略。指向语用能力培养的教学策略更注重语言在语境中使用的意义，注重真实的语言交际情境，注重在语境中进行语用知识分析、语用意识控制及语用行为能力输出，最终通过反复强化特定语境中语言形式、意义及功能的统一，促使学生不断提升其语用能力水平。

第四步，设计语用教学活动，设计语用学习任务、选取语用教学资源和教学媒体。首先，根据语用教学内容设计语用学习任务。语用教学内容主要涉及语用知识、语用意识和语用理解与表达能力三个方面。语用知识包括语用语言知识和语用社交语用知识，具体表现为言语行为知识、语用惯例语、话语标记及其策略、语篇组织知识等，还包括与交际相关的社会文化知识。语用意识的教学内容涉及交际者能够全面掌控语

① 陈新仁：《语用学与外语教学》，外语教学与研究出版社，2013，第 48-49 页。

用知识的习得与激活，能够调控语用表现所涉及的所有认知机制和手段。语用理解与表达能力的教学内容包括如何理解语用含义、如何将语用知识转化为得体的交际行为。其次，根据 SECI 模型设计语用教学活动。SECI 模型突出了知识转化的情境性、互动性、综合性与真实性，教师可结合语用能力等级要求的描述语，设计符合学习者现有语用能力水平和目标水平的应用型教学活动，如分角色交际活动、问题解决活动。在分角色交际活动设计中，教师不仅需要设计动态的、有意义的情景，还要设计含有多等级的系列交际任务。此外，教师还可以通过设计选择性的或包含动机的冲突的交际情境，培养学生解决问题的能力①，如设计“信息沟”问题，即通过设计信息差引起交际需求和解决问题的需求，进而促进交际的产生。②再次，根据语用能力的等级要求选取语用教学资源方面，教师可以选择 1~6 级语用能力等级要求掌握的语用学基础知识作为拓展的语用教学资源，旨在提升学生交际的得体性与有效性，具体包括：言语行为理论、礼貌原则、合作原则、会话含义、关联理论等。最后，依据语用教学内容选择特定适切的教学媒体，如针对语用知识类教学内容，教师可以选择静态类呈现媒体；针对语用意识、语用理解与表达类教学内容，教师可以选择动态类呈现媒体等。

二、语用教学策略设计的实施流程

语用教学策略的选择是在语境的支配下进行的，语境连接了语用教学策略的每个元素。在教学策略选择的模型中，每个元素都是从语境出发构成了基于语境的语用教学策略。在语用教学策略设计的选择阶段，教师应从语境出发分析语篇类型、语篇体裁、语篇特征、语篇结构、语篇主题、语篇意义及语篇功能等，然后分析该语境下语篇教学目标，分析学生对该语境下的语用、语言知识掌握及能力水平情况，分析与语篇和目标的差距，确定基于语境的语用教学策略，分别选择适合该语境的语用知识输入教学策略进行知识分析，选择适合该语境的语用意识提升教学策略来控制其注意力的关注点，选择适合该语境的语用能力输出教学策略引导学生输出语用理解与表达行为。具体的实施流程如下（见图 4-4）：

第一步，语境导向。基于语篇主题创设语境，在语境导向下开展语用教学。

第二步，语篇分析。基于语境语用特征分析语篇的语场、语旨和语式。分析该语境对语言形式的要求。

第三步，目标分析。分析语用能力培养目标，确定语用教学达成目标。

第四步，学情分析。基于语用教学目标，设计测试题目，了解学生的语用知识，语用意识和语用理解与表达能力水平，明确与预期结果间差距，确定教学内容。

---

① 戴维斯：《教学方法手册》，严慧仙译，浙江大学出版社，2006，第 124-125 页。

② Hammer, J., *How to Teach English* (Beijing: Foreign Language and Research Press, 2000), p.88.

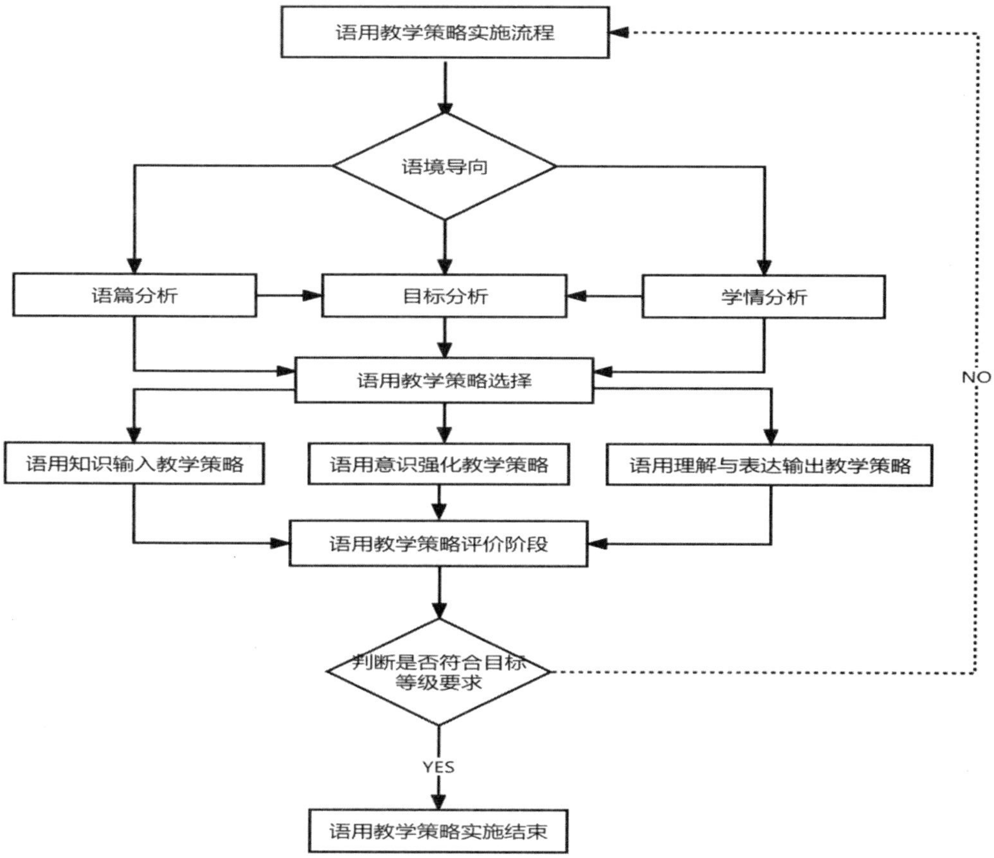

图 4-4 语用教学策略实施流程图

第五步，语用教学策略选择。依据语用教学策略设计流程选择教学策略与教学方法，设计教学活动，选择教学媒介。

第六步，实施语用知识输入教学策略。运用语用知识输入教学策略分析该语境下语用知识和语用原则的特点，以及该语境下的语言形式所表达的意义。

第七步，实施语用意识强化教学策略。运用语用意识强化教学策略去辨别语境特点，该语境需要匹配的语用知识和语用原则，逐步增强对语境下的语言形式表达含义的敏感性，进而提升学生的语用意识，促使其能快速结合语境选择适合的语言形式传达交际意图。

第八步，实施语用理解与表达输出教学策略。教师应基于所学的语用知识和所具有的语用意识，创设语境真实的语境和设计真实的交际任务，通过基于语境的语用输出行为来提升对语境特征的敏感性及语用知识应用的适切性，促进学生的语用知识和语用意识外显为语用理解与表达行为能力。

第九步，语用能力评价。在评价阶段，教师需要结合《中国英语能力等级量表》中“语用能力量表”编制具体的测量工具，对大学生的英语语用能力进行测评。如果达到目标等级的要求，语用教学策略实施结束。否则所得评价结果将成为下一轮教学策略选择与实施的学情基础。

随着大学生语用能力水平、语篇难度及教学目标差异，选择的语用教学策略也会发生改变。学生的语用能力水平越高，所选择的语用教学策略就越趋向于学生自主性、任务整合性、思维高阶性。语用教学策略从选择到最终评价需要经历九个环节，通过多轮循环逐步达到英语语用能力的目标等级水平。

三、语用教学策略设计的评价原则

有效的语用教学是在遵循教学规律的基础上，通过有效的师生互动，更好地实现预设的教学目标。[①]对语用教学策略设计的合理性和有效性进行评价需要遵循以下原则：第一，要检验语用教学策略设计的理念是否具有语用导向。第二，要检验语用教学策略设计的目标是否指向语用能力培养目标。第三，要检验语用教学策略设计的内容、活动与媒介是否指向语用能力培养目标。第四，要检验语用教学策略设计的主体是否发挥了学生主体性和提高了其参与度。第五，语用教学策略设计的策略选择是否体现出灵活性和多样性。第六，语用教学策略设计的评价是否体现出多元性。语用教学策略设计的评价原则各要素的逻辑关系特征是在语用教学理念统领下，共同指向语用能力培养的核心目标（见图 4-5）。

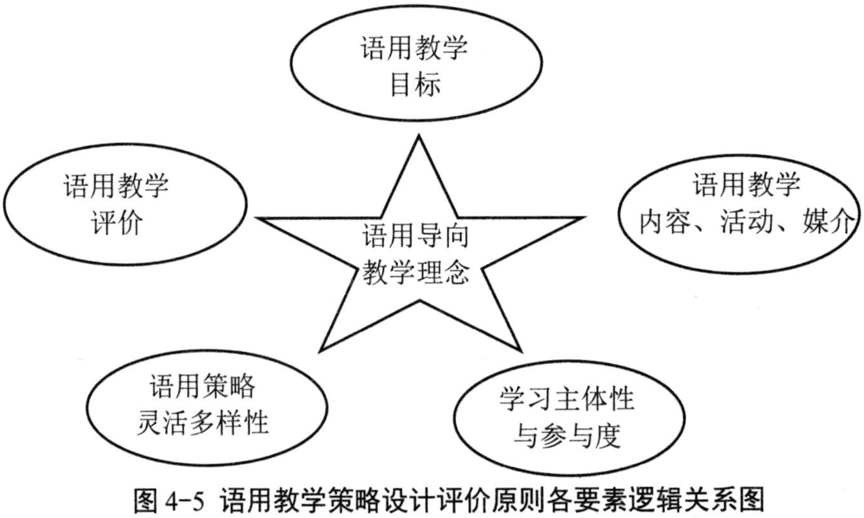

图 4-5 语用教学策略设计评价原则各要素逻辑关系图

① 陈旭远主编《有效教学》，教育科学出版社，2016，第 13 页。

第五章 大学英语语用教学策略实验研究设计与实施

语用教学策略反映一定的语用教学理念，指向语用教学目标，从语用视角对教学内容、教学方式、教学活动与媒体、教学评价等进行选择，具有可操作性。传统的大学英语教学策略更关注语言的准确性，而语用教学策略更注重语言形式与其所表达的交际功能间的适切性与得体性，即语用能力的培养目标。为了提升大学生英语语用能力等级水平，本研究针对大学英语语用教学策略进行了理论建构，并针对个案学校非英语专业大学生开展准实验研究，旨在检验大学英语语用教学策略对大学生英语语用能力培养的可行性及有效性。

第一节 实验设计

大学英语语用教学策略实验研究选择了准实验类型进行实验设计，具体研究设计内容包括：实验研究目的、实验研究阶段、实验研究对象、实验设计类型、实验变量界定与控制、实验研究假设、实验测量工具与实验评价工具。

一、实验研究目的

大学英语语用教学策略准实验研究旨在通过语用教学策略干预大学英语教学，验证语用教学策略对语用能力培养的影响作用。具体实验研究目的包括：第一，验证语用教学策略是否对大学生的英语语用能力水平提升具有显著作用；第二，验证语用教学策略是否对语用能力不同维度的影响作用存在显著差异；第三，验证不同语用教学策略是否对语用能力水平提升的影响作用存在显著差异；第四，验证语用教学策略对语用能力水平提升的影响作用是否与语言水平显著相关。

二、实验研究阶段

本实验以研究对象已经达到的语用能力等级与预期达到的等级目标为依据，分三个阶段开展了实验研究，从2019年9月23日开始，到2020年4月12日结束，历时18周。依据个案学校考试时间节点和相同实验周期的设计指导思想，实验研究阶段可以划分为三个阶段，每个实验阶段历时6周。实验阶段一主要针对1~3级语用能力要求开展语用教学，旨在通过语用策略干预使实验对象的英语语用能力等级均值达到3级初中水平，进而提升其语用能力等级的达成度，缩小其语用能力等级的差距，提高其交际的得体性与适切性。实验阶段二重点针对4级语用等级要求开展语用教学，阶段实验的语用教学目标是使实验对象的英语语用能力等级均值达到4级高中水平；实验阶段三针对5级语用能力要求开展语用教学，阶段实验的语用教学目标是使实验对象的英语语用能力等级均值达到5级非英语专业大学生水平。具体实验阶段划分及教学安排如下（见表5-1）。

表5-1 不同实验阶段周期划分及安排表

实验阶段	周数	起止时间	教学目标与教学安排
实验阶段一	6	2019.9.23—2019.11.10	教学目标：语用能力3级 课堂教学：每两周5课时（每课时45分钟），共计30课时 前后测：第1周和第6周 自主语用学习：课余时间
实验阶段二	6	2019.11.11—2019.12.22	教学目标：语用能力4级 课堂教学：每两周5课时（每课时45分钟） 前后测：第7周和第12周 自主语用学习：课余时间
实验阶段三	6	2020.3.2—2020.4.12	教学目标：语用能力5级 课堂教学：每两周5课时（每课时45分钟） 前后测：第13周和第18周 自主语用学习：课余时间

三、实验研究对象

按照个案学校教学任务的分配原则，研究者所属的教研室负责个案学校艺术与体育学院的大学英语教学任务。因此，本研究中的实验研究对象是从研究者任教的班级中随机选择出来的。

（一）研究对象特征描述

本实验的研究对象是2019级产品设计和动画专业大学生。按照随机抽样原则，产品设计专业的3个自然班班级为实验班（简称为“产品1901-03”），共计85人；动画专业班级的 2 个自然班为对照班（简称“动画 1901-02”），共计 49 人。比较实验班与对照班研究对象的背景信息，结果发现两个班级的研究对象具有很多共性特征：在性别维度，均以女生为主，占比均在 60%以上；在民族维度，都以汉族为主，占比均在 70%以上；在生源地维度，绝大多数学生都属于北方生源；在高考英语成绩维度基本符合个案学校普通专业大学生英语水平的分布情况，即有 70%多研究对象的高考英语成绩在 50~89 分（达到普通专业大学英语 B 班水平）；有 20%多研究对象的高考英语成绩在 90 分及以上（达到普通专业大学英语 A 班水平）（见表 5-2）。

表 5-2 实验研究对象个人信息一览表

背景信息		实验班		对照班	
		人数（人）	百分比（%）	人数（人）	百分比（%）
性别	男	33	39	17	35
	女	52	61	32	65
民族	汉族	71	84	36	73
	少数民族	14	16	13	27
生源地	北方	85	100	48	98
	南方	0	0	1	2
高考英语成绩	50~89 分	63	74	38	78
	90~150 分	22	26	11	22

（二）实验研究对象背景变量差异检验

鉴于实验班与对照班人数相差较大，在性别、民族、生源地、高考英语成绩维度上，研究者对各自班级的研究对象进行了方差齐性检验，检验结果显示：F 值分别等于 0.224、1.227、0.045、0.218，p 值分别为 0.637、0.260、0.833、0.641，均大于 0.05。这说明，在性别、民族、生源地、高考英语成绩方面，实验班与对照班研究对象的背景间没有显著差异，具有极大同质性，具备了实施准实验的研究条件（见表 5-3）。

表 5-3 实验班和对照班样本背景变量差异性检验

		平方和	自由度	均方	F	显著性
性别	组间	0.053	1	0.053	0.224	0.637
	组内	31.290	132	0.237		
	总计	31.343	133			

续表

		平方和	自由度	均方	F	显著性
民族	组间	0.228	1	0.228	1.277	0.260
	组内	23.600	132	0.179		
	总计	23.828	133			
生源地	组间	0.009	1	0.009	0.045	0.833
	组内	26.775	132	0.203		
	总计	26.784	133			
高考成绩	组间	0.149	1	0.149	0.218	0.641
	组内	89.941	132	0.681		
	总计	90.090	133			

（三）实验研究对象代表性检验

为了进一步检验实验对象的代表性，研究者以实验研究对象为单样本，以个案学校参与语用能力等级水平调查的682人为参照总体，进行了单样本T检验，以检验实验样本与调查总样本语用能力等级分布的差异性。如表5-4所示，作为艺术专业大学生，虽然实验研究对象的语用能力等级水平略低于个案学校其他非英语专业大学生，但没有显著差异（t=-0.191，p=0.849＞0.05），这也表明实验对象可以代表个案学校非英语专业大学生的总体水平（见表5-4）。

表5-4 实验前实验对象语用能力自评等级单样本T检验结果统计表

	检验值 = 1.66					
	t	自由度	Sig.（双尾）	平均值差值	差值95%置信区间	
					下限	上限
自评前测	-0.191	133	0.849	-0.011	-0.12	0.10

四、实验设计类型

本实验以语用教学策略（X）为自变量，以非英语专业大学生的英语语用能力水平（O）为因变量观测结果，分三个阶段开展教学准实验研究。为了更好地控制无关变量对因变量的影响，本研究设置了对照班以提升实验效度。鉴于实验班和对照班的人数不等，本实验采用前后测不等组准实验设计类型，通过对比各实验阶段前后测及总实验前后测中因变量的差异性，反映语用教学策略的实施效果。

在实验研究中，实验班的研究对象共接受3次实验处理（分别为X_1、X_2、X_3），全体实验研究对象共接受 4 次语用能力等级测量。如表 5-5 所示，O_1-O_4 为实验班因变量测量结果，O_5-O_8 为对照班因变量测量结果。通过对比实验班与对照班研究对象的英语语用能力等级差异，以及对比实验班研究对象接受实验处理后的语用能力等级变化，得出实验检验结果与结论。

在实验阶段一，自变量 X_1 为指向英语语用能力等级 3 级水平的语用教学策略，O_1 与 O_2、O_5 与 O_6 分别是实验阶段一中实验班与对照班研究对象的语用能力前、后测结果。对 O_1 与 O_2、O_1 与 O_5、O_2 与 O_6 进行差异显著性检验，可验证自变量 X_1 对英语语用能力 3 级水平培养的影响作用是否显著。在实验阶段二，自变量 X_2 为指向语用能力等级 4 级水平的语用教学策略，O_2 与 O_3、O_6 与 O_7 分别是实验阶段二中实验班与对照班研究对象的英语语用能力前、后测结果。对 O_2 与 O_3、O_2 与 O_6、O_3 与 O_7 进行差异显著性检验，可检验自变量 X_2 对英语语用能力 4 级水平培养的影响作用是否显著。在实验阶段三，自变量 X_3 为指向语用能力等级 5 级水平的语用教学策略，O_3 与 O_4、O_7 与 O_8 分别是实验阶段三中实验班与对照班研究对象的语用能力前、后测结果。对 O_3 与 O_4、O_3 与 O_7、O_4 与 O_8 进行差异性检验，可验证自变量 X_3 对英语语用能力 5 级水平培养的影响作用是否显著。具体实验设计类型汇总如下（见表 5-5）。

表 5-5 实验设计类型汇总表

实验阶段	实验周期	实验内容	实验类型
一	第 1~6 周	验证语用教学策略对语用能力 3 级水平的影响作用	O_1 X_1 O_2 O_5 O_6
二	第 7~12 周	验证语用教学策略对语用能力 4 级水平的影响作用	O_2 X_2 O_3 O_6 O_7
三	第 13~18 周	验证语用教学策略对语用能力 5 级水平的影响作用	O_3 X_3 O_4 O_7 O_8

五、实验变量的界定与控制

教育实验需要对教育研究中三大类变量进行设计，即自变量、因变量和无关变量。[①]实验设计的核心内容是选择自变量，测量因变量和控制无关变量。[②]

① 陈向明主编《教育研究方法》，教育科学出版社，2013，第 150 页。

② 温忠麟主编《教育研究方法基础（第 3 版）》，高等教育出版社，2017，第 186 页。

（一）自变量的最终确定

实验中有多个自变量或者多个自变量可整合为一个自变量时，可以通过操纵自变量，探究不同实验处理而产生的不同实验效果。根据语用教学的目标指向，自变量语用教学策略可以分解为次级维度，即子维度。对不同维度进行检验，可以揭示子维度的语用教学策略对因变量语用能力的影响作用。基于语用教学策略的理论研究，研究者共建构了14种大学英语语用教学策略（分别见表4-2、表4-3、表4-4），分别将其归类为语用知识输入教学策略、语用意识强化教学策略、语用理解与表达输出教学策略。为了更好地开展本实验研究，以个案学校18级汉语专业大学生为研究对象，研究者针对上述14种语用教学策略开展了前实验研究，前实验结果表明有7种语用教学策略对普通高校的非英语专业大学生更有效。同时，前实验研究对象也提出了整合语用教学策略的建议。因此，除了进一步验证效果较好的7种语用教学策略外，为了更好地发挥不同类别语用教学策略的作用，针对语言水平处于中低层次的大学生英语学习特征和不同实验阶段的语用能力培养目标，本研究还对7种单一的语用教学策略进行了组合，共得到4种语用教学策略组合。其中，单一语用教学策略包括讲授语用教学策略（A）、归纳语用教学策略（B）、视觉刺激语用教学策略（C）、分析语用教学策略（D）、创设情境输出语用教学策略（E）、主题观点表达语用教学策略（F）和操练语用教学策略（G）；双策略组合包括归纳+角色扮演（BE）和讲授+角色扮演（AE）；多策略组合包括讲授+视频分析+角色扮演（ACE）和归纳+视频分析+角色扮演（BCE）。不同实验阶段所采用的语用教学策略具体内容如下（见表5-6）。

实验阶段一中语用能力等级培养目标是3级初中水平。讲授语用理论、原则（A），使学生了解得体的语用理论知识，提升其交际的得体性；笔试试题交际语境特征与交际用语分析（D），强化学生对语境特征的敏感性，提升语言形式与交际情境的适切性；基于日常生活语境创设角色扮演交际任务视频录制（E）与朗读、重复等方式输出语用知识（G），提升学生在日常生活情境下的互动交际能力。

实验阶段二中语用能力等级培养目标是4级高中水平。讲授交际常用语（A），提升学生语言表达形式正确性；笔试试题交际语境与语言形式得体性分析（D）与视频观赏（C），提升学生得体交际的语用意识；基于一般社交语境创设角色扮演交际任务视频录制（E）与基于语境就主题进行观点表达视频录制策略（F），提升学生互动交际与观点表达能力。

实验阶段三中语用能力等级培养目标是5级非英语专业大学水平。讲授语用文化知识（A）与合作归纳交际用语（B），使学生的言语交际更符合文化规约，提升其交际的得体性和语言形式的正确性；观看视频了解语言及社会文化习俗策略（C），提升其得体交际的语用意识；笔试试题基于语境进行意义明示-推理分析（D），提升学生依据语境理解交际意图的能力；基于不同社交语境创设互动的主题观点理解与表达输出任务视频录制（E），提升学生在社交语境下的观点表达能力。此外，该实验阶段还对组合语用教学策略进行了检验，以揭示单一型和组合型语用教学策略对英语语用能力培养的有效性。具体的组合语用教学策略包括：讲授+角色扮演（AE）、归纳+角色扮演（BE）、讲授+视频分析+角色扮演（ACE）、归纳+视频分析+角色扮演（BCE）。不同实验阶段的自变量选择情况如下（见表 5-6）。

表 5-6 不同实验阶段自变量选择表

实验阶段	等级培养目标	教学策略类型	具体教学策略内容及策略代码
第一阶段	3 级	语用知识输入教学策略	讲授语用教学策略：讲授语用理论、原则（A）
		语用意识强化教学策略	分析语用教学策略：笔试试题中交际语境特征与交际用语分析（D）
		语用理解与表达输出教学策略	创设情境输出语用教学策略：基于日常生活语境创设角色扮演交际任务视频录制（E）
			操练语用教学策略：朗读、重复等方式输出语用知识（G）
第二阶段	4 级	语用知识输入教学策略	讲授语用教学策略：讲授交际常用语（A）
		语用意识强化教学策略	分析语用教学策略：笔试试题交际语境与语言形式得体性分析（D）
			视觉刺激语用教学策略：视频观赏（C）
		语用理解与表达输出教学策略	创设情境输出语用教学策略：基于一般社交语境创设角色扮演交际任务视频录制（E）
			主题观点表达语用教学策略：基于语境就主题进行观点表达视频录制（F）
第三阶段	5 级	语用知识输入教学策略	讲授语用教学策略：讲授语用文化知识（A）
			归纳语用教学策略：合作归纳交际用语（B）
		语用意识强化教学策略	视觉刺激语用教学策略：观看视频了解语言及社会文化习俗（C）
			分析语用教学策略：笔试试题中基于语境进行意义明示-推理分析（D）

续表

实验阶段	等级培养目标	教学策略类型	具体教学策略内容及策略代码
第三阶段	5级	语用理解与表达输出教学策略	创设情境输出语用教学策略：基于不同社交语境创设互动的主题观点理解与表达输出任务视频录制（E）
		组合语用教学策略	双策略组合：讲授+角色扮演（AE）； 归纳+角色扮演（BE）
			多策略组合：讲授+视频分析+角色扮演（ACE）； 讲授+视频分析+角色扮演（BCE）

（二）因变量测量维度的建构与测量

因变量是实验中由于控制与操纵自变量后引起的、与被试行为反应相关联的变量。因变量的改变应是自变量发生改变后的结果，也是实验的目标。因变量可分解为可测量的指标。为了更准确地测量语用能力因变量，依据《中国英语能力等级量表》中“语用能力自评量表”对交际意图的等级描述语，本研究对英语语用能力进行了操作性界定。在本研究中，英语语用能力的操作性定义为：交际者结合具体英语交际语境，理解和表达特定英语话语交际意图的能力，其发展程度由三个特征维度所达到的程度来综合体现，即在听读理解和说写表达维度实现的交际意图等级性、在听读理解和说写表达维度识别与运用的语言形式正确性、在听读理解和说写表达维度达成的交际效果有效性。其中，交际意图等级性反映出语用能力等级，而语言形式正确性与交际效果有效性则体现出语用能力等级的达成度。学习者勉强正确理解（即 50%正确性）与勉强有效表达（即 50%有效性）的交际意图的最高等级可视为英语语用能力的最终等级。

1.因变量的建构

英语语用能力的操作性定义反映出因变量的维度组成。首先，一级维度上，语用能力由语用理解能力与语用表达能力组成；其次，在二级维度上，语用理解能力由听力语用理解能力和阅读语用理解能力组成，而语用表达能力由口头语用表达能力和书面语用表达能力组成；再次，在三级维度具体测量点上，每个子维度的等级水平由交际意图等级性、语言形式正确性、交际效果有效性三个方面决定。因变量测量维度的分解如下（见表 5-7）。

表 5-7 实验因变量测量维度分解表

一级维度（信息方向）	二级维度（信息途径）	三级维度（交际特征）
语用理解能力	听力语用理解能力（听）	交际意图（等级性） 语言形式（正确性） 交际效果（有效性）
	阅读语用理解能力（读）	交际意图（等级性） 语言形式（正确性） 交际效果（有效性）
语用表达能力	口头语用表达能力（说）	交际意图（等级性） 语言形式（正确性） 交际效果（有效性）
	书面语用表达能力（写）	交际意图（等级性） 语言形式（正确性） 交际效果（有效性）

2.因变量的测量

语用能力的综合等级水平是由语言形式和交际效果勉强达成的交际意图的最高等级来确定的。研究者结合不同的语用能力测试维度和具体测试指标，设计了相应口试和笔试测量工具。首先，听力语用理解能力和口头语用表达能力属于口头语用理解与表达能力，需要设计基于情境的口试测试题对其进行测量，如话语角色扮演，可用于检验在真实互动情境下的交际双方对口头交际意图的理解与表达能力。其次，阅读语用理解和书面语用表达能力属于书面语用理解和表达能力，需要设计基于情境的笔试测试题对其进行测量，如选择性话语填充笔试，可用于检验被试对书面口语交际意图的理解能力；书面话语填充笔试，可用于检验被试对书面口语交际意图的表达能力（见表 5-8）。

表 5-8 大学英语语用能力测量维度与测试方式描述表

能力框架		测试方式	具体方法
语用理解能力	听力语用理解能力（听） Interpreting the speaker's intention	口试	话语角色扮演
	阅读语用理解能力（读） Interpreting the writer's intention	笔试	选择性话语填充
语用表达能力	口头语用表达能力（说） Expressing intentions in speaking	口试	话语角色扮演
	书面语用表达能力（写） intentions in writing	笔试	书面话语填充

备注：因变量具体测量工具的建构内容详见本节第七项（实验测量工具）所述。

3.因变量的等级确定

确定因变量的等级主要分为以下七个步骤。

第一步，对交际意图等级性进行判断。识别交际意图，确定交际意图所属等级（1~6 级）。

第二步，对各等级交际意图的语言形式正确性进行判断，确定正确性的达成程度并赋值（1~5 分）。

第三步，对各等级交际意图的交际效果有效性进行判断。依据语境特征、交际者身份、社会距离、权势大小等因素，判断语言形式是否符合语境要求，确定其达成程度并赋值（1~5 分）。

第四步，判断各等级交际意图达成度及初始值，并根据各等级语言形式正确性和交际效果有效性的达成度均值，确定各等级交际意图达成度及分值，得到各等级交际意图达成度初始值。达成度与分值对应情况是：完全未达到交际意图标准得 1 分，勉强达到得 2 分，基本达到得 3 分，较好达到得 4 分，完全达到得分 5 分（见表 5-9）。

第五步，确定各等级达成度的积分点。对交际意图等级的初始值进行分值转换，达成度未能达到该等级能力要求记 0 分，勉强达到记 2 分，基本达到及以上记 3 分。

第六步，计算各测量维度语用能力测量总分并转换其等级。各等级积分点得分加总后得到语用能力各维度等级总分，然后按照语用能力口试和笔试得分与等级转换标准，确定各维度语用能力的最终等级。其中，读维度语用理解能力等级确定，依据语用能力笔试等级转换标准；听维度语用理解能力、说维度语用表达和写维度语用表达能力确定，均采用语用能力口试等级换算标准进行具体等级确定。

第七步，依据“大学英语语用能力评价模型”中语用能力综合等级计算公式进行语用能力等级综合评定。具体交际意图等级赋值评分标准如下（见表 5-9）。

表 5-9 交际意图达成度赋值评分标准

分数	交际意图（达成度）	语言形式（正确性）	交际效果（有效性）
5	完全达到	完全正确理解口头或书面语言形式	完全正确理解交际意图，完全完成交际功能
		灵活选择正确的口头或书面语言形式	得体表达交际意图内容，完全完成交际功能
4	较好达到	较好理解口头或书面语言形式	较好理解交际意图，较好完成交际功能
		灵活选择较为正确的口头或书面语言形式，可以存在极少量错误，但不影响交际对方较好理解交际意图	较为得体表达交际意图内容，较好完成交际功能

续表

分数	交际意图（达成度）	语言形式（正确性）	交际效果（有效性）
3	基本达到	基本正确理解口头或书面语言形式	基本理解交际意图，基本完成交际功能
		灵活选择基本正确的口头或书面语言形式，语言形式可以存在少量错误，但不影响交际对方基本理解交际意图	基本得体表达交际意图内容，基本完成交际功能
2	勉强达到	勉强理解口头或书面语言形式	勉强理解交际意图，勉强完成一些交际功能
		勉强选择部分正确的口头或书面语言形式，但语言形式存在较多错误，影响交际对方完全理解交际意图	勉强表达交际意图内容，勉强完成一些交际功能
1	完全未达到	完全不能正确理解口头或书面语言形式	完全不能正确理解交际意图，完全不能完成交际功能
		选择完全错误的口头或书面语言形式，导致交际对方完全不能理解交际意图	完全不能得体表达交际意图内容，完全不能完成交际功能

（三）无关变量的识别与控制

在教育实验研究中，除了自变量可以引起因变量发生改变，还有其他非研究变量可以引发因变量改变，人们称其为无关变量。因此，为了更好地检验自变量与因变量的因果关系，在实验设计中，需要严格控制无关变量。为了更好地控制无关变量对因变量的影响，本实验选择了不等组前后测准实验设计，对实验班大学英语教学进行实验处理，对照班不做实验处理而采用原有的传统语言教学策略，严格控制实验班与对照班在其他可引起因变量发生改变的因素方面保持同质。在大学英语教学中，影响大学生英语语用能力水平发展的因素有很多，除了语用教学策略自变量外，还有任课教师、教材、课后作业类型、授课时间、授课环境、测试等。首先，本实验中，实验班与对照班均由研究者本人授课，保证了教学水平相同；其次，实验班与对照班学生的专业相近，保证了实验接受者的同质性；再次，实验班与对照班应用的教材、布置的课后作业量、教学时间、教学环境、测试方式等基本一致，最大程度上减少了无关变量对因变量的影响（见表 5-10）。

表 5-10 不同实验阶段无关变量控制表

无关变量		实验班	对照班
实验实施者	任课教师	MY（教师代码）	MY（教师代码）
实验接受者	研究对象	2019 级视觉传达（设计）	2019 级视觉传达（动画）
教学资源	使用教材	创新版大学英语教材	创新版大学英语教材
	课后作业量	表达、翻译类	朗读、翻译类
教学时间	授课时间	1~12 周：周一 3~4 节；周四 7~8 节；周二 5~6 节（单周） 13~18 周：周二 7~8 节；周四 1~2 节；周三 1~2 节（单周）	1~12 周：周一 1~2 节；周四 5~6 节；周二 5~6 节（双周） 13~18 周：周二 5~6 节；周四 3~4 节；周三 1~2 节（双周）
教学环境	授课环境	1~12 周：教五 301 多媒体教室；多媒体语音室 13~18 周：腾讯会议	1~12 周：教五 301 多媒体教室；多媒体语音室 13~18 周：腾讯会议
教学测试	测试时间、方式及工具	“大学英语语用能力等级测试题”“日常交际用语测试题”	“大学英语语用能力等级测试题”“日常交际用语测试题”

六、实验研究假设

基于文献梳理可见，语用能力具有可教性、可变性和可测性。有研究表明：对语用能力实施教学策略干预可以提升语用能力水平，显性教学策略对语用能力培养效果优于隐性教学策略，语用能力水平与语言能力水平有相关性。鉴于个案学校非英语专业大学生的英语语用能力水平较低且各子维度间发展不均衡，本研究选择了语用教学策略为解决问题的切入点并开展了语用教学策略的理论研究，对语用教学策略进行了理论建构，确定了语用教学策略分类及其组成要素、设计选择与实施流程、评价原则。为了验证语用教学策略理论研究成果的有效性，本研究开展了实验研究来检验语用教学策略对非英语专业大学生英语语用能力培养的影响作用，验证研究假设。具体的研究假设如下：

研究假设 1：语用教学策略对大学生英语语用能力水平提升有显著作用；

研究假设 2：语用教学策略对大学生英语语用能力不同维度的影响作用存在显著差异；

研究假设 3：不同语用教学策略对大学生英语语用能力水平影响作用存在显著差异；
研究假设 4：语用教学策略实施效果与大学生英语语言水平显著相关。

七、实验测量工具

依据语用能力不同维度等级判断其综合等级，即听力语用理解能力、阅读语用理解能力、口头语用表达能力和书面语用表达能力的测量结果，可以反映出语用理解与语用表达能力的等级水平，进而反映出语用能力的综合等级。从书面语用理解与表达维度，选择多项选择与书面话语填充方式对其进行测量；从口头语用理解与表达维度，选择角色扮演口试方式对其进行测量。为了发挥评价主体自我监控功能、实现有效测量不同维度的语用能力水平，本研究建构了“大学英语语用能力等级评价模型”，并编制了具体的测量工具，分别为：“大学生英语语用能力自我评价量表”“大学英语语用能力笔试测试题”（四套）与“大学英语语用能力口试测试题”（四套）。

（一）语用能力等级评价模型

“大学英语语用能力评价模型”（以下简称“CEPCA 模型”）体现出语用能力的测量维度与测量方法[①]。在该评价模型中，研究者从三个维度来测量语用能力等级水平，得到语用能力自评等级、语用能力笔试等级和语用能力口试等级，进而反映出研究对象语用能力的自评能力、书面语用理解与表达能力、口头理解与表达能力的发展程度。每个维度由相应的权重系数来调节各评价维度所占比重，具体语用能力综合等级计算公式如下：

$$R=\alpha_1X+\alpha_2Y+\alpha_3Z$$

其中，X、Y、Z 分别代表着自评等级、笔试等级和口试等级，而 α_1、α_2、α_3 分别代表着三个维度的权重系数。通过对权重系数的调整，教师可以调节语用能力测试维度占比。在教学实践中，教师可以通过不同测量维度的权重系数变化调节语用教学重点，提升大学生英语语用能力的自评能力、书面理解与表达能力、口头理解与表达能力，达到以评促教和以评促学的目的。

鉴于实验目的是反映真实情境下，实验对象语用能力等级水平，本研究对大学英语语用能力的评价模型作出了调整。

首先，调整测量维度权重系数，去除自评测量维度对语用能力等级的影响作用。在对个案学校语用教学策略现状调查中，研究者运用了“大学英语语用能力自我评价量表”对调查对象的英语语用能力等级进行了测评和追踪调查，调查结果表明，有些

---

① 马颖、陈旭远：《基于〈中国英语能力等级量表〉建构大学英语语用能力评价模型的实证研究》，《东北师大学报（哲学社会科学版）》2021 年第 2 期。

被试的主观语用能力等级自评结果与其客观语用能力测评结果存在差异。为了更为客观地、真实地反映出被试的实际语用能力水平，本研究将语用能力自评等级的权重系数调整为 0，即仅通过笔试和口试成绩反映被试语用能力等级，公式转换如下：

$R=\alpha_2Y+\alpha_3Z$

此时，可以依据专家赋权，调整 α_2 和 α_3 的权重系数。为了客观反映被试语用能力各测量维度初始等级水平，本研究经过专家赋值来确定语用能力综合等级评价模型中权重系数 α_2 和 α_3 的值均为 0.5。

其次，分解笔试和口试测量维度，从听、说、读、写四个次级维度语用能力等级全面反映语用能力综合等级水平，以有效检验研究假设。在书面和口头语用能力水平的评定方面，依然采用“大学英语语用能力笔试测试题”和“大学英语语用能力口试测试题”，测试研究对象基于语境线索理解交际者传递的交际意图的能力及依据语境选择适切语言形式表达交际意图的能力。笔试和口试等级分别代表着书面和口头语用能力等级水平。结合本实验中对书面和口头语用能力的次级维度分解，书面语用能力包括阅读语用理解能力和书面语用表达能力，而口头语用能力包括听力语用理解能力和口头语用表达能力。语用能力等级公式可调整为：

$$R = 0.5\times(\frac{Y_1+Y_2}{2})+0.5\times(\frac{Z_1+Z_2}{2})$$

其中，Y_1 和 Y_2 分别代表着阅读语用理解能力笔试等级和书面语用表达能力等级，Z_1 和 Z_2 分别代表着听力语用理解能力等级和口头语用表达能力等级，而权重系数 α_2 和 α_3 的值为 0.5，表明听、说、读、写四个子维度语用能力等级在语用能力综合等级所占比重相同。

（二）语用能力笔试测量工具

阅读语用理解能力，反映出学习者对书面语境下的语言形式和交际意图间关系的识别与理解水平，可以采取笔试测试方式对其进行测量，考查被试对书面形式语境的分析能力、对书面语言形式意义的理解能力，以及真实交际意图的识别能力。为此，研究者编制了“大学英语语用能力笔试测试题”，对被试阅读语用理解能力等级水平进行测量。

1.笔试测量工具的编制

“大学英语语用能力笔试测试题”的编制过程包括三个阶段：试题筛选和成卷，试卷修订，试卷再测和质量检验。本研究采用混合研究范式编制笔试测量工具，以确保笔试试卷全面客观。

在第一阶段，依据语用能力等级量表中各级别描述，从不同水平测试题中，选取符合各等级能力要求情境的交际试题，将其改编为有四个选项的多项选择题型，建立分级试题库，每个级别试题数量不少于 20 道题。从每个级别题库中抽取试题，每个级别选取 5 道题，编制 1~6 级的英语语用能力笔试测试试卷。每套试卷共计 30 道题，每个级别 5 道题，每道题原始分值为 1 分，并利用问卷星平台编制电子测试卷。在第二阶段，选择个案学校学生进行测试，并针对测试数据分析结果调整试题，保持每套试卷难度相同。随后，组织专家组对笔试测试题中有争议的 14 个问题进行合议，确定最终答案，进一步修改测试题选项、表述和排版等错误，提高试卷质量。在第三阶段，再次对笔试试题进行测试，完成格式修改和问题替换、选项增补等。例如，添加选项 E（我不知道），以减少偶然性得分现象。

2.笔试测量评价步骤及标准

“大学英语语用能力笔试测试题”是测量研究对象的书面阅读语用理解能力的测试工具，主要测试被试对口语交际文本中的语境识别与分析能力，理解与表达交际意图能力。该测试工具是按照语用能力等级逐级编写完成的，每道题原始等级内分数为 1 分，每个等级满分为 5 分，代表着 5 个达成度（从 1~5 分别代表未达到、勉强达到、基本达到、较好达到和完全达到），共可以得到 6 个等级初始分数。判断被试语用理解能力等级具体步骤及标准如下：

第一步，比对初始分数 s，即 $s=[s_1,s_2,s_3,s_4,s_5,s_6]$。判断被试是否达到各等级要求时，具体标准是：各等级得分 1 分表明被试未达到该等级能力要求；各等级得分 2 分表明被试勉强达到该等级能力要求；各等级得分 3~5 分表明被试基本达到、较好达到及完全达到该等级能力要求。

第二步，调整初始分数。根据等级达标的标准，核对各等级得分。如果等级初始分数大于或等于 3 分均按照 3 分计算该等级得分，表明被试已经达到该等级要求。对于未达到 3 分的等级进行分数调整。如果等级初始得分等于 2 分，按照 2 分计算。小于 2 分的等级得分按照 0 分计算，表明被试未达到该等级要求。通过调整获得调整后分数 s'，调整后分数计算公式如下：

$$s_i' = \begin{cases} 3, s_i \geq 3 \\ 2, s_i = 2 \\ 0, s_i = 1 \end{cases}$$

根据上式，得到调整后的分数 $s'=[s_1',s_2',s_3',s_4',s_5',s_6']$。

第三步，计算等级总分。以 N_1 被试得分为例，N_1 语用能力等级笔试各等级得分的初始分数为 s =[3,2,3,4,2,1]。根据等级分数转换标准，重新核算各等级分数 s' =[3,2,3,3,2,0]。统计转换后总分为 13 分。

第四步，按照笔试总分与能力等级阶段转换标准进行等级转换。语用能力笔试总分反映出学习者对书面会话文本中蕴含的交际意图的理解能力。从笔试分数可以判定学习者能理解的交际意图所属等级。阅读语用理解能力测试分数与等级对应标准为：0~3 分为 1 级，4~6 分为 2 级，7~9 分为 3 级，10~12 分为 4 级，13~15 分为 5 级，16~18 分为 6 级。其中，1~2 级为小学水平，仅能基本理解简单的问候、感谢、赞同、祝福等交际意图；3 级为初中水平，能基本理解邀请、计划等交际意图；4 级为高中水平，能正确理解观点表达、委婉拒绝等交际意图；5~6 级为非英语专业大学水平，可以正确理解较为正式社交场合的委婉质疑、协商等交际意图。如表 5-11 所示，笔试总分为 1~9 分，说明学习者的读维度语用能力水平仅达到基础阶段，即中小学水平，仅能基本理解日常生活情境中的简单语言表达的交际意图；笔试总分在 10~18 分，说明学习者的读维度语用能力水平达到提高阶段，即高中和非英语专业大学水平，可以正确地理解社交场合间接委婉的语言表达交际意图。最终通过笔试分数可以确定学习者理解的交际意图所达到的具体等级（见表 5-11）。

表 5-11 笔试总分与语用能力等级及发展阶段对应表

序号	笔试总分	能力等级	发展阶段	
1	0~3 分	1 级	小学	基础阶段
2	4~6 分	2 级		
3	7~9 分	3 级	初中	
4	10~12 分	4 级	高中	提高阶段
5	13~15 分	5 级	非英语专业大学生	
6	16~18 分	6 级		

3.笔试测量工具的信度检验

首先，对笔试测试工具进行信度检验。对于多项选择笔试测试题的复本信度检验需要对同一批测试对象同时完成四套题测试，检验四套笔试测试题的复本信度。将四套测试题的最终版本编制成电子试卷，通过在线平台发放试题与回收答题数据。抽取个案学校 2018 级汉语专业大学生完成四套题的测试，并对其测试成绩进行复本信度检验。四套笔试测试均值分别为 11.80、11.89、11.91、11.78，莫奇来球形度检验结果显示，$p=0.072>0.05$，说明四套数据符合球形假设条件（见表 5-12）。

表 5-12 笔试测试题莫奇来球形度检验表

主体内效应	莫奇来 W	近似卡方	自由度	显著性	Epsilon		
					格林豪斯-盖斯勒	辛-费德特	下限
笔试	0.061	10.425	5	0.072	0.411	0.477	0.333

表 5-13 为四套笔试测试题组内效应检验表。球形假设检验结果显示，四套笔试测试题的重复测量结果之间不存在显著差异（F=0.268，p=0.848＞0.05）。因此，可判定四套笔试测试题具有很好的复本信度（见表 5-13）。

表 5-13 笔试测试题组内效应检验表

源		III 类平方和	自由度	均方	F	显著性
笔试	假设球形度	0.002	3	0.001	0.268	0.848
	格林豪斯-盖斯勒	0.002	1.232	0.002	0.268	0.670
	辛-费德特	0.002	1.430	0.001	0.268	0.702
	下限	0.002	1.000	0.002	0.268	0.627

对四套笔试测试题进行信度检验，Cronbach α=0.998，说明笔试测试题具有较好的信度。再对四套笔试题进行相关检验，笔试 1 与笔试 2、笔试 3、笔试 4 的相关系数分别为 r=0.997、0.999 和 0.981；笔试 2 与笔试 3、笔试 4 的相关系数 r=0.998、0.991；笔试 3 与笔试 4 的相关系数 r=0.984（见表 5-14）。可见，四套笔试测试题在 0.01 级别上相关性显著，也说明四套测试试题具有较好的同质性。

表 5-14 四套笔试测试题相关性检验表

		笔试 1	笔试 2	笔试 3	笔试 4
笔试 1	皮尔逊相关性	1	0.997**	0.999**	0.981**
	显著性（双尾）		0.000	0.000	0.001
	个案数	6	6	6	6
笔试 2	皮尔逊相关性	0.997**	1	0.998**	0.991**
	显著性（双尾）	0.000		0.000	0.000
	个案数	6	6	6	6
笔试 3	皮尔逊相关性	0.999**	0.998**	1	0.984**
	显著性（双尾）	0.000	0.000		0.000
	个案数	6	6	6	6
笔试 4	皮尔逊相关性	0.981**	0.991**	0.984**	1
	显著性（双尾）	0.001	0.000	0.000	
	个案数	6	6	6	6

备注：**在 0.01 级别（双尾），相关性显著。

4.笔试测量工具效度检验

测试的效度反映测试内容是否准确测量了所要测量的内容。表 5-15 为英语语用能力笔试测试内容与测量维度对应的双向细目表，从该表可见，笔试测试题具有很好的内容效度与结构效度。从内容效度来看，笔试测试题的内容与测试的目标紧密相关，依据语用能力不同等级的交际意图进行试题编制，完全符合各等级测试目标，与测试目标具有一致性。笔试内容反映了语用能力 1~6 级能力目标，符合非英语专业大学生语用能力范围，因此具有很好的内容效度（见表 5-15）。

表 5-15 语用能力笔试测量工具内容效度细目表

二级维度	三级维度		语用能力要求描述语	测试题（频次）			
	等级	交际意图		1套	2套	3套	4套
读维度语用能力	1级	理解简单问候	能理解日常生活中的简单问候	1	1		2
		理解感谢	能简单地表示感谢	3	4	4	1
		理解赞赏	能领会日常生活中的赞赏	1			
		理解歉意	能领会日常生活中的歉意			1	2
	2级	理解简单请求	能理解日常生活中的简单请求			1	
		理解简单指示	能理解日常生活中的简单指示				1
		理解简单寒暄	能理解日常生活中的简单寒暄				
		理解简单愿望	能理解日常生活中的简单愿望	3	3	3	2
		理解简单认可	能理解日常生活中简单认可	2	2	1	2
	3级	理解委婉请求	能理解日常生活中较委婉请求	5	5	5	5
		理解简单建议	能理解简单的建议				
	4级	理解抱怨	能在一般社交场合中理解抱怨			1	1
		理解邀请	能在日常生活中理解简单邀请	3	1	4	1
		委婉拒绝	能理解社交场合中委婉的拒绝	2	1		
		间接歉意	能理解社交场合中间接歉意		3		
		领会观点	能领会社交场合中他人观点				3
	5级	理解遗憾惋惜	能在不同社交场合中理解遗憾或惋惜				
		理解感谢	能在较为正式场合理解感谢				1
		理解间接表达	能理解他人间接表达不满、抱怨或失望	5	5	5	4
	6级	理解质疑	能在正式场合中理解质疑				
		理解恭维	能理解正式场合的恭维				
		理解恰当选择	能理解不同的社交场合选择恰当话语	5	5	5	5
等级汇总	6		笔试测试题数量汇总	30	30	30	30

从横向与纵向维度，对四套阅读语用理解能力笔试测试题进行比较分析可见，四套测试题中每套测试题均包含了 6 个等级交际意图测试，而且每个等级的 5 道测试

题均符合相同等级语用能力要求。经过专家认定具有很好的内容效度。可见，“大学英语语用能力笔试测试题”具有较好的信度和效度，可以反映被试的语用能力水平差异。

（三）语用能力口试测量工具

对于听力语用理解能力、口头语用表达能力和书面语用表达能力等级水平测量来说，均可以采用语用能力口试测试题进行测量。语用能力口试测试题，采用体现互动的话语角色扮演的方式，侧重考查学生在真实的动态变化的语境下切实而有效交际的听力语用理解和口头表达能力所达成的等级。书面语用表达能力的测量方式，是要求被试根据口试任务要求，书面写下自己要表达的话语。口试测量工具进行的信效度检验，反映出听、说、写维度语用能力测试数据结果具有信效度。

1.口试测量工具的编制

本研究依据“语用能力自我评价量表”编制“大学英语语用能力口试测试题”，对听力语用理解能力、口头语用表达能力、书面语用表达能力等级进行测量。依据该量表中语用能力各等级的能力描述语，研究者从中选择 1~6 级的交际意图，并结合描述语进行语境适配，编制成交际任务，反映 1~6 级语用能力等级要求。听和说维度语用能力等级采用话语角色扮演方式进行测量，口语测试要求至少由两人配对完成，在互动交际中理解交际意图和表达交际意图。根据各自语用理解与表达交际意图的达成情况，进行听力语用理解能力和口头语用表达理解能力的等级评定。写维度语用能力等级测量采用书面话语填充测试方式，要求被试依据口试测试题中交际任务要求，写下基于情境任务要求所表达的言语，并根据书面表达中交际意图的达成情况，进行书面语用表达能力等级评定（见表 5-16）。

表 5-16 语用能力口试测量工具统计表

二级维度	三级维度		语用能力要求描述语	测试题（频次）			
	等级	交际意图		1套	2套	3套	4套
听说写维度语用能力	1级	简单问候	能恰当地表达日常生活中简单问候	1	2	1	1
		简单感谢	能简单地表示感谢		1		
		歉意或原谅	能用简单的话语表达歉意或请求原谅	1		1	
	2级	简单请求	能表达日常生活中的简单请求	1		1	
		祝福	能用简单的话语表达祝福				1
		赞同反对	能用简单的话语表达赞同反对	1	1	1	1

续表

二级维度	三级维度		语用能力要求描述语	测试题（频次）			
	等级	交际意图		1套	2套	3套	4套
听说写维度语用能力	3级	委婉请求	能在日常生活中较委婉地请求		1		
		简单建议	能并恰当地表达简单建议	1		1	1
		请求服务	能在餐馆、商店等公共场合请求服务		1	1	
		简单计划	能简单地描述自己的计划或打算	1			
	4级	抱怨	能在一般社交场合中合理地表达抱怨	1		1	
		简单邀请	能在日常生活理解表达简单的邀请	1		1	1
		礼貌交谈	能在一般社交场合中礼貌地与他人交谈	1	1		1
	5级	遗憾或惋惜	能在不同社交场合中表达遗憾或惋惜		1		
		正式感谢	能在较为正式场合得体地表达感谢				
		协商	能在较为正式场合用简单的话语表达协商	1	1	1	1
	6级	委婉质疑	能在正式场合中委婉地表达质疑	1	1		
		合理回应恭维	能对正式场合的恭维合理地作出回应			1	1
		恰当交际	能根据不同的社交场合选择恰当的话语，以实现交际目的		1		

“大学英语语用能力口试测试题”包括口试指令描述、交际语境与交际任务描述。如表 5-17 所示，口试试题中，设定的交际情景是在学校餐厅里，角色 B 的钢笔掉到地上，角色 A 拾起钢笔并将笔递给角色 B。因为角色 A 和 B 是同学关系，所以两人共同进餐，并开始谈论给朋友C买礼物的事宜。当角色B起身取糖时，不小心晃动了桌子，弄洒了角色 A 的咖啡。之后，A 又开始与 B 谈论起其室友 D 的毕业论文完成情况。整个事件发生在动态变化的情境下，其中包含了语用能力 1~6 级所规定的交际意图，如打招呼、感谢、建议、请求、道歉、表达观点、协商等。交际者需要根据两个人的关系、当时交际发生的场所、所谈论人物与二人的关系等语境信息进行判断，对交际意图进行识别，选择适合当时语境及交际功能的适切的表达形式。真实的交际往往充满了不确定因素，交际双方需要不断判断语境才能适切得体地实现交际意图（见表 5-17）。

基于多轮修订，不断完善口试测量工具。首先，在测试指令与交际任务描述中，为了体现真实交际的特征，分别以字母代替给定名字，这样被试可以根据个人真实情况进行交际；其次，为了规范考试，在测试指令中规定了口试时间不能超过 3 分钟；最后，为了减少口试过程中被试对人物提前预设，在任务角色认定时采取随机指定方式，旨在最大限度地体现考试的公平性与真实性。

表 5-17 大学英语语用能力口试测试题示例

指令描述	交际语境与任务描述
Directions: You are required to complete the following communicative tasks within 2 minutes. One is supposed to be A, while the other one is B. You can name C and D.	Oral Quiz for Pragmatic Competence Test 1 Situation1: B's pen fell to the ground in the cafeteria. A picked it up and handed it to B As classmates, they began to have a lunch together and discuss buying a birthday gift for their friend C, When A stood up to get the sugar, B accidentally shook the table and spilled some of his/her coffee. Afterward A began to talk to B about his/her roommate D's thesis.

2.口试测量评价步骤及标准

研究者采用的是“CEPCA 模型”对语用能力等级的确定方法，对被试的口试表现进行初步达成度的判断与赋值，然后根据“口试总分与语用能力等级及发展阶段对应表”确定其等级（见表 5-19）。具体步骤为：第一步是对被试能理解或表达的交际意图进行识别，判断理解或表达了哪些交际意图及其所属等级；第二步对交际意图理解或表达的语言形式正确性与交际效果有效性的达成度进行判断，达成度包括未能达到、勉强达到、基本达到、较好达到和完全达到，并对其进行赋值（1~5 分），计算出总分；第三步是根据口试总分对应的语用能力等级来确定其最终等级。

口试测量的评价标准是依据“语用能力自评等级量表”中所描述的交际意图等级性与交际效果达成度（语言形式正确性与交际效果有效性）进行综合评定。其中，语用能力等级对应“语用能力等级量表”中不同交际意图所属等级进行判定；交际效果达成度表现为正确理解与得体表达的程度。交际效果达成度的具体赋分标准为：完全没达到正确理解或得体表达为 1 分，勉强理解或表达为 2 分，基本理解和表达为 3 分，较好理解和表达为 4 分，完全正确理解与得体表达为 5 分。各等级得分在 3 分以上可认定达到该等级能力要求，即得到该等级得分 3 分；各等级内得分等于 2 分，即得到该等级分 2 分；各等级内得分小于 2 分，按照 0 分计算（见表 5-18）。

表 5-18 英语语用能力口试等级评分示例

级别	评价描述语示例	交际效果达成度					转换得分
		未能	勉强	基本	较好	完全	
1	能理解和表达日常生活中用简短话语直接传递的交际意图，如问候、感谢、请求等					5	3
2	能理解和表达日常生活中用简单话语直接传递的交际意图，如赞同、祝福、指示等		2				2

续表

级别	评价描述语示例	交际效果达成度					转换得分
		未能	勉强	基本	较好	完全	
3	能理解和表达日常生活中直接或间接传递的交际意图，如邀请、建议、赞扬等			3			3
4	能理解一般社会交往中对方表达的意图，礼貌委婉地表达歉意、抱怨、感激等意图			3			3
5	能理解和表达常见社交场合中的观点、情感、态度、意图等		2				2
6	能理解正式或非正式场合中对方表达的不同意图，能选择不同语言形式并恰当表达意图	1					0
	口试分数汇总						13

口试总分计算及等级评定：将各等级转换调整后的得分加总，所得分数为被试口试总分，对应总分区间确定语用能力等级。以表 5-18 所示口试各等级得分为例，口试初始分数为[5,2,3,3,2,1]，按照分值与等级转换标准，口试初始分转换为[3,2,3,3,2,0]，加总后口试总分为 13 分（见表 5-18）。对比口试总分 13 分所属分值区间与语用能力等级，口试总分对应属于 13~15 分区间的 5 级，对应发展阶段为提高阶段。具体口试总分与等级及阶段对应情况如下（见表 5-19）。

表 5-19 口试总分与语用能力等级及发展阶段对应表

序号	口试总分	能力等级	发展阶段	
1	0~3 分	1 级	小学	基础阶段
2	4~6 分	2 级		
3	7~9 分	3 级	初中	
4	10~12 分	4 级	高中	提高阶段
5	13~15 分	5 级	非英语专业大学	
6	16~18 分	6 级		

3.口试测量工具信度检验

“大学英语语用能力口试测试题”的信度检验依然采用复本信度检验的方式。以个案学校 2018 级汉语专业学生为口试试测对象，共计 29 人。四套口试测试题的测试结果显示，语用能力等级得分均值分别为 3.79、3.93、3.97 和 3.90。四套口试测试数据的莫奇来球形度检验结果显示，p=0.001＜0.05，说明口试数据不符合球形假设条件，应采用格林豪斯-盖斯勒的校正结果（见表 5-20）。

表 5-20 口试测试题莫奇来球形度检验表

主体内效应	莫奇来 W	近似卡方	自由度	显著性	Epsilon		
					格林豪斯-盖斯勒	辛-费德特	下限
口试	0.466	20.416	5	0.001	0.757	0.827	0.333

表 5-21 为四套口试测试组内效应检验表。由于球形假设不能得到满足，格林豪斯-盖斯勒校正结果显示，四套口试测试题重复测量结果之间不存在显著差异（F=1.244，p=0.304＞0.05）。因此，可判定四套口试测试题具有很好的复本信度（见表 5-21）。

表 5-21 口试测试题组内效应检验表

源		III 类平方和	自由度	均方	F	显著性
笔试	假设球形度	0.586	3	0.195	1.224	0.306
	格林豪斯-盖斯勒	0.586	2.270	0.258	1.224	0.304
	辛-费德特	0.586	2.480	0.236	1.224	0.305
	下限	0.586	1.000	0.586	1.224	0.278

四套口试题的信度值 Cronbach α=0.877。对四套口试测试题进行相关检验结果显示，口试 1 与口试 2、口试 3、口试 4 的相关系数分别为 r=0.583、0.799、0.858，口试 2 与口试 3、口试 4 的相关系数 r=0.559、0.425，口试 3 与口试 4 相关系数 r=0.673（见表 5-22）。可见，四套口试测试题之间，在 0.01 级别或 0.05 级别上相关性显著，这也说明四套口试测试题具有较好的信度。

表 5-22 四套口试测试题相关性检验表

		口试 1	口试 2	口试 3	口试 4
口试 1	皮尔逊相关性	1	0.583**	0.799**	0.858**
	显著性（双尾）		0.001	0.000	0.000
	个案数	29	29	29	29

续表

		口试 1	口试 2	口试 3	口试 4
口试 2	皮尔逊相关性	0.583**	1	0.559**	0.425*
	显著性（双尾）	0.001		0.002	0.022
	个案数	29	29	29	29
口试 3	皮尔逊相关性	0.799**	0.559**	1	0.673**
	显著性（双尾）	0.000	0.002		0.000
	个案数	29	29	29	29
口试 4	皮尔逊相关性	0.858**	0.425*	0.673**	1
	显著性（双尾）	0.000	0.022	0.000	
	个案数	29	29	29	29

备注：**在 0.01 级别（双尾），相关性显著。*在 0.05 级别（双尾），相关性显著。

4.口试测量工具效度检验

为了保证四套口试测试题同质，研究者依据“语用能力自我评价量表”来设计“大学英语语用能力口试测试题”，旨在确保每套测试题中均包括语用能力 1~6 级的交际意图。对四套大学英语语用能力口试题中的交际意图进行分解可见，每套试题均涵盖了语用能力 1~6 级的交际意图应达到的能力要求。因此，口试测量工具的编制依据可反映出四套大学英语口试测试题具有较好的同质性。此外，由专家对语用能力口试测试内容与测试目标对应的双向细目表进行评价，结果显示，口试测试题具备较好的内容效度（见表 5-23）。

表 5-23 大学英语语用能力口试测试题内容效度检验表

测试题序号	一级			二级			三级			四级			五级			六级			等级范围
	简单问候介绍	简单感谢	歉意原谅	简单请求赞同	简单指示	简单祝福赞扬	委婉请求	简单建议计划	请求服务	合理抱怨拒绝	简单邀请	礼貌委婉歉意	遗憾惋惜劝说	得体感谢忠告	话语协商观点	委婉质疑拒绝	回应恭维	恰当表达	
1	√	√		√				√			√	√			√	√			6
2	√		√	√			√			√		√				√		√	6
3	√			√				√			√				√		√		6

续表

测试题序号	一级			二级			三级			四级			五级			六级			等级范围
	简单问候介绍	简单感谢	歉意原谅	简单请求赞同	简单指示	简单祝福赞扬	委婉请求	简单建议计划	请求服务	合理抱怨拒绝	简单邀请	礼貌委婉歉意	遗憾惋惜劝说	得体感谢忠告	话语协商观点	委婉质疑拒绝	回应恭维	恰当表达	
4	√		√			√		√			√	√			√		√		6
专家审核	是否符合			是否符合			是否符合			是否符合			是否符合			是否符合			综合符合
	是		否	是		否	是		否	是		否	是		否	是		否	
	√			√			√			√			√			√			

八、实验评价工具

本实验研究采用文本分析法、调查法、访谈法、课堂观察法收集语用教学策略实施效果的相关数据，运用 SPSS 25 量化统计分析软件和 NVIVO 12 质化分析软件对所收集的数据进行分析，为验证语用教学策略实验研究假设提供量化与质化的数据支持，进而揭示语用教学策略的实施效果。Scriven, M.提出了效果评价，注重输入与输出之间的差异。[①]语用教学策略的实施效果评价是对语用教学测量实际效用的评价，注重语用教学策略实施后实验对象所发生的变化，是通过语用能力等级的前后测差异来判断其效果。语用教学策略实施效果的评价工具包括："言语行为语用特征分析框架"（见表 5-24）、"大学英语语用教学策略实施效果调查问卷""大学英语语用教学策略实施效果访谈提纲"及"大学英语语用教学策略实施效果课堂观察记录表"。

（一）言语行为语用特征分析框架

依据《中国英语能力等级量表》中语用能力的概念界定，语用能力特指言语行为能力，即对具体的言语行为所蕴含的交际意图作出解读和表达的能力。对于交际意图的理解和表达离不开语言形式媒介。从语用能力测量维度来看，交际意图、语言形式、交际效果等均可以反映出语用能力的发展程度。言语行为理论认为人们通过语言形式实施行为，因此行为是交际的基本单位。从语义角度，人们运用语言形式表达字面意

① 张华：《课程与教学论》，上海教育出版社，2000，第 397-398 页。

义的信息意图；从语用角度，在传递字面信息时，人们还传递了非语言字面意义的真正交际意图，甚至还通过语言形式带来了影响或引起了后果。当语言形式用以表达一定语境下的特定意图时，语言形式被称为话语，这种言语行为所传递的真正意图往往不是字面的信息意图，而是其行为意图，因此话语具有了语用特征。[1]话语是基于语境指向特定目的的语言形式[2]，其作用不是以言指事，而是以言行事，突出言语行为的语用特征。因此，尽管有些学生的前后测语用能力等级没有变化，但是其话语的言语行为语用特征发生了改变，这也可以反映出其语用能力发生了质变，也可用于佐证语用教学策略的影响作用。可见，分析测试文本的语用特征也具有一定意义。

测试文本语用特征分析可从两个视角进行：一是从总体层面单项交际维度，对研究对象的交际意图达成情况进行语用特征分析，反映不同语用能力等级上的变化，具体的语用特征分析内容包括结构形式、意义传递方式、交际意图完成数量与等级、交际效果中理解正确性和表达适切性；二是从个体层面互动交际维度，对每个学生在互动交际中所反映出来的语用特征进行分析，揭示个体语用能力的变化情况，具体的语用特征分析内容包括话轮操纵能力、相邻对操纵能力、话语标志语操纵能力（见表 5-24）。

表 5-24 言语行为语用特征分析框架维度表

一级维度	二级维度	三级维度	
单向交际	形式、意义与意图	结构形式	优先结构、非优先结构
		意义传递方式	明示意义、推理意义
		交际意图	数量、等级
	交际效果	有效性	完全未达到、勉强达到、基本达到、较好达到、完全达到
互动交际	会话操纵	话轮数量	少于交际意图数量、等于交际意图数量、多于交际意图数量
		相邻对操纵	不完整开头相邻对、完整开头相邻对 不完整结尾相邻对、完整结尾相邻对
		话语标志语	接受型话语标志语 阐释型话语标志语

通过对前后测文本中不同分析内容的编码、统计与对比分析，可以反映出学生语用理解和表达能力的语用特征变化和研究对象的语用能力水平的提升程度，揭示出语用教学策略的实施效果。

① 何自然、冉永平：《新编语用学概论》，北京大学出版社，2009，第 143-145 页。

② 同上书，第 144 页。

（二）语用教学策略实施效果调查问卷

“大学英语语用教学策略实施效果调查问卷”采用混合式问卷法实施调查，旨在了解语用教学策略实验结束后，实验对象对语用教学策略实施效果的反馈。本调查问卷由四部分组成，分别是：个人信息、语用能力水平调查、语用教学策略对不同语用能力等级培养的差异性调查、语用教学策略对不同语用教学维度的影响差异调查。实验对象对语用教学策略实施效果的主观评价，可以反映出语用教学策略对其语用能力培养的影响作用。本调查以实验语用教学策略为调查点，从偏好程度、语用能力等级与发展阶段、测量实施有效程度、语用教学内容（包括语用知识、语用意识、语用理解与表达），了解实验对象对讲授、归纳、视频、分析、互动、表达、操练语用教学策略的实施效果的主观评价，进而揭示自变量对因变量的影响作用（见表 5-25）。本调查信度值 Cronbach α=0.805，效度值 KMO=0.604，这说明该调查问卷具有较好的信度和可接受的结构效度。

表 5-25 大学英语语用教学策略实施效果调查维度分解表

调查维度		语用教学策略（简称）						
		讲授	归纳	视频	分析	互动	表达	操练
偏好程度	完全符合							
	一般符合							
	不符合							
语用能力等级	1~3 级							
	4 级							
	5~6 级							
有效程度	没有效果							
	有点效果							
	效果一般							
	效果较好							
	效果最好							
语用知识	没有效果							
	有点效果							
	效果一般							
	效果较好							

续表

调查维度		语用教学策略（简称）						
		讲授	归纳	视频	分析	互动	表达	操练
语用知识	效果最好							
语用意识	没有效果							
	有点效果							
	效果一般							
	效果较好							
	效果最好							
语用理解与表达	没有效果							
	有点效果							
	效果一般							
	效果较好							
	效果最好							

（三）语用教学策略实施效果访谈提纲

“大学英语语用教学策略实施效果访谈提纲”采取半结构式访谈方式，针对语用教学维度预先设计问题，围绕语用教学目标、语用教学内容、语用教学策略、语用教学评价、语用教学效果等维度编制问题，通过自由交谈方式收集有关语用教学策略实施效果的相关数据，了解实验对象对语用教学效果的真实反馈（见表 5-26）。具体的调查和访谈步骤包括：首先，通过微信向实验对象发送问卷星电子问卷，收集有关语用教学策略实施效果的量化数据；其次，通过微信进行文字或者语音方式访谈，收集有关语用教学策略实施效果的质化数据；再次，利用 UMU 互动学习平台录制并上传实验对象有关语用教学策略实施效果的访谈视频；最后，运用 SPSS 25 和 NVIVO 12 分析软件分别对量化与质化数据进行分析，进而得出结论。

表 5-26 大学英语语用教学策略实施效果访谈提纲

访谈维度	访谈提纲
目标	英语知识目标、技能目标、应试能力培养目标、得体交际语用能力目标
内容	语用理论、交际用语、基于语境的理解与表达能力
活动与媒介	讲授语用知识、创设情境互动交际任务、主题观点表达活动、视频录制、UMU 学习平台

续表

访谈维度	访谈提纲
评价	口试、笔试、线上测试
效果	语言能力、语用能力、应试能力、学习能力

（四）语用教学策略实施效果课堂观察记录表

为了反映语用教学策略实验效果，研究者选取了 16 节实验班的大学英语教学视频进行课堂观察，并采用“大学英语语用教学策略实施效果课堂观察记录表”对教学视频进行语用特征分析，从语用教学目标、语用教学内容、语用教学策略、语用教学评价、语用教学时长、语用活动参与、语用教学媒介和语用课后作业维度等，描绘大学英语语用教学策略的实施情况，反映语用教学策略的实施效果。在“大学英语语用教学策略实施效果课堂观察记录表”中，研究者增加了实验班研究对象课堂语用活动参与情况的观察维度，旨在反映多元化在线平台是否可以提升学生语用教学活动的参与度，有效促进其语用知识学习、语用行为输出、语用测试结果等，更好地反映出语用教学策略的实施效果。

第二节 实验研究实施

本研究采用了前后测不等组准实验设计，因此实验实施过程可分为实验前测阶段、实验处理阶段与实验后测阶段。作为分阶段的实验设计类型，实验研究对象需要接受 3 次自变量语用教学策略的干预处理和 4 次因变量语用能力等级测量，通过对 4 次测量结果进行质化与量化分析，得出实验假设验证结论。

一、实验前测阶段

在实验前测阶段，对实验班和对照班的研究对象采用测量法和调查法进行语用能力等级水平调查与测量，确定实验前研究对象的语用能力水平。同时，通过调查了解实验前实验对象语用教学策略现状，基于语用教学策略存在问题开展自变量干预。

（一）实施语用能力等级前测

语用能力等级前测的实施过程需要五个步骤。在实施语用教学策略干预前，利用新学期第一次大学英语课堂教学时间，在实验班与对照班各自英语课教室，对实验对象语用能力等级进行集中测试。第一步，利用 10 分钟向测试对象讲解语用能力内涵、测评方法、流程、时间限制、测试笔试与口试数据上传终端，指导测试对象下载 UMU 互动学习软件并完成相应的注册，发放答题纸。第二步，利用 35 分钟时间完成语用能力等级自评及笔试客观题试卷的发放、测试及回收。利用问卷星平台编制语用能力自评量表与笔试试题，通过实验班与对照班各自英语课程微信群发送电子版评价量表与测试试题，并要求测试对象在 35 分钟内完成测评，提交答卷，将其传送回问卷星平台。第三步，利用 5 分钟时间指导测试对象打开 UMU 互动学习平台，进行视频录制测试。第四步，利用 10 分钟完成微信通道口试试题发送、审题，根据主考教师随机指定的角色在 UMU 平台上录制口试视频，并完成视频上传，口语交际时长不超过 3 分钟。第五步，采用书面话语填充测试方式进行主观题笔试，要求测试对象在 5 分钟内，依据口试中的任务要求，在答题纸上写出指定情境下要表达的话语并提交纸质版答卷（见表 5-27）。

表 5-27 实验语用能力测评施测方式流程表

步骤	限时	流程内容	相关平台
1	10 分钟	考前说明、数据上传软件下载、注册、发答题纸	UMU
2	35 分钟	自评及笔试试题和答题纸发放、测试、数据提交	微信、问卷星
3	5 分钟	指导口试视频录制与上传	UMU
4	10 分钟	口试试题发放、审题及口试视频录制、数据上传	微信、UMU
5	5 分钟	根据口试指定交际情境与任务要求写出交际对话并提交	纸质

备注：为了防止个别考生测试终端出现问题，每次考试都按照上述步骤进行。

（二）处理实验前测数据

首先，在笔试客观题测试数据处理方面，从问卷星平台下载实验前测的笔试客观题测试数据，对其进行数据清理，其中包括补全信息、删除多余信息等。其次，在口试主观题测试数据处理方面，从 UMU 互动学习平台下载口试视频，进行文本转录、评分、等级转换、成绩记录等。再次，在笔试主观题测试数据处理方面，将笔试主观题数据进行整理、评分、等级转换、成绩记录等。最后，运用 SPSS 25 软件对前测中实验班与对照班的语用能力等级测量数据进行量化统计分析，通过描述性统计分析、独立样本 T 检验和单样本 T 检验方法，描绘实验干预前实验班与对照班研究对象的语用能力总体水平，验证两者间是否存在显著差异。若实验班与对照班语用能力等级均值差异 Sig 之值 p 大于 0.05，可以认定实验班与对照班语用能力前测等级间差异没有显著意义，说明实验干预前，实验班与对照班研究对象语用能力水平接近，实验结果更具效度。本实验研究，语用能力综合等级独立样本 T 检验结果显示，p＞0.05，这说明实验班与对照班研究对象语用能力等级没有显著差异。

采用“语用能力等级自我评价量表”来评定实验研究对象的语用能力等级水平，测评结果显示：实验研究对象语用能力自评等级中位数为 2，代表语用能力等级 3~4 级中学水平；众数为 1，代表语用能力等级 1~2 级小学水平。可见，实验研究对象语用能力等级集中在 1~4 级中低等级区域。从其语用能力自评等级均值来看，均值为 1.65，大于 1.5 但小于 2，说明仅达到 3 级的初中水平，即能基本完成简单的、直接的日常生活中基本的交际功能。对比各等级人数百分比可见：44.8%的学生自评语用能力等级为 1~2 级的小学水平，即能基本完成最基本的简单歉意、原谅、感谢、问候、祝福，能基本理解日常生活中简单指示和表达简单请求；45.5%的学生语用能力自评等级为 3~4 级的中学水平，即能在餐馆、商店等公共场合完成请求、简单建议、委婉请求，能礼貌地与他人交谈，简单邀请和抱怨；9.7%的学生可以达到 5~6 级的非英语专业大学水平，即能在较为正式场合，简单协商，能理解并得体地表达感谢、遗憾或惋惜。对比实验前研究对象的英语语用能力等级均值、中位数、众数，结果可见实验班研究对象的英语语用能力等级普遍偏低，集中在中小学水平（见表 5-28）。

表 5-28 实验前实验对象语用能力自评等级分布汇总表

个案数	平均值	中位数	众数	标准差	偏度	1~2 级	3~4 级	5~6 级
134	1.65	2	1	0.652	0.503	44.8%	45.5%	9.7%

备注：语用能力自评按照等级区进行调查 1 代表 1~2 级，2 代表 3~4 级，3 代表 5~6 级。

（三）实施语用教学策略现状调查

第一步，调查对象完成语用能力等级前测后，在授课教室接受语用教学策略现状调查。通过微信平台发放“大学英语语用教学策略现状调查问卷”，调查者向调查对象讲解调查问卷填写方式及注意事项。第二步，调查对象需要在 5 分钟内完成调查问卷填写任务，并提交到问卷星平台。第三步，调查者通过问卷星平台回收电子调查问卷。第四步，调查者从问卷星平台下载问卷调查数据，并对其进行数据清理，删除无效数据，对开放性文本数据进行转存。第五步，调查者运用 SPSS 25 软件对调查数据进行量化统计与分析，运用 NVIVO 12 对调查数据进行编码与质化分析，总结调查结果。

采用“大学英语语用教学策略现状调查问卷”了解实验班语用教学策略现状，反映其语用教学策略中存在的问题。对实验班 85 人进行调查，结果显示：Cronbach α=0.934，表明该调查结果具有很好的信度；采用 SPSS 25 的因子分析方法对其进行结构效度检验，KMO=0.865，说明该部分观察变量具有良好结构效度。可见，调查数据结果具有较好的信度与效度。从表 5-29 可知，主成分因子分析后，15 个变量抽取了特征根值大于 1 的 2 个主成分，特征根值为 7.951 的变量 TT1（老师会教授如何用英语表达请求、道歉等意图）贡献度最大，其次是特征根值为 1.327 的变量 TT2（老师在教授直接和间接的道歉、请求等话语时会提醒我们注意它们的不同礼貌程度）。2 个因子累积方差解释率为 61.648%，说明 2 个因子累积可以解释 61.848%的变异（见表 5-29）。

表 5-29 实验班语用习得情况调查问卷因子分析

	成分			
	1	2	特征根值	累积 %
TT1	0.769		7.951	53.003
TT2	0.748		1.327	61.848
TT3	0.627		0.992	68.462
TT4	0.565		0.9	74.463
TT5	0.421		0.845	80.096
TB1	0.872		0.787	85.342
TB2	0.856		0.637	89.588
TB3	0.894		0.375	92.091
ST1		0.567	0.311	94.161
ST2		0.635	0.255	95.858
ST3		0.522	0.19	97.125
ST4		0.579	0.141	98.064
SC1		0.465	0.118	98.851
SC2		0.741	0.092	99.467
SC3		0.766	0.08	100

提取方法：主成分分析法。旋转方法：凯撒正态化斜交法。a.旋转在 6 次迭代后已收敛。

通过调查发现，实验班研究对象英语教学中体现出语用教学目标，开展了语用知识、语用意识和语用行为教学。但是，总体来看达成度不高，均未达到均值的一般达成度，说明语用教学发展不充分。进一步对实验对象在语用习得观测变量方面的达成度进行文本分析可见，从语用教学目标、语用教学内容、语用知识提供主体等维度可以挖掘出实验对象语用能力习得中存在的不足（见表 5-30）。

在语用教学目标方面，呈现出弱化语用行为目标培养特征，不利于语用理解与表达能力培养。实验对象英语语用教学更关注语用知识目标达成，语用意识目标达成次之，对语用行为目标达成关注度最低，分别为2.99、2.89和2.76（见表5-30）。可见，任课教师的语用教学理念是知识输入导向。但是，语用知识具有输入性，是语用行为的基础；语用意识具有内隐性，对语用行为有监控作用；语用行为具有输出性，是语用知识和语用意识的外显表现。语用行为具体表现为语用理解和语用表达行为，即语用能力，是需要在语用意识监控下，将语境知识、语言知识、语用知识整合。通过突出输出导向作用，提升得体交际语用能力。

在语用教学内容方面，呈现出语用教学发展落后特征，缺少指向提高阶段语用能力等级教学内容输入和输出，这不利于不同社交场合话语协商、推理分析、恰当交际语用能力培养。处于基本达成的语用教学内容包括：请求、道歉等交际用语，英语会话用语，提供情境，会话意图分析，请求道歉得体性，其达成度均值分别为3.67、3.13、3.06、3.02和3.35。其中，请求、道歉交际意图处于语用能力等级1~2级能力要求，而简单会话意图分析和会话含义分析属于3级初中水平。仅仅进行语用能力基础发展阶段的语用知识输入、意识培养限制了语用能力发展；简单的日常生活情境的交际活动，难以满足学习者应对较高社交场合的交际要求。此外，在真实语境交际知识、语境知识、中外文化差异、得体交际、语用理解与表达（包括5项）方面，其均值分别为2.16，2.98，2.46，2.47，2.74、2.92、2.46、2.82和2.87，说明被试有关得体交际输出方面均处于勉强达到程度。可见，缺少得体交际知识、意识与行为输出的现状限制了得体交际语用理解与表达能力培养。语用意识表现为“学习者对语言形式与功能的敏感性与意识性”①。由于缺少与目标语文化接触的机会，缺乏真实语境下语用语言交际的语言输出活动，灵活而得体的交际成为我国大学生难以逾越的障碍（见表5-30）。

在语用教学策略方面，呈现出显性语用教学策略应用不充分，表达语用教学策略应用尚不突出的特征。主要语用教学策略包括：讲授策略、隐性输入教学策略、英文原文接触隐性教学策略、创设情境教学策略、注意策略、表达策略、互动交际输出策略。首先，从语用教学策略实施方式分析，可归类为讲授教学策略（达成度为3.67）、隐性输入教学策略（达成度为3.13）、注意教学策略（达成度为2.46~3.35）和表达教学策略（达成度为2.46~2.87）。其中，讲授教学策略达成度最高，也反映出语用知识讲解的重要性；达成度最低的为表达类教学策略，未达到3。可见，语用能力发展落后与缺少运用表达类教学策略有一定关系。其次，从语用教学策略实施意识突出程度分析，有意识进行语用教学的策略为显性教学策略，无意识进行的语用教学策略为隐性语用教学策略。②显性语用教学策略包括：讲授教学策略（达成度为3.67）、注意教学策略（达成度为3.02）和表达教学策略（达成度为2.46~2.87）。隐性语用教学策略包

① 何周春、龚彦知：《中国英语学习者的语言意识发展研究——以语用意识与语法意识为视角》，《现代外语》2013年第8期。

② 罗毅、蔡慧萍主编《英语课堂教学策略与研究方法》，华中科技大学出版社，2011，第41页。

括：隐性输入教学策略（达成度为 3.13）和英文原文接触隐性教学策略（达成度为 2.16）。可见，显性语用教学策略达成度总体高于隐性语用教学策略达成度，即语用教学成果更多是实施显性语用教学策略的结果，这一点与有关语用教学策略研究成果一致。但是，综合分析显性语用教学策略达成度，应用程度尚未达到较好程度，且表达语用策略使用不充分，影响到语用能力培养（见表 5-30）。

从语用教学策略主体分析，主要是教师、教材和学生。对比教学策略基本达成度可见，基本达成的语用教学策略主体是教师和教材，如讲授教学策略、注意教学策略（会话意图分析）、隐性输入教学策略和创设情境教学策略的达成度分别为 3.67、3.02、3.13、3.06；以学生为主体的教学策略中，除了注意教学策略（请求道歉得体性）达成度为 3.35，其余的学生主体的教学策略均值都未达到 3。可见，在语用能力习得方面，学生自主语用学习方面意识薄弱、语用教学尚未突出关注学生自主语用学习能力培养（见表 5-30）。

表 5-30 实验前实验班研究对象语用习得问题分析表

语用教学目标	语用教学内容	语用教学策略			平均分
		策略内容	策略主体		
语用知识	请求、道歉等交际用语	讲授教学策略	教师	3.67	2.99
	请求、道歉等礼貌原则	注意教学策略	教师	2.98	
	英语会话用语	隐性输入教学策略	教材	3.13	
	真实语境交际知识	英文原文接触教学策略	学生	2.16	
语用意识	提供情境	创设情境教学策略	教材	3.06	2.89
	会话意图分析	注意教学策略	教师	3.02	
	语境知识	注意教学策略	教师	2.98	
	请求道歉得体性	注意教学策略	学生	3.35	
	中外文化差异	注意教学策略	学生	2.46	
	得体交际	注意教学策略	学生	2.47	
语用能力	语用理解与表达	表达教学策略	教师	2.74	2.76
	语用理解与表达	互动交际输出教学策略	教材	2.92	
	语用理解与表达	表达教学策略	学生	2.46	
	语用理解与表达	表达教学策略	学生	2.82	
	语用理解与表达	表达教学策略	学生	2.87	

如表 5-30 所示，课堂教师教学和教材语用知识输入是语用能力培养的主要渠道，自主语用学习和自主语用意识培养方面处于勉强有一些程度。但是，通过自主参与语

用交际活动培养语用能力方面最为薄弱。

对实验研究对象语用教学情况调查结果显示，实验研究对象语用能力等级水平与个案学校其他非英语专业大学生无显著差异，即语用能力等级集中分布在 1~4 级中小学水平，平均等级为3级初中水平，未达到5~6级非英语专业大学生水平。基于语用教学相关数据分析结果，可得到指导性的研究启示：第一，应该针对语用输出能力创设交际情境，设计语用理解和表达的交际任务，提升语用理解与表达能力；第二，应发挥研究对象喜欢通过多种渠道学习英语的优势，加大英语输入，可结合英文影视剧及网络交际视频进行语用知识及文化差异输入；第三，针对研究对象缺少得体交际知识，应加大语用知识、语用原则、文化差异等语用知识输入，通过分析语境特点强化语境意识，在语用知识和意识作用下，实现语用理解与表达能力提升。

（四）确定教学策略实验条件

首先，确定语用教学内容。实验班级大学英语教材，采用华东师范大学出版社出版发行的《创新大学英语 综合教程》和《创新大学英语 视听说教程》。《创新大学英语 综合教程》以培养大学生的基本英语语言知识和应用技能为主要目标，以主题为单元划分依据，涉及文化习俗等不同主题。同时，该教材结合单元主题提供了词汇、表达和句子参考，还设计了口语表达活动，但缺少基于动态语境的表达及互动交际任务设计，对于得体交际意识和能力的训练指向不明显。《创新大学英语 视听说教程》围绕单元主题提供了视听材料、基于主题的会话视频练习、参考词汇和句子表达。该套教材虽然提供了实现交际功能的不同表达形式，但是没有提供不同形式间的差异解释。因此，实验研究基于所用教材的优点与不足，采用了自编“大学英语语用教学讲义”作为语用教学辅助资料。

其次，确定语用教学任务设计。本实验周数为18周，包括了第一个学期的12周和第二个学期前 6 周。按照正常的教学安排，本实验研究的教学任务包括了 9 个单元：《创新版大学英语 综合教程（预备级）》中 1~6 单元和《创新版大学英语 综合教程（第一册）》中 1~3 单元。基于实验研究对象的语用能力等级前测水平，本实验将 18 周实验周期分解为三个阶段，旨在通过 18 周语用教学策略干预，使实验班研究对象语用能力等级水平，从未达到3级初中水平，提升至5级非英语专业大学生水平。为了控制课后作业对实验效果的干扰，教师对每周课后语言输出类作业进行了规定。实验班作业以语用为主，教师需要基于教材主题和内容按照语用能力等级要求创设交际情境和设计系列交际任务。实验班作业以视频录制交际输出为主，音频和图文为辅，最终指向5级语用能力等级要求。视频录制交际过程策略，保障了研究对象的语言输出。具体语言输出任务如下（见表 5-31）。

表 5-31 实验班语言输出任务设计汇总表

周次	课后作业内容	任务类型				
		单向	互动	视频	音频	图文
1~2	英语角谈论英语学习					
3~4	英语角中同学们谈论英语学习、未来工作及梦想					
5~6	复述课文					
7~8	谈论电子游戏的利与弊					
9~10	第五单元课文漫画创造图文表达					
	谈论对英语设计作业形式的看法					
11~12	谈论最喜欢的影片，并阐述理由					
13~14	谈论对网络授课的看法					
	谈论大学校园生活					
15~16	结合第二单元课文进行漫画创作					
	谈论网络教学课堂表现及收获					
	结合课文主题谈论新时代交流方式的利与弊					
	购物角色扮演					
	电影院聊天					
17~18	谈论你对“明星梦”的看法					

最后，确定数据收集存储工具。量化数据分析反映出的语用能力等级变化轨迹，但是具体变化内容需要利用质化数据进行补充。本研究运用语用能力量表及测试题、访谈提纲、调查问卷、文本语用特征分析统计表、课堂视频观察记录表等获取量化与质化数据。此外，数据也要借助工具进行存储。语用测试视频类数据通过 UMU 学习平台收集；客观量化数据通过问卷星平台收集；主观观点、表达类数据，如语音、文字及语言类数据，通过微信、录音录像设备、电脑录屏软件等收集。具体内容如下（见表 5-32）。

表 5-32 实验研究质化数据收集存储工具汇总表

序号	数据分析内容	原数据类型	收集工具
1	语用能力口试视频转录文本	视频	UMU
2	语用能力笔试交际功能分析文本	文本	问卷星
3	语用教学策略实施效果访谈转录文本	视频、音频	问卷星、微信、录音录像设备
4	语用教学策略实施效果反思调查文本	文本	问卷星、UMU
5	实验班语用教学视频观察	文本	录像、电脑录屏、观察记录表

二、实验处理阶段

实验处理阶段是为期 18 周的语用教学策略实施阶段，其中每个实验阶段有其阶段实验目标、语用教学策略设计、阶段实验实施处理程序、数据收集及分析方法等。

（一）第一阶段实验处理

第 1~6 周为第一阶段实验研究，本阶段实验处理主要是针对 3 级语用能力目标要求进行语用教学策略干预，对第一阶段语用教学策略进行设计、实施与检验。

1.确定第一阶段实验目标

指向 3 级语用能力要求，采用相应的语用教学策略，旨在检验语用教学策略对语用能力等级提升至 3 级水平的影响作用是否显著。

2.确定第一阶段语用教学策略设计

在语用教学目标方面，经过 1~6 周语用教学策略干预《创新版大学英语 综合教程（预备级）》中 1~3 单元教学，使实验班研究对象语用能力等级提升到 3 级初中水平。在语用教学内容方面，讲授语用理论知识，提升得体交际意识。基于 3 级语用教学目标分析，结合教材内容讲授简单问候、感谢和请求原谅，简单请求、指示和祝福；讲授委婉请求、简单建议、请求服务等表达用语。在语用教学策略方面，采用策略 A 讲解语用理论知识；采用策略 D 培养学生对于语境特征的识别能力，强化其语用意识；通过策略 E 结合第一单元主题，创设英语角情境，由学生分角色谈论英语学习；通过策略 G 提升学生理解与表达能力。在语用教学媒介与手段方面，利用媒介和通信手段开展语用教学，如利用 UMU 互动学习平台、多媒体教室、微信、英语语用能力教学与测试公众号平台等，上传学习资源与语言输出数据（见表 5-33）。在语用教学评价方面，针对该阶段实验对象上传的交际数据进行评析，强化其对语用理论知识的理解与应用意识。

表 5-33 大学英语 1 语用教学策略设计（1~3 单元）

周次	教材内容	语用教学内容	目标（策略代码）
1~2	第一单元主题：自信、实践 Unit 1 Learn Self-confidence 视听说主题：College Life	第 1~3 讲：介绍语用能力概念及其等级要求；分析影响语用能力水平的因素 结合课文内容、视听说会话文本进行语用分析，分析语境、表达与意义推理	语用知识目标（A） 语用意识目标（D）

续表

周次	教材内容	语用教学内容	目标（策略代码）
3~4	第二单元主题：梦想 Unit 2 Flying with the Dream 视听说主题：Having Fun	第 4~10 讲：介绍影响语用理解和表达的语用理论与原则（指示理论、言语行为理论、会话含义理论、关联理论、礼貌原则、面子理论、文化图式理论），结合课文及视听说文体分析语境与语体特征，创设英语角情境，分角色谈论英语学习	语用知识目标（A） 语用意识目标（D） 语用理解与表达能力 3 级目标（E）
5~6	第三单元主题：行动 Unit 3 The Power of Your Actions 视听说主题：Emails	第 11~13 讲：结合语用能力笔试测试题进行话语分析，区别不同表达形式间差异及与交际功能的匹配，结合课文及视听说会话文本进行语境分析、语言表达形式差异区分，进行语境、形式与功能匹配意识强化，操练语用知识	语用意识目标（D） 语用理解与表达能力 3 级目标（G）

3.实施第一阶段实验处理

第一步，实施实验阶段一的前测。实验阶段一的前测即为总实验前测，即对实验对象的第一次英语语用能力水平测试。第二步，实施实验阶段一的语用教学策略处理。依据“大学英语 1 语用教学策略设计（1~3 单元）”，实施语用教学策略干预“大学英语 1”和“大学英语视听说 1”课程教学，主要策略包括：策略 A、策略 D、策略 E 及策略 G。

4.实施第一阶段实验测试

在第 6 周结束时，采用“大学英语语用能力笔试测试题 2”和“大学英语语用能力口试测试题 2”对实验对象进行第一阶段语用能力等级水平后测。具体测试实施方法与前测相同（见表 5-27），以此作为第一实验阶段的后测成绩。

5.实施第一阶段实验效果调查

采用“大学英语语用教学策略实施效果调查问卷”“大学英语语用教学策略实施效果访谈提纲”“大学英语语用教学策略实施效果课堂观察记录表”对实验班研究对象进行阶段性教学效果调查，了解第一阶段语用教学策略对实验对象的影响作用，了解实验对象对语用教学策略实施效果的主观评价和收获，以及对下一步学习的需求和建议。

6.处理第一阶段数据

与前测相同，首先，分别从问卷星平台、UMU 互动学习平台下载第 2 次语用能力等级测量的笔试与口试数据，并对数据进行清理、评分、等级确定、成绩录入。其次，利用 SPSS 25 和 NVIVO 12 软件对第一阶段前、后测数据结果进行量化与质化分析，通过实验班与对照班的语用能力等级独立样本 T 检验、实验班自身语用能力等级前后测数据配对样本 T 检验，描绘实验阶段一语用教学策略干预后，实验对象语用能力总体水平，揭示语用能力水平是否存在显著差异。若实验班与对照班语用能力等级均值差异 p 值不大于 0.05，可以认定语用能力等级间差异有显著意义。说明语用教学策略对语用能力等级提升至 3 级水平作用显著。反之，则表明语用教学策略对语用能力水平提升没有显著作用。

（二）第二阶段实验处理

第 7~12 周为第二阶段实验研究，本阶段实验处理主要是针对 4 级语用能力目标要求进行语用教学策略干预，对第二阶段语用教学策略进行设计、实施与检验。

1.确定第二阶段实验目标

指向 4 级语用能力要求，采用相应的语用教学策略，旨在检验语用教学策略对语用能力等级提升至 4 级水平的影响作用是否显著。

2.确定第二阶段语用教学策略设计

在语用教学目标方面，经过 7~12 周语用教学策略干预《创新版大学英语 综合教程（预备级）》中 4~6 单元教学，实验班研究对象语用能力等级提升到 4 级高中水平。在语用教学内容方面，基于 4 级语用教学目标分析，培养实验对象掌握理解与表达邀请和抱怨交际意图，并引导其注意交际的得体性。此外，结合 4~6 单元主题，创设主题观点表达能力训练，具体内容包括：谈论电子游戏的利与弊、谈论对英语设计作业形式的看法、谈论最喜欢的影片等。在语用教学策略方面，通过策略 A 讲授交际常用语与句子表达；通过策略 D 分析笔试试题交际语境与语言形式得体性；通过策略 C 观赏视频培养语用意识；通过策略 E 创设视频录制基于一般社交语境角色扮演交际任务；通过策略 F 培养研究对象的语用理解与表达能力。在语用教学媒介与手段方面，采用实验阶段一所应用的各种媒介与手段。在语用教学评价方面，从“大学英语语用教学讲义”中第 14 讲交际任务和“大学生英语语用能力测试题”第 2 套题中，选择典型的语用问题进行评析，强化实验对象的语境分析能力与交际得体性意识（见表 5-34）。

表 5-34 大学英语 1 语用教学策略设计（4~6 单元）

周次	教材内容	语用教学内容	目标（策略代码）
7~8	第四单元主题：网络游戏 Unit 4 Why Do We Love Video Games? 视听说主题：Parents and Children	结合语用能力笔试测试题进行话语分析，区别不同表达形式间差异及与交际功能的匹配 第 14 讲：主题观点表达能力训练 谈论电子游戏的利与弊，并录制交际视频	语用意识目标（D） 语用知识目标（A） 语用理解与表达能力 4 级目标（E、F）

续表

周次	教材内容	语用教学内容	目标（策略代码）
9~10	第五单元主题：品德 Unit 5 A Dozen Christmas Roses 视听说主题：Telephoning	结合语用能力笔试测试题进行话语分析，区别不同表达形式间差异及与交际功能的匹配 第 14 讲：主题观点表达能力训练 结合单元训练活动，创设主题交际语境，谈论对英语设计作业形式的看法，并录制交际视频（5~6 级）	语用意识目标（D） 语用知识目标（A） 语用理解与表达能力 4 级目标（E、F）
11~12	第六单元主题：人生 Unit 6 Life is Like a Train Ride 视听说主题：The Media	第 14 讲：主题观点表达能力训练 欣赏影片《西雅图不眠夜》片段，分析语境及语体特征 谈论最喜欢的影片，阐述理由，并录制交际视频（5~6 级）	语用意识 C 语用理解与表达能力 4 级目标（E、F）

3.实施第二阶段实验处理

第一步，实施实验阶段二前测。实验阶段一的后测为实验阶段二的前测，即第 2 次语用能力水平测试结果为实验阶段二的前测。第二步，实施实验阶段二的实验处理。依据“大学英语 1 语用教学策略设计（4~6 单元）”，针对 4 级语用能力要求实施语用教学策略干预，主要策略包括：策略 A、策略 C、策略 D、策略 E 及策略 F。

4.实施第二阶段测试

第 12 周结束时，采用“大学英语语用能力笔试测试题 3”和“大学英语语用能力口试测试题 3”进行第 3 次英语语用能力等级水平测试，以此作为实验阶段二的后测。具体测试方式与实验前测相同（见表 5-27）。

5.实施第二阶段实验效果调查

采用“大学英语语用教学策略实施效果调查问卷”“大学英语语用教学策略实施效果访谈提纲”“大学英语语用教学策略实施效果课堂观察记录表”对实验班研究对象进行第二阶段语用教学策略实施效果调查，为第三阶段实验提供建议。

6.处理第二阶段数据

首先，下载第 3 次语用能力等级测量的笔试与口试数据，并对数据进行清理、评分、等级确定、成绩录入。其次，运用 SPSS 25 和 NVIVO 12 软件对第二阶段前、后测数据结果进行量化与质化分析，通过实验班与对照班的语用能力等级独立样本 T 检验、实验班自身语用能力等级前后测数据配对样本 T 检验，描绘实验阶段二语用教学策略干预后的实验对象语用能力发展情况，揭示语用能力水平是否存在显著差异。通过语用能力等级均值差异 Sig 值，判断语用能力等级间差异是否显著，进而判明语用教学策略对语用能力等级提升至 4 级的作用是否显著。

（三）第三阶段实验处理

第 13~18 周为第三阶段实验研究，本阶段实验处理主要针对 5 级语用能力要求进行语用教学策略干预，对第三阶段语用教学策略进行设计、实施与检验。

1.确定第三阶段实验目标

针对 5 级语用能力要求，采用相应的语用教学策略，主要侧重口头交际中的语用理解与表达能力训练，检验语用教学策略对语用能力等级提升至 5 级水平的影响作用是否显著。此外，实验阶段三的实验目标还包括验证语用教学策略对语用能力不同维度影响的差异性、不同类型语用教学策略实施效果的差异性、验证语用教学策略对语用能力影响效果与语言能力的相关性。

2.确定第三阶段的语用教学策略设计

在语用教学目标方面，经过 13~18 周语用教学策略干预《创新版大学英语 综合教程（第一册）》中 1~3 单元教学，实验对象基本达到或接近级英语语用能力等级 5 级水平。在语用教学内容方面，结合教材主题，讲授协商、遗憾或惋惜、正式感谢表达、正式场合的恭维、合理回应、委婉质疑等交际意图表达方式。在语用教学策略方面，采用策略 A 讲授语用文化知识；采用策略 B 合作归纳交际用语；采用 C 观赏视频；采用策略 D 培养意义明示–推理分析能力；采用策略 E 创设同社交语境互动输出任务。同时，采用策略组合 AE、BE、ACE、BCE 提升实验对象的得体交际能力。结合第 1~3 单元内容，以校园生活、购物、网络等主题，进行实战演练。在语用教学媒介与手段方面，采用前两个实验阶段所应用的各种媒介与手段。在语用教学评价方面，从实验对象上传的“大学英语语用教学讲义”中第 14~15 讲交际视频中选择有语用失误的视频进行评析，从“大学生英语语用能力测试题”第 3 套中选择语言表达差异性问题，诊断实验对象的语境特征分析与辨别能力（见表 5–35）。

表 5–35 大学英语 2 语用教学策略设计（1~3 单元）

周次	教材内容	语用教学内容	目标（策略代码）
13~14	第一单元主题：校园生活 Unit 1 College Dorm Life 视听说主题：Internet	第 14 讲：主题观点表达能力训练 谈论对网络授课的看法，并录制交际视频 口语交际视频观看与分析	语用知识目标 （A、B） 语用意识目标 （C、D）

续表

周次	教材内容	语用教学内容	目标（策略代码）
13~14	第一单元主题：校园生活 Unit 1 College Dorm Life 视听说主题：Internet	第 15 讲：交际体验 关于大学校园生活：要求每组成员录制有关大学校园生活的对话，A 是大二学生，B 是大一新生，二人是老乡，在操场锻炼时遇见，互相问候，介绍，谈论大学校园生活，A 给 B 提供更好适应大学生活的建议，致谢，邀请再次见面，告别。对话不少于 1 分钟，并录制交际视频	语用理解与表达能力 5 级水平目标（E、F）
15~16	第二单元主题：交流缺失 Unit 2 New Age Communication or a Lack of it 视听说主题：Sports	交际原则及功能类交际惯用语讲解与分析；归纳日常交际用语；口语交际视频观看与分析；创设交际情境，进行主题观点表达能力训练；谈论课堂表现及收获；结合课文主题谈论新时代交流方式的利与弊；录制交际视频 创设分角色交际任务情境 购物角色扮演：A 和 B 分别为售货员和顾客，录制交际视频	语用知识目标（A、B） 语用意识目标（C、D） 语用理解与表达能力 5 级目标（E、F、AE、BE）
17~18	第三单元主题：明星梦 Unit 3 Being a Star is Not That Easy 视听说主题：Music	交际原则及询问类交际惯用语讲解与语境分析；口语交际视频观看与分析 创设分角色交际任务情境 在电影院聊天：A 和 B 是好朋友，相约一起看电影。A 已经到达电影院等候大厅，B 迟到了。两人见面后电影还有 5 分钟开演，因此 AB 聊天等候，内容关于网络和体育活动。时间在 2 分钟左右	语用知识目标（A） 语用意识目标（C、D） 语用理解与表达能力 5 级目标（E、F、ACE、BCE）

3.实施第三阶段实验处理

第一步，实施实验阶段三的前测。实验阶段二的后测即为实验阶段三的前测，即第 3 次语用能力水平测试结果为实验阶段三的前测。第二步，实施实验阶段三的语用教学策略处理。依据“大学英语 2 语用教学策略设计（1~3 单元）”，针对 5 级语用能力要求实施语用教学策略干预，主要策略包括：策略 A、策略 B、策略 C、策略 D、策略 E、策略 F、策略组合 AE、策略组合 BE、策略组合 ACE 及策略组合 BCE。

4.实施第三阶段测试

在实验阶段三中，为了探究语用教学策略对语用能力培养是否存在差异，将实验班进行分组，采用不同的语用教学策略干预交际用语教学，运用“日常交际用语测试题”测试实验对象交际用语掌握情况，检验不同语用教学策略的影响作用是否存在差异。具体教学策略效果测评实施流程需要三个步骤：第一步，网络授课形式以腾讯会议为语用教学平台，进行 10 分钟语用原则及交际用语等分析，交际互动等环节由研究对象在线下进行，线下学习内容及方式需要录制视频上传至 UMU 平台，以确保语用教学质量；第二步，利用 2 分钟进行测试相关要求说明；第三步，利用 10 分钟通过微信平台发放问卷星电子试卷及完成测试，以开放腾讯会议视频或者录制测试过程方式监控测试过程，电子试卷提交至问卷星平台，测试结束后返回腾讯会议（见表 5-36）。

表 5-36 实验不同语用教学策略效果测评施测流程表

步骤	限时	流程内容	相关平台
1	10 分钟	运用不同策略方式进行语用教学	腾讯会议、线下、UMU
2	2 分钟	考前说明	腾讯会议
3	5~10 分钟	试题发放、测试、数据提交	微信、问卷星

此外，第三阶段测试还包括该阶段的后测，也是语用教学策略实验的后测，于第 18 周结束时进行，具体测试方式与实验前测相同（见表 5-27）。

5.实施第三阶段实验效果调查

采用“大学英语语用教学策略实施效果调查问卷”“大学英语语用教学策略实施效果访谈提纲”“大学英语语用教学策略实施效果课堂观察记录表”，对实验班研究对象进行第三阶段语用教学策略实施效果调查，了解实验对象对单一型和组合型语用教学策略实施效果的主观评价和收获。

6.处理第三阶段实验数据

利用 SPSS 25 和 NVIVO 12 软件对第三阶段语用能力测量数据进行量化与质化分析，通过语用能力等级独立样本 T 检验、配对样本 T 检验和线性回归分析等，描绘实验阶段三语用教学策略干预后的实验对象语用能力总体水平，揭示语用能力水平是否存在显著差异。本阶段依然以 p 值不大于 0.05 为差异显著判定标准，判断语用能力等级间差异是否有显著意义。

三、实验后测阶段

实验后测主要是对实验数据进行统计分析，其中包括对实验对象语用能力等级进行评定，对语用教学策略实施效果调查数据进行文本分析，基于量化数据统计分析检验研究假设，再通过质化数据分析结果对量化数据分析结果进行三角互证。

（一）实施实验后测

在第 18 周结束时，采用“大学英语语用能力笔试测试题 4”和“大学英语语用能力口试测试题 4”进行第 4 次语用能力等级水平测试，以此作为第三实验阶段后测及总体实验后测结果，具体测试方式与实验前测相同（见表 5-27）。

（二）实施实验效果调查

采用“大学英语语用教学策略实施效果调查问卷”“大学英语语用教学策略实施效果访谈提纲”“大学英语语用教学策略实施效果课堂观察记录表”“言语行为语用特征分析框架”，对实验班研究对象进行语用教学策略总体实施效果调查，收集语用教学策略实施效果的质化数据。

（三）处理与分析实验数据

首先，分别从问卷星平台、UMU 互动学习平台下载第 4 次语用能力等级测量的笔试与口试数据，并对数据进行清理、评分、等级确定、成绩录入。其次，利用 SPSS 25 统计分析软件对实验班和对照班研究对象的前后测数据进行描述性统计分析、配对样本 T 检验、独立样本 T 检验、线性回归分析及单因素方差分析，以验证语用教学策略对语用能力水平提升的实验效果。在对前后测数据进行分析时，对比 Sig 值，判断实验研究对象前后测成绩是否有显著差异（见表 5-37）。

表 5-37 实验研究假设结果评定分析工具及方法汇总表

序号	研究假设内容	分析工具及方法	假设检验标准
1	与传统语言教学策略相比，语用教学策略对非英语专业大学生英语语用能力水平提升有显著差异	SPSS 25（描述性统计分析和独立样本 T 检验、配对样本 T 检验）	若 p 值不大于 0.05，表明有显著差异，接受研究假设
2	语用教学策略对非英语专业大学生英语语用能力不同维度的影响作用存在显著差异	SPSS 25（描述性统计分析和配对样本 T 检验）	
3	不同类别语用教学策略对非英语专业大学生英语语用能力水平提升影响作用大小存在显著差异	SPSS 25（描述性统计分析、独立 T 检验、配对样本 T 检验、单因素方差分析、线性回归分析）	

续表

序号	研究假设内容	分析工具及方法	假设检验标准
4	语用教学策略实施效果对非英语专业大学生英语语用能力水平提升影响作用与语言水平间显著相关	SPSS 25（描述性统计分析、相关性分析、多因素方差分析）	若 p≥0.05，表明没有显著差异，拒绝研究假设 若 p<0.05，表明有显著差异，接受研究假设

备注：检验的显著性水平取值为 0.05。

在质化数据收集方面，通过问卷星平台发放调查问卷，以面对面访谈或者微信语音、语音电话等访谈方式收集实验对象评价反馈，通过观看实验过程中的语用教学视频收集语用教学效果质化数据。运用 NVIVO 12 质化分析软件和图悦热词词频图文本分析功能进行统计分析，描绘语用教学策略实施成效与不足。此外，对测试对象英语语用能力口试视频转录文本数据进行言语行为话语分析和语用分析，反映被试语用能力水平特征变化情况，为语用教学效果提供质化佐证。

第六章 大学英语语用教学策略实验研究结果分析

本研究通过准实验设计与实施，检验语用教学策略对大学生英语语用能力水平提升的影响作用，进而解决大学英语语用教学弱化问题。采用测量法、调查法、访谈法、课堂观察法、文本分析法等收集数据，再利用 SPSS 25 和 NVIVO 12 软件分析数据，验证语用教学策略是否引起语用能力水平发生量与质的改变，进而验证语用教学策略对非英语专业大学生英语语用能力培养的研究假设是否成立，为总结语用教学策略实验研究结论提供依据。

第一节 语用能力综合水平提升差异性检验

研究假设 1 为语用教学策略对大学生英语语用能力水平提升有显著作用。本实验研究分为三个实验阶段，通过 4 次语用能力等级测试结果，反映对应三个级别的语用教学策略干预后的因变量变化情况。语用能力的具体测量维度包括三个方面：交际意图等级性、语言形式正确性和交际效果有效性。因此，从交际意图等级性、语言形式正确性与交际效果有效性维度，对语用能力水平提升差异性进行检验。

交际意图等级 1~6 分别代表着语用能力等级 1~6 级；语言形式正确性与交际效果有效性 1~5 分别代表达成度，即未达到、勉强达到、基本达到、较好达到和完全达到。测试 1、2、3、4 代表着语用能力前测、第一次阶段测试、第二次阶段测试和后测。语用能力一级测量维度包括理解与表达维度语用能力，其中“理解”代表语用理解能力，而“表达”代表语用表达能力；二级测量维度包括听、读、说、写维度语用能力，分别以“听”代表听力语用理解能力，“读”代表阅读语用理解能力，“说”代表口头语用表达能力，“写”代表书面语用表达能力。不同测量维度后的具体数字 1~4 分别代表 4 次测试顺序；等级后上标“-”代表接近该等级，“+”代表超出该等级。

通过实验班与对照班测试数据独立样本 T 检验，检验语用教学策略与传统语言教学策略对语用能力水平提升的影响差异；再通过实验班自身语用能力等级前后测，或不同维度等级配对样本 T 检验，检验语用教学策略对实验班语用能力水平的影响差异；通过回归分析检验不同类型策略对语用能力水平的影响作用大小；通过相关性分析与交互性分析判断两个变量间的影响关系。以 p 值不大于 0.05 为差异显著判定标准，确定语用教学策略干预效果是否存在显著意义（以下同）。

一、语用能力交际意图等级性提升显著

语用能力交际意图等级性反映出语用能力等级水平。通过对比实验班与对照班、实验班自身的交际意图等级，可揭示两类策略（语用教学策略与传统语言教学策略）对语用能力水平的提升作用差异。

实验班与对照班语用能力交际意图等级均值分别为 2.90、4.09、4.36、4.62 和 2.94、3.45、3.59、3.35。可见，经过了语用教学策略实验处理后，实验班语用能力交际意图等级水平，从接近 3 级初中水平提升至 4 级高中水平，然后维持在 4 级高中水平，最终达到接近 5 级非英语专业大学水平；对照班从接近 3 级初中水平提升至 3 级初中水平，又提升至接近 4 级高中水平，最后反弹回 3 级初中水平。从表 6-1 中可以看出，在测试 1 中，实验班与对照班实验前测的语用能力交际意图等级没有显著差异（p=0.631＞0.05）；在测试 2、测试 3、测试 4 中，实验班与对照班各实验阶段测试与实验后测的语用能力交际意图等级均有显著差异（p=0.000＜0.05），这表明实验后，实验班与对照班语用能力交际意图等级产生了很大的变化。从 t 值可见，实施语用教学策略干预后，实验班语用能力交际意图等级均值显著高于对照班，说明语用教学策略对提升语用能力等级水平作用更显著（见表 6-1）。

表 6-1 语用能力交际意图等级独立样本 T 检验结果表

		F	显著性	t	自由度	Sig.
测试 1	假定等方差	6.702	0.011	−0.526	132	0.600
	不假定等方差			−0.483	77.19	0.631
测试 2	假定等方差	6.325	0.013	6.059	132	0.000
	不假定等方差			5.541	76.292	0.000
测试 3	假定等方差	6.421	0.012	7.531	132	0.000
	不假定等方差			6.860	75.424	0.000
测试 4	假定等方差	0.39	0.533	11.710	132	0.000
	不假定等方差			11.540	95.873	0.000

备注：独立样本 T 检验中，方差齐性检验 F 值的显著性 p 值如果大于 0.05，接受原假设，读取假定等方差的 t 值与 p 值；如果不大于 0.05，拒绝原假设，读取不假定等方差的 t 值和 p 值。以下相同。

表 6-2 为实验班四次语用能力交际意图等级配对样本 T 检验表。从表中可以看出：各实验阶段和总实验前后测中，语用能力交际意图等级均有显著差异（p=0.000＜0.05）。

这表明各实验阶段及总实验前后测中，实验班语用能力交际意图等级均有了很大的变化。从 t 值可见，语用教学策略干预后，实验班研究对象语用能力交际意图等级均有显著提升，即语用教学策略对语用能力交际意图等级提升具有显著作用（见表 6-2）。

表 6-2 实验班语用能力交际意图等级配对样本 T 检验结果表

	配对差值					t	自由度	Sig.（双尾）
	平均值	标准差	标准误差平均值	差值 95%置信区间 下限	差值 95%置信区间 上限			
测试 1-测试 2	-1.196	0.678	0.074	-1.342	-1.050	-16.272	84	0.000
测试 2-测试 3	-0.270	0.598	0.065	-0.399	-0.141	-4.154	84	0.000
测试 3-测试 4	-0.261	0.633	0.069	-0.397	-0.124	-3.796	84	0.000
测试 1-测试 4	-1.726	0.704	0.076	-1.878	-1.575	-22.609	84	0.000

基于语用能力交际意图等级均值、独立样本 T 检验与配对样本 T 检验统计分析结果可见，语用教学策略实验干预前，实验班与对照班语用能力的交际意图等级没有显著差异，均接近3级初中水平；实验干预后，实验班与对照班语用能力交际意图等级存在显著差异，实验班语用能力交际意图等级得到显著提升，从接近3级初中水平提升至4级高中水平，最终接近 5 级非英语专业大学水平，而对照班语用能力交际意图等级提升不显著，仅从接近3级初中水平提升至3级初中水平。因此，得出的结论是语用教学策略对非英语专业大学生英语语用能力交际意图等级水平提升具有显著作用。

对实验班与对照班研究对象语用能力测试文本分析、对实验班研究对象的语用教学策略实施效果调查与访谈、对实验班语用教学课堂观察等质化分析的结果也印证了量化统计分析结果。

首先，通过语用能力测试文本分析，发现语用教学策略实施后，实验班研究对象语用能力的交际意图数量及其对应等级均高于对照班。第一，交际意图数量随其等级提升而显著增加。见表 6-3，实验班前、后测口头语用表达能力等级均值从 2.9 提升至 4.6，其口试文本中所完成的交际意图均值从 3.2 个提升至 6.1 个，增加了 2.9 个；对照班前、后测口头语用能力等级均值从 2.9 提升至 3.4，其口试文本中所完成的交际意图数量从 3.5 个提升至 4.3 个，增加了 0.8 个。可见，语用教学策略对交际意图数量增加作用更大。第二，高、低等级区交际意图数量均有显著提升。如果交际意图集中体现在某一等级，交际意图数量增加并不能反映出语用能力等级水平有所提升。在 1~3 级区，实验班所完成的交际意图数量均值从 2.9 个提升至 4.5 个，增加了 1.6 个，而对照班所完成的交际意图数量均值从 3.2 个提升至 3.8 个，增加了 0.6 个；在 4~6 级区，实验班所完成的交际意图数量均值从 0.3 个提升至 1.6 个，增加 1.3 个，而对照班所完成的交际意图数量均值从 0.3 个提升至 0.5 个，增加了 0.2 个。可见，语用教学策略干预后，实验班在 1~3 级、4~6 级的交际意图数量提升幅度均大于对照班，这说明实验班语用能力等级水平提升显著高于对照班（见表 6-3）。

表 6-3 实验班与对照班口试文本交际意图数量及其等级对比表

交际意图等级	交际意图数量（个）			
	实验班前测	对照班前测	实验班后测	对照班后测
1 级	92	69	126	64
2 级	91	42	129	63
3 级	63	47	131	57
均值	2.9	3.2	4.5	3.8
4 级	26	14	80	23
5 级	0	0	45	3
6 级	0	0	10	3
均值	0.3	0.3	1.6	0.5
总均值	3.2	3.5	6.1	4.3
口头语用表达能力等级均值	2.9	2.9	4.6	3.4

其次，通过对实验班研究对象的语用教学策略实施效果调查发现，实验班研究对象均认为自身语用能力等级有不同程度的提升。语用教学策略实施效果调查结果显示：实验班研究对象中仅有 4.7%的调查对象认为，基于情境的得体交际能力水平勉强得到了提升；其余 95.3%的调查对象认为，基于情境的得体交际能力水平得到了基本及以上程度的提升（见表 6-4）。

表 6-4 实验班语用能力水平提升情况调查表

达成度	频率	百分比（%）
完全没有达到	0	0
勉强达到	4	4.7
基本达到	26	30.6
较好达到	30	35.3
完全达到	25	29.4
个案数	85	100.0

此外，实验前后，实验班研究对象所掌握的交际意图等级也呈现出上升特征。实

验前，实验班研究对象掌握的交际意图数量为8个，分别为问候、感谢、致歉、建议、抱怨、邀请、拒绝和委婉表达观点，对应级别为语用能力 1~4 级；实验后，实验班研究对象掌握的交际意图数量提升至 20 个，分别为问候、感谢、致歉、简单请求、赞同、祝福、指示、委婉请求、日常计划、简单邀请、礼貌交谈、抱怨、拒绝、遗憾惋惜、得体感谢、正式场合观点态度表达等，对应级别为语用能力 1~6 级水平。对实验班研究对象进行语用教学策略实施效果访谈，其结果与调查结果一致。实验班研究对象普遍认为学到了语用知识，增强了语用意识，提升了基于语境得体交际的语用能力。具体访谈内容如下。

访谈对象 HJY：通过语用教学，我的英语交际能力有很大提升。（访谈资料-2021-4-20-06）

访谈对象 JYY：经过一年的语用教学，英语语用能力确实有提升。（访谈资料-2021-4-20-09）

访谈对象 LQY：老师讲授语用知识，分析试题中语境特征，让我们进行大量的交际活动。我觉得我的英语语用能力等级水平有所提升。我掌握了那些语用知识，能够在做题时候用到。因为以前做题都是靠翻译，然后做一些题。现在就可以利用这些语用知识分析语境，然后进行交际。（访谈资料-2021-4-20-15）

通过对实验班语用教学视频进行观察分析，发现实验班的大学英语课堂教学充分体现出了语用教学特征，以及指向语用能力等级水平提升开展了教学。研究者从三个实验阶段共选取 16 节课的教学视频进行课堂观察（见表 6-5）。通过语用教学内容分析可见，从语用能力等级要求、语用理论与原则、语境分析、主题观点表达训练到交际惯用语教学，均反映出围绕语用知识、语用意识、语用输出进行语用能力培养的教学目标。

表 6-5 实验班课堂观察信息汇总表

序号	周次	教材内容	语用教学内容	上课时间	上课地点	课时数
1	2	Unit 1 College Life	介绍语用能力概念及其等级要求	周二 7~8 节	外语 201	2
2	3	Unit 2 Flying with the Dream	语用理论与原则	周四 7~8 节	五教 303	2
3	5	Unit 3 The Power of Your Actions	笔试测试题 语境分析	周四 7~8 节	五教 303	2
4	7	Unit 4 Why Do We Love Video Games?	主题观点表达能力训练：谈论电子游戏的利与弊	周二 7~8 节	五教 303	2

续表

序号	周次	教材内容	语用教学内容	上课时间	上课地点	课时数
5	10	Unit 5 A Dozen Christmas Roses	主题观点表达能力训练：谈论对英语设计作业形式的看法，录制交际	周二 7~8 节	五教 303	2
6	12	Unit 6 Life is Like a Train Ride	主题观点表达能力训练：欣赏影片《西雅图不眠夜》片段，分析语境及语体特征	周四 7~8 节	外语 201	2
7	13	Unit 1 Internet	主题观点表达能力训练：谈论对网络授课的看法	周二 7~8 节	腾讯会议	2
8	15	Unit 2 New Age Communication or a Lack of it	交际原则及功能类交际惯用语讲解与分析；归纳日常交际用语	周四 1~2 节	腾讯会议	2

二、语用能力语言形式正确性提升显著

语言形式正确性决定着被试是否达成语用能力各等级要求，各等级语言形式正确性均值影响着语言形式正确性总体水平达成情况。实验班语用能力语言形式正确性均值分别为 1.92、2.78、3.15、3.19，达成度从接近 2 勉强达到，提升至 3 基本达到程度；对照班语用能力语言形式正确性均值分别为 1.98、2.32、2.46、2.24，达成度从接近 2 勉强达到，提升至 2 勉强达到程度。从表 6-6 中可见，在测试 1 实验班与对照班前测中，语用能力语言形式正确性没有显著差异（$p=0.383>0.05$）；在测试 2、测试 3、测试 4 实验班与对照班各实验阶段测试与实验后测中，语用能力语言形式正确性均有显著差异（$p=0.000<0.05$）。这表明在各实验阶段及总实验测试中，实验班与对照班语用能力语言形式正确性均产生了很大的变化。从 t 值可见，实施语用教学策略干预后，实验班语用能力语言形式正确性均值显著高于对照班，对提升语用能力语言形式正确性水平作用更显著（见表 6-6）。

表 6-6 语用能力语言形式正确性独立样本 T 检验结果表

		F	显著性	t	自由度	Sig.
测试 1	假定等方差	19.197	0.000	−0.994	132	0.322
	不假定等方差			−0.878	69.002	0.383
测试 2	假定等方差	3.132	0.079	6.067	132	0.000
	不假定等方差			5.550	76.367	0.000

续表

		F	显著性	t	自由度	Sig.
测试 3	假定等方差	13.126	0.000	9.464	132	0.000
	不假定等方差			8.151	64.526	0.000
测试 4	假定等方差	4.850	0.029	11.023	132	0.000
	不假定等方差			10.230	79.732	0.000

从表 6-7 可见，除了测试 3 与测试 4 的第三实验阶段前后测对比中，语用能力语言形式正确性没有显著差异（$p=0.442>0.05$），其他实验阶段测试前后测中，语用能力语言形式正确性均有显著差异（$p=0.000<0.05$）。这表明除了第三实验阶段外，第一、第二实验阶段及总实验前后测中，实验班语用能力语言形式正确性均产生了很大的变化。从 t 值可见，第一、二实验阶段和总实验语用教学策略对实验班研究对象语用能力语言形式正确性水平提升有显著作用，但是第三实验阶段的语用教学策略对实验班研究对象语用能力语言形式正确性水平提升作用不显著（见表 6-7）。

表 6-7 实验班语用能力语言形式正确性配对样本 T 检验结果表

	配对差值					t	自由度	Sig.（双尾）
	平均值	标准差	标准误差平均值	差值 95%置信区间 下限	差值 95%置信区间 上限			
测试 1-测试 2	-0.860	0.425	0.046	-0.952	-0.769	-18.684	84	0.000
测试 2-测试 3	-0.368	0.393	0.043	-0.453	-0.283	-8.633	84	0.000
测试 3-测试 4	-0.038	0.454	0.049	-0.136	0.060	-0.772	84	0.442
测试 1-测试 4	-1.266	0.425	0.046	-1.358	-1.175	-27.466	84	0.000

通过访谈发现实验班研究对象认为对语言形式掌握得更好了，拼写和语法错误更少了，也反映出语言形式正确性得到了提升。具体访谈内容如下：

访谈对象 YZX：语言正确性方面有变化，语法也有提升，写作、词汇都有提升。以前做作业的时候，挺困难的。开始语用教学后，起初困难，后来就一点点地没有觉得那么难了。（访谈资料-2021-3-23-1）

访谈对象 JH：通过语用教学，我学到了语境上的知识，可以将语境知识运用到实际应用中，并基于语境选择正确形式得体进行交际了。（访谈资料-2021-4-20-10）

访谈对象 LXY：我的英语语法有进步，还有读英文单词也有进步，造句也慢慢地熟练了一点。（访谈资料-2021-4-20-16）

三、语用能力交际效果有效性提升显著

语用能力交际效果有效性包括语用理解能力交际效果正确性和语用表达能力交际效果得体性，决定着被试是否成功地完成了交际。实验班语用能力交际效果有效性均值分别为 1.85、2.66、2.95、2.97，有效性达成度从接近 2 勉强达到，提升至接近 3 基本达到程度；对照班语用能力交际效果有效性均值分别为 1.91、2.21、2.27、2.15，达成度从接近 2 勉强达到，提升至 2 勉强达到程度。从表 6–8 中可见，在测试 1 实验班与对照班前测中，语用能力交际效果有效性没有显著差异（$p=0.369>0.05$）；在测试 2、测试 3、测试 4 中，语用能力交际效果有效性有显著差异（$p=0.000<0.05$）。这表明在各实验阶段测试与总实验后测中，实验班与对照班语用能力交际效果有效性均产生了很大的变化。从 t 值可见，实施语用教学策略干预后，实验班语用能力交际效果有效性均值显著高于对照班，对语用能力交际效果有效性水平提升作用更显著（见表 6–8）。

表 6–8 语用能力交际效果有效性独立样本 T 检验结果表

		F	显著性	t	自由度	Sig.
测试 1	假定等方差	16.228	0.000	−1.018	132	0.311
	不假定等方差			−0.904	70.215	0.369
测试 2	假定等方差	2.167	0.143	6.524	132	0.000
	不假定等方差			5.986	77.071	0.000
测试 3	假定等方差	84.391	0.000	10.010	132	0.000
	不假定等方差			8.135	55.856	0.000
测试 4	假定等方差	0.994	0.320	11.624	132	0.000
	不假定等方差			10.984	84.203	0.000

从表 6–9 可见，在测试 1 与测试 2、测试 2 与测试 3、测试 1 与测试 4 对比中，实验班语用能力交际效果有效性有显著差异（$p=0.000<0.05$），这表明在第一、二实验阶段和总实验前后测中，实验班语用能力交际效果有效性均产生了很大的变化；在测试 3 与测试 4 对比中，语用能力交际效果有效性没有显著差异（$p=0.674>0.05$），这表明在第三实验阶段前后测中，实验班语用能力交际效果有效性没有发生很大的变化。从 t 值可见，虽然第三实验阶段语用教学策略对语用能力的交际效果有效性水平提升作用不显著，但是第一、二实验阶段和总实验语用教学策略，对语用能力交际效果有效性水平提升有显著作用（见表 6–9）。

从语用能力的交际效果有效性均值、独立样本 T 检验与配对样本 T 检验统计分析结果可见，语用教学策略对实验班研究对象语用能力交际效果有效性提升作用显著，从勉强达到，提升至接近基本达到程度。

表 6-9 实验班语用能力交际效果有效性配对样本 T 检验结果表

	配对差值					t	自由度	Sig.（双尾）
	平均值	标准差	标准误差平均值	差值 95%置信区间				
				下限	上限			
测试 1–测试 2	−0.808	0.366	0.040	−0.887	−0.729	−20.357	84	0.000
测试 2–测试 3	−0.293	0.347	0.038	−0.367	−0.218	−7.778	84	0.000
测试 3–测试 4	−0.018	0.394	0.043	−0.103	0.067	−0.422	84	0.674
测试 1–测试 4	−1.119	0.348	0.038	−1.194	−1.044	−29.626	84	0.000

通过文本分析发现，实验班研究对象口头交际意识得到了提升。对比实验前、后测的口头语用表达能力等级、话轮数量与所完成的交际功能数量，结果显示：在实验前，实验班研究对象通过 4.5 个话轮完成了 3.2 个交际功能（平均 1.4 个话轮完成 1 个交际功能），口头语用表达能力等级接近 3 级初中水平；在实验后，实验班研究对象用 5.6 个话轮完成了 6.1 个交际功能（平均 0.9 个话轮完成 1 个交际功能），口头语用表达能力等级接近 5 级非英语专业大学水平。可见，通过语用教学策略实验干预，实验班研究对象通过话语传递交际意图意识得到了显著提升，即使用更少的话轮，完成更多的交际功能，实现有效交际目标（见表 6–10）。

表 6–10 实验班前后测交际意识发展程度对比表

交际意识维度	前测	后测
口头语用表达能力等级	3^-	5^-
话轮数量（个）	4.5	5.6
功能数量（个）	3.2	6.1

访谈数据分析结果也验证了语用教学策略提升了有效交际的能力水平。访谈对象认为，通过语用教学策略开展大学英语教学后，自己掌握了更多的交际用语，了解了得体交际的语用理论与原则。此外，经过大量的语用理解与表达输出活动，能够更好地与他人交流。具体访谈内容如下：

访谈对象 ZSY：我的英语语用能力已经有所提升。我最喜欢的教学策略是视频欣赏和实时互动交流。我感觉通过这些教学策略，我学到的英语知识更多了。通过得体交际的语用知识输入，我的语用意识增强了；通过更多的表达输出练习，我感觉我和他人的沟通变得更加流畅了。（访谈资料–2021–4–20–42）

访谈对象 SQF：语用教学，对英语交际能力提升帮助很大。现在能熟练与外国人

用英语交流，然后能看懂一些外国的作品了。总的来说，还是帮助很大的。（访谈资料-2021-4-20-25）

对于实验班研究对象来说，语用教学增强了其运用英语有效交际的信心。通过课堂教学视频观察可见，经过语用教学策略干预后，实验班研究对象与外国留学生交流时，能积极主动交际，即能运用所学语用知识，基于语境推理对方所传递的交际意图的真实含义；能根据双方身份，选择适切的语言形式表达交际意图，实现有效交际。实验班研究对象与留学生交流时表情愉悦、交流顺畅，也反映出语用教学对改善交际效果、提升交际有效性有显著作用。

第二节 理解与表达维度语用能力水平提升差异性检验

语用能力因变量测量维度包括两个一级测量维度：语用理解能力与语用表达能力。语用教学策略对一级维度语用能力水平提升的差异性检验，依然从交际意图等级性、语言形式正确性与交际效果有效性维度进行统计分析，确定语用理解与表达能力等级水平。下面将从上述三个具体测量点，检验理解与表达维度语用能力水平提升是否存在显著性。

一、理解与表达维度语用能力交际意图等级性提升显著

在理解维度，实验班与对照班语用能力交际意图等级均值分别为 3.00、4.31、4.45、4.58 和 3.07、3.76、3.68、3.38。可见，经过了语用教学策略实验处理后，实验班研究对象理解维度语用能力交际意图等级水平，从 3 级初中水平提升至 4 级高中水平，维持在 4 级高中水平，最终接近 5 级非英语专业大学水平；对照班研究对象理解维度语用能力交际意图等级水平，从 3 级初中水平，提升至接近 4 级高中水平，最后反弹回 3 级初中水平。在表达维度，实验班与对照班语用能力交际意图等级均值分别为 2.79、3.87、4.28、4.66 和 2.82、3.14、3.50、3.32。可见，经过了语用教学策略实验干预，实验班研究对象表达维度语用能力交际意图等级水平，从接近 3 级初中水平提升至接近 4 级高中水平，然后达到 4 级高中水平，最终接近 5 级非英语专业大学水平；对照班研究对象理解维度语用能力交际意图等级水平，从接近 3 级初中水平提升至 3 级初中水平，然后提升至接近 4 级高中水平，最后反弹回 3 级初中水平。

从表 6-11 可见，在测试 1 中，实验班与对照班实验前测中理解与表达维度语用能力交际意图等级没有显著差异（p=0.586、0.772＞0.05）；在测试 2、测试 3、测试 4 中，

理解与表达维度语用能力交际意图等级均有显著差异（p=0.000＜0.05），这表明各实验阶段和总实验测试中，实验班与对照班理解与表达维度语用能力交际意图等级间产生了很大的变化。从 t 值可见，实施语用教学策略干预后，实验班语用理解与表达能力的交际意图等级均值显著高于对照班，对实验班研究对象语用理解与表达能力的交际意图等级性水平提升作用更显著（见表 6-11）。

表 6-11 理解与表达维度语用能力交际意图等级独立样本 T 检验结果表

		F	显著性	t	自由度	Sig.
理解 1	假定等方差	3.175	0.077	−0.546	132	0.586
	不假定等方差			−0.517	84.791	0.606
表达 1	假定等方差	10.150	0.002	−0.315	132	0.753
	不假定等方差			−0.290	77.783	0.772
理解 2	假定等方差	1.523	0.219	4.082	132	0.000
	不假定等方差			3.925	88.830	0.000
表达 2	假定等方差	1.804	0.182	6.170	132	0.000
	不假定等方差			5.863	85.652	0.000
理解 3	假定等方差	1.836	0.178	5.422	132	0.000
	不假定等方差			5.190	87.628	0.000
表达 3	假定等方差	10.865	0.001	7.791	132	0.000
	不假定等方差			6.742	65.343	0.000
理解 4	假定等方差	3.984	0.048	10.365	132	0.000
	不假定等方差			9.457	75.796	0.000
表达 4	假定等方差	2.576	0.111	10.318	132	0.000
	不假定等方差			10.676	110.819	0.000

从表 6-12 中可见，在理解 1 与理解 2、表达 1 与表达 2、理解 1 与理解 4、表达 1 与表达 4 中，理解与表达维度语用能力交际意图等级有显著差异（p=0.000＜0.05），这表明在第一实验阶段和总实验中，实验班理解与表达维度语用能力交际意图等级产生了很大的变化。在理解 2 和理解 3、理解 3 和理解 4 中，理解维度语用能力交际意图等级没有显著差异（p=0.149、0.104＞0.05）；在表达 2 和表达 3、表达 3 和表达 4 中，表达维度语用能力交际意图等级有显著差异（p=0.000＜0.05），这表明第二、第三实验阶段中，实验班理解维度语用能力交际意图等级没有产生很大的变化，而表达维度语用能力交际意图等级产生了很大的变化。从 t 值可见，语用教学策略总体上对实验班研究对象理解与表达维度语用能力交际意图等级水平提升有显著作用（见表 6-12）。

表 6-12 实验班理解与表达维度语用能力交际意图等级配对样本 T 检验结果表

	配对差值					t	自由度	Sig.（双尾）
	平均值	标准差	标准误差平均值	差值 95%置信区间 下限	上限			
理解 1-理解 2	-1.310	0.920	0.100	-1.508	-1.111	-13.129	84	0.000
表达 1-表达 2	-1.082	0.759	0.082	-1.246	-0.919	-13.143	84	0.000
理解 2-理解 3	-0.133	0.844	0.091	-0.315	0.049	-1.457	84	0.149
表达 2-表达 3	-0.406	0.709	0.077	-0.559	-0.253	-5.277	84	0.000
理解 3-理解 4	-0.139	0.781	0.085	-0.308	0.029	-1.644	84	0.104
表达 3-表达 4	-0.382	0.778	0.084	-0.550	-0.215	-4.532	84	0.000
理解 1-理解 4	-1.582	0.771	0.084	-1.749	-1.416	-18.913	84	0.000
表达 1-表达 4	-1.871	0.839	0.091	-2.051	-1.690	-20.565	84	0.000

通过语用教学策略实施效果调查发现，总体上来说，实验班研究对象语用理解与表达能力的交际意图等级得到了提升。根据语用教学策略有效性程度，1 代表没有效果，2 代表有点效果，3 代表效果一般，4 代表效果较好，5 代表效果最好。调查结果显示：在语用理解能力维度，仅有 1.2%的研究对象认为语用教学策略对提升语用理解能力的交际意图等级没有效果；在语用表达能力维度，100%的研究对象认为语用教学策略对提升语用表达能力的交际意图等级有不同程度效果（见表 6-13）。

表 6-13 实验班语用理解与表达能力交际意图等级提升效果统计表

提升效果	语用理解能力		语用表达能力	
	频率（人次）	百分比（%）	频率（人次）	百分比（%）
1	1	1.2	0	0
2	8	9.4	8	9.4
3	29	34.1	32	37.6
4	25	29.4	22	25.9
5	22	25.9	23	27.1
汇总	85	100	85	100

在课堂观察中，相比于传统教学，语用教学在课后作业的设计理念上，也体现出指向语用能力交际意图等级提升的教学目标。传统的大学英语课堂教学中，课后作业指向知识点巩固复习或者单一英语技能的操练，主要是背单词、朗读课文、翻译课文和写作类作业，缺乏交际性。语用教学理念指导下的课堂作业有明显的语用特征，指

向语用能力培养目标且具有多模态特征，具体包括视频、音频和图文类作业呈现形式。首先，以视频方式呈现的作业类型指向听与说维度语用能力培养目标，通过单向观点表达，或者互动交际的方式，提升基于真实交际任务的理解与表达能力，指向语用能力1~6级培养目标。此外，通过视频录制方式呈现作业，可以起到督促每位学生认真完成作业的作用，同时关注得体交际意识培养。在视频录制过程中，学生特别注重自己仪表与表达方式等。通过视频录制将其作业完成过程记录下来，也提升了作业质量。其次，以音频方式呈现的作业类型指向主题观点表达能力培养目标，通过音频录制记录下学习者对某种现象、问题的看法等。例如，在英语角谈论对英语学习的看法，结合课文主题谈论电子游戏的利与弊，结合图文作业谈论对英语设计作业形式的看法等，通过音频录制不仅可以提升其语言表达的流利性，还指向语用能力4~6级观点表达能力培养。再次，以图文方式呈现其作业指向书面表达能力培养，指向语用能力4~6级培养目标。例如，第10周和第15周的作业布置中，均结合单元内容设计了图文创作类作业，将课文学习与学生专业特点相结合，通过设计漫画图文类作业，加强了对学生课文理解能力和运用课文知识点进行书面表达能力的训练，同时激发了学生学习课文的兴趣和动机。

从8次16节课的课堂观察中可见，课后观点表达作业时长表明：在实验后期，研究对象观点表达交流的时长比实验早期有所增长，从侧面也反映出语用教学策略对实验班研究对象理解和表达能力水平的提升有一定作用（见表6-14）。

表6-14 实验班课堂观察课后语用作业时长对比表

序号	周次	作业类型	时长（秒）	课时数（节）
1	2	单向视频型	55	2
2	3	互动视频型	49	2
3	5	单向视频型	52	2
4	7	单向图画型	59	2
5	10	单向视频型	28	2
6	12	单向视频型	36	2
7	13	互动视频型	97	2
8	15	互动视频型	90	2
汇总			466	16

通过语用教学策略实施效果访谈可见，实验班研究对象认为基于语境理解交际意图能力和表达交际意图能力有所提升。具体访谈内容如下：

访谈对象 LY：对英语语用能力是有提升的。我最喜欢的是用视频对话的形式来提交作业，因为这样子的话，能通过对话提升理解和表达能力。对比传统的教学策略，我感觉这样的策略更能提高学生的学习积极性。（访谈资料-2021-4-40-24）

二、理解与表达维度语用能力语言形式正确性提升显著

理解维度语用能力语言形式正确性，代表着学习者正确识别语言形式的音与意的达成度情况。表达维度语用能力语言形式正确性，代表着学习者灵活选择正确的语言形式表达交际意图的达成度情况。在理解维度，实验班与对照班语用能力语言形式正确性均值分别为 1.74、2.69、3.06、2.94 和 1.82、2.29、2.37、2.06，达成度分别从接近2勉强达到提升至接近3基本达到程度，以及从接近2勉强达到提升至2勉强达到程度；在表达维度，实验班与对照班语用能力语言形式正确性均值分别为 2.10、2.87、3.24、3.45 和 2.14、2.35、2.54、2.50，达成度分别从 2 勉强达到提升至 3 基本达到程度，以及从 2 勉强达到提升至接近 3 基本达到程度。

从表 6-15 中可见，在测试 1 实验班与对照班实验前测中，理解与表达维度语用能力语言形式正确性没有显著差异（$p=0.275$、$0.630>0.05$），这表明实验班与对照班理解与表达维度语用能力语言形式正确性没有显著差异。在测试 2、测试 3、测试 4 中，理解与表达维度语用能力语言形式正确性均有显著差异（$p=0.000<0.05$），这表明在各实验阶段测试及总实验后测中，实验班与对照班理解与表达维度语用能力语言形式正确性均产生了很大的变化。从 t 值可见，实施语用教学策略干预后，实验班语用理解与表达能力的语言形式正确性均值显著高于对照班，对提升语用理解与表达能力的语言形式正确性水平作用更显著（见表 6-15）。

表 6-15 理解与表达语用能力语言形式正确性独立样本 T 检验结果表

		F	显著性	t	自由度	Sig.
理解 1	假定等方差	1.943	0.166	−1.096	132	0.275
	不假定等方差			−1.031	83.102	0.306
表达 1	假定等方差	8.885	0.003	−0.520	132	0.604
	不假定等方差			−0.484	80.251	0.630
理解 2	假定等方差	2.441	0.121	4.728	132	0.000
	不假定等方差			4.400	80.407	0.000
表达 2	假定等方差	0.202	0.654	5.272	132	0.000
	不假定等方差			5.196	95.877	0.000

续表

		F	显著性	t	自由度	Sig.
理解 3	假定等方差	1.571	0.212	7.269	132	0.000
	不假定等方差			6.868	84.156	0.000
表达 3	假定等方差	15.087	0.000	8.618	132	0.000
	不假定等方差			7.410	64.220	0.000
理解 4	假定等方差	7.951	0.006	9.735	132	0.000
	不假定等方差			8.773	73.127	0.000
表达 4	假定等方差	2.544	0.113	9.675	132	0.000
	不假定等方差			9.930	108.343	0.000

从表 6-16 可见，在各实验阶段和总实验前后测中，理解与表达维度语用能力语言形式正确性均有显著差异（p 值均小于 0.05），这表明各实验阶段与总实验前后测对比中，实验班理解与表达维度语用能力语言形式正确性均产生了很大的变化。从 t 值可见，在第三实验阶段中，理解维度语用能力语言形式正确性略有降低，但是总体上语用教学策略对理解与表达维度语用能力语言形式正确性水平提升有显著作用（见表 6-16）。

表 6-16 实验班语用理解与表达能力语言形式正确性配对样本 T 检验结果表

	配对差值					t	自由度	Sig（双尾）
	平均值	标准差	标准误差平均值	差值 95%置信区间				
				下限	上限			
理解 1-理解 2	-0.950	0.495	0.054	-1.057	-0.843	-17.710	84	0.000
表达 1-表达 2	-0.771	0.641	0.070	-0.909	-0.632	-11.086	84	0.000
理解 2-理解 3	-0.372	0.488	0.053	-0.477	-0.267	-7.025	84	0.000
表达 2-表达 3	-0.364	0.635	0.069	-0.501	-0.227	-5.280	84	0.000
理解 3-理解 4	0.122	0.557	0.060	0.002	0.242	2.021	84	0.047
表达 3-表达 4	-0.209	0.596	0.065	-0.337	-0.080	-3.229	84	0.002
理解 1-理解 4	-1.200	0.466	0.051	-1.300	-1.100	-23.761	84	0.000
表达 1-表达 4	-1.343	0.591	0.064	-1.471	-1.216	-20.943	84	0.000

首先，通过对实验班与对照班口试测试文本语用分析发现，实验班研究对象话语标志语人均使用数量有所增加、对话完整性有所提升，反映出语用教学策略对会话的控制能力培养有一定作用，提升了语言表达形式正确性。一方面，话语标志语分析可以揭示研究对象话轮操纵能力，接受话语标志语（yeah、ok、oh 等）可以反映出语言交际者话轮的维持能力、转换能力。实验班接受话语标志语均值从 0.9 提升到 1.1，而

对照班接受话语标志语均值从 1.6 降至 1.0，这说明语用教学策略提升了话语控制能力。另一方面，对话是否有完整的开头和结尾也反映出语言交际者话语操纵能力水平。实验班不完整开头相邻对和不完整结尾相邻对人均数量分别从 0.5 降至 0.1 和从 0.5 降至 0.2，而对照班从 0.4 降至 0.1 和从 0.6 降至 0.3，这说明语用教学策略降低了话语表达的不准确性，即提升了语言表达形式的正确性（见表 6-17）。

表 6-17 实验班与对照班对话操纵能力特征统计对比表

分析维度	实验班前测均值	实验班后测均值	对照班前测均值	对照班后测均值
不完整开头相邻对	0.5	0.1	0.4	0.1
不完整结尾相邻对	0.5	0.2	0.6	0.3
接受话语标志语	0.9	1.1	1.6	1.0

其次，对比实验班研究对象书面表达文本分析中语言错误数量与类型可知，语用教学策略对语言形式正确性提升有显著作用。以实验班研究对象 LYY（角色 A）和 LSY（角色 B）测试转录文本为例，前测文本共有 11 处错误，其中包括：句子首字母没有大写的错误，如 oh 没有大写首字母；句子缺少主语的错误，如第一个 B 中，is 前面缺少主语 it；代词误用的错误，如第一个 B 中，my 应改为 mine；时态错误，如第二个 A 中，are you doing 应改为 are you going to do；动词错误，如第三个 A 中，can 后 reading 应改为 read；缺少连词的错误，如第二个 B 中，I prepare for the English test 句子前逗号应改为连词 because 等。后测文本共有 4 处错误，其中包括：句子错误和用词错误，如“When are you free to pay me back.”应改为“When you are free, you can return it to me.”；时态错误，如“I remembered I borrowed a book...”中 remembered 应改为 remember；文化语用错误，如“That would cost you money.”属于汉语文化中对他人请客时的礼貌回应，让你破费了不符合英语文化规约，直接省略即可。对比前测与后测中错误数量与类型可见，语用教学策略干预教学后，实验班研究对象语言形式中错误数量与类型均有减少，语言形式正确性有所提高。

前测文本：

A: Excuse me. Is that your book?

B: oh. is my. thank you.

A: what are you doing this weekend?

B: ehhhh… I want to go to the library, I prepare for the English test.

A: oh, We can Reading English together.

B: OK.

后测文本：

A: Hello, long time no see.

B: Hello, long time no see. How are you?

A: I am fine. Thank you.

B: Your new sunglasses look great.

A: Thank you for your compliment! What have you been doing lately?

B: I won the first prize in product design the other day.

A: Congratulations, your efforts have been witnessed. Do you have any plans for the future?

B: Thank you. I'd like to do more of these in the future.

A: This is quite good. I remembered I borrowed a book from you and haven't returned it yet.

B: It's okay. I forgot. When are you free to pay me back.

A: In that case, I'll treat you to dinner tonight.

B: That would be great. That would cost you money. Let's go.

A: Let's go.

再次，通过访谈也证实了实验班研究对象在语言交际中语言形式正确性有所提高，正确识别词汇意义的能力有所提升，以及依据语境选择正确的语言形式表达交际意图的能力有所提升。具体访谈内容如下：

访谈对象 FXY：通过语用教学，我对英语在不同的语境情况下的正确形式运用有了更多的了解，了解了不同语境下的各种表达方式有何差异。（访谈资料-2021-4-20-06）

访谈对象 LXR：我觉得自己在用英语进行交流方面有进步。我能根据不同的情境选择正确的表达形式，来表达自己的看法。（访谈资料-2021-4-20-21）

三、理解与表达维度语用能力交际效果有效性提升显著

在理解维度，实验班与对照班语用能力交际效果有效性均值分别为 1.88、2.77、2.91、2.94 和 1.95、2.37、2.27、2.13，有效性达成度分别从接近 2 勉强达到提升至接近 3 基本达到，以及从接近 2 勉强达到提升至 2 勉强达到程度；在表达维度，实验班与对照班语用能力交际效果有效性均值分别为 1.83、2.55、2.93、3.00 和 1.86、2.05、2.19、2.16，有效性达成度分别从接近 2 勉强达到提升至 3 基本达到，以及从接近 2 勉强达到提升至 2 勉强达到程度。从表 6-18 中可见，在测试 1 实验前测中，理解与表达维度语用能力交际效果有效性没有显著差异（$p=0.253$、$0.618>0.05$）；在测试 2、测试 3、测试 4 中，理解与表达维度语用能力交际效果有效性均有显著差异（$p=0.000<0.05$），这表明在各实验阶段和总实验后测中，实验班与对照班理解与表达维度语用能力交际效果有效性产生了很大的变化。从 t 值可见，实施语用教学策略干预后，实验班理解与表达维度语用能力交际效果有效性均值显著高于对照班，对理解与表达维度语用能力交际效果有效性水平提升作用更显著（见表 6-18）。

表 6-18 理解与表达维度语用能力交际效果有效性独立样本 T 检验结果表

		F	显著性	t	自由度	Sig.
理解 1	假定等方差	1.996	0.160	−1.147	132	0.253
	不假定等方差			−1.077	82.566	0.285
表达 1	假定等方差	4.795	0.030	−0.530	132	0.597
	不假定等方差			−0.501	84.155	0.618
理解 2	假定等方差	3.406	0.067	5.150	132	0.000
	不假定等方差			4.744	77.952	0.000
表达 2	假定等方差	0.230	0.632	5.538	132	0.000
	不假定等方差			5.566	101.794	0.000
理解 3	假定等方差	2.401	0.124	7.486	132	0.000
	不假定等方差			7.012	81.948	0.000
表达 3	假定等方差	12.576	0.001	9.376	132	0.000
	不假定等方差			8.284	69.134	0.000
理解 4	假定等方差	10.185	0.002	10.704	132	0.000
	不假定等方差			9.637	72.919	0.000
表达 4	假定等方差	3.571	0.061	9.030	132	0.000
	不假定等方差			9.482	115.356	0.000

交际效果有效性配对样本T检验结果显示：在理解3与理解4、表达3与表达4中，理解与表达维度语用能力交际效果有效性没有显著差异（p=0.556、0.244＞0.05），这表明在第三实验阶段前后测中，实验班理解与表达维度语用能力交际效果有效性没有产生很大的变化；其他实验阶段及总实验前后测中，实验班理解与表达维度语用能力交际效果有效性均有显著差异（p 值均小于 0.05），这表明在第一、二实验阶段和总实验中，实验班理解与表达维度语用能力交际效果有效性产生了很大的变化。从 t 值可见，第三实验阶段语用教学策略对语用理解与表达能力的交际效果有效性水平提升作用不显著，但是第一、二实验阶段和总实验语用教学策略对理解与表达维度语用能力交际效果有效性水平提升有显著作用（见表 6-19）。可见随着等级水平提升，提升有效交际的难度也随之加大，影响到提升速度与幅度。

表 6-19 实验班理解与表达维度语用能力交际效果有效性配对样本 T 检验结果表

	配对差值					t	自由度	Sig.（双尾）
	平均值	标准差	标准误差平均值	差值 95%置信区间				
				下限	上限			
理解 1-理解 2	−0.894	0.434	0.047	−0.988	−0.801	−19.009	84	0.000

续表

	配对差值					t	自由度	Sig.（双尾）
	平均值	标准差	标准误差平均值	差值 95%置信区间				
				下限	上限			
表达 1-表达 2	-0.723	0.581	0.063	-0.848	-0.597	-11.466	84	0.000
理解 2-理解 3	-0.135	0.426	0.046	-0.226	-0.043	-2.916	84	0.005
表达 2-表达 3	-0.383	0.608	0.066	-0.514	-0.252	-5.816	84	0.000
理解 3-理解 4	-0.031	0.481	0.052	-0.135	0.073	-0.591	84	0.556
表达 3-表达 4	-0.073	0.570	0.062	-0.195	0.050	-1.174	84	0.244
理解 1-理解 4	-1.060	0.422	0.046	-1.151	-0.968	-23.125	84	0.000
表达 1-表达 4	-1.178	0.544	0.059	-1.296	-1.061	-19.981	84	0.000

通过访谈了解到，实验班研究对象认为，语用教学策略有助于提升其语用理解与表达能力的交际效果，即正确理解语言形式的交际意图和依据语境选择适切语言形式表达交际意图的能力有所提升。具体访谈内容如下：

访谈对象 DHC：老师采用的这些策略让我的英语进步很多，我能比较灵活地选择表达形式了，和外国人沟通聊天也好了些。（访谈资料-2021-4-20-05）

访谈对象 XZY：我的英语能力有很大的提升。通过了解其他国家的习惯，在日常的交流中能更符合英语国家习惯，交际更得体。（访谈资料-2021-4-20-31）

第三节 听、读、说、写维度语用能力水平提升差异性检验

语用能力因变量测量维度包括四个二级测量维度，从听、读、说、写维度对语用能力进行分解，具体分解为：口头语用理解能力、书面语用理解能力、口头语用表达能力和书面语用表达能力。因此，也需要从二级语用能力维度对语用教学策略实施效果进行检验，进一步验证研究假设 1，即从交际意图等级性、语言形式正确性与交际效果有效性维度，对听、读、说、写维度语用能力水平提升显著性进行检验。

一、听、读、说、写维度语用能力交际意图等级性提升显著

听、读、说、写维度语用能力交际意图等级，反映出语用能力综合交际意图等级水平。在听维度上，实验班与对照班语用能力交际意图等级均值分别为 2.89、4.39、4.48、4.75和2.99、3.37、3.47、3.41；在读维度上，实验班与对照班语用能力交际意图等级均值分别为3.11、4.24、4.41、4.42 和 3.15、4.15、3.90、3.35；在说维度上，实验班与对照班语用能力交际意图等级均值分别为 2.86、3.91、4.49、4.67 和 2.94、3.22、3.39、3.37；在写维度上，实验班与对照班语用能力交际意图等级均值分别为 2.72、3.84、4.06、4.65 和 2.69、3.06、3.61、3.27。经过了实验处理后，在读维度上，实验班语用能力交际意图等级水平，从3级初中水平提升至4级高中水平；对照班语用能力交际意图等级水平，从 3 级初中水平提升至 4 级高中水平后，反弹回 3 级初中水平。在听、说、写维度上，实验班语用能力交际意图等级水平，从接近3级初中水平提升至4级高中水平，最后发展到接近5级非英语专业大学水平；对照班语用能力交际意图等级水平，从接近3级初中水平提升至3级初中水平。

从表 6-20 中可见，在测试 1 实验班与对照班实验前测中，听、读、说、写维度语用能力交际意图等级没有显著差异（p 值均大于 0.05）；在测试 2 中，除了读维度语用能力交际意图等级无显著差异（p=0.707＞0.05）外，其他各维度语用能力交际意图等级均有显著差异（p 值均小于 0.05），这表明在第一实验阶段后测中，读维度语用能力交际意图方面变化不大，但是听、说、写维度均产生了很大的变化；在测试 3、测试 4 中，听、读、说、写维度语用能力交际意图等级均有显著差异（p 值均小于 0.05），变化进一步加大。从 t 值可见，实施语用教学策略干预后，实验班听、读、说、写维度语用能力的交际意图等级均值显著高于对照班，对提升各维度语用能力交际意图等级性水平作用更显著（见表 6-20）。

表 6-20 听、读、说、写维度语用能力交际意图等级独立样本 T 检验结果表

		F	显著性	t	自由度	Sig.
听 1	假定等方差	7.249	0.008	−0.831	132	0.407
	不假定等方差			−0.745	71.891	0.459
读 1	假定等方差	0.338	0.562	−0.179	132	0.858
	不假定等方差			−0.179	99.118	0.859
说 1	假定等方差	16.748	0.000	−0.690	132	0.492
	不假定等方差			−0.602	66.806	0.549
写 1	假定等方差	6.121	0.015	0.221	132	0.826
	不假定等方差			0.208	83.626	0.836
听 2	假定等方差	20.332	0.000	6.784	132	0.000
	不假定等方差			5.704	60.636	0.000

续表

		F	显著性	t	自由度	Sig.
读 2	假定等方差	0.050	0.823	0.377	132	0.707
	不假定等方差			0.379	101.729	0.706
说 2	假定等方差	2.675	0.104	3.475	132	0.001
	不假定等方差			3.410	94.639	0.001
写 2	假定等方差	0.038	0.845	5.393	132	0.000
	不假定等方差			5.247	92.112	0.000
听 3	假定等方差	2.509	0.116	7.104	132	0.000
	不假定等方差			6.577	79.174	0.000
读 3	假定等方差	0.254	0.615	2.190	132	0.030
	不假定等方差			2.195	100.907	0.030
说 3	假定等方差	8.655	0.004	7.880	132	0.000
	不假定等方差			7.010	70.481	0.000
写 3	假定等方差	11.384	0.001	3.954	132	0.000
	不假定等方差			3.621	76.639	0.001
听 4	假定等方差	0.148	0.701	9.150	132	0.000
	不假定等方差			9.208	102.175	0.000
读 4	假定等方差	10.801	0.001	5.866	132	0.000
	不假定等方差			5.178	68.953	0.000
说 4	假定等方差	2.859	0.093	8.341	132	0.000
	不假定等方差			8.706	113.538	0.000
写 4	假定等方差	4.300	0.040	9.179	132	0.000
	不假定等方差			9.563	112.959	0.000

从表 6-21 可见，在第一实验阶段前后测中，实验班听、读、说、写维度语用能力交际意图等级均有显著差异（p=0.000＜0.05）；在第二实验阶段前后测中，听、读维度语用能力交际意图等级没有显著差异（p=0.307、0.269＞0.05），说、写维度语用能力交际意图等级有显著差异（p=0.000、0.032＜0.05），这表明在第二实验阶段中，实验班听与读维度语用能力交际意图等级没有产生很大的变化，而说与写维度语用能力交际意图等级产生了很大的变化；在第三实验阶段前后测中，读与说维度语用能力交际意图等级没有显著差异（p=0.934、0.144＞0.05），听与写维度语用能力交际意图等级有显著差异（p=0.027、0.000＜0.05），这表明在第三实验阶段中，实验班读和说维度语用能力交际意图等级没有产生很大的变化，但是听与写维度语用能力交际意图等级产生了很大的变化；在总实验前后测中，实验班听、读、说、写维度语用能力交际意图等级均有显著差异（p 值均小于 0.05）。从 t 值可见，语用教学策略实验干预后，总体上对实验班听、读、说、写维度语用能力交际意图等级水平提升均具有显著作用。

表 6-21 实验班听、读、说、写维度语用能力交际意图等级配对样本 T 检验结果表

	配对差值					t	自由度	Sig.（双尾）
	平均值	标准差	标准误差平均值	差值 95%置信区间 下限	上限			
听 1-听 2	−1.498	0.743	0.081	−1.658	−1.338	−18.591	84	0.000
读 1-读 2	−1.122	1.620	0.176	−1.471	−0.772	−6.383	84	0.000
说 1-说 2	−1.047	1.224	0.133	−1.311	−0.783	−7.888	84	0.000
写 1-写 2	−1.118	0.822	0.089	−1.295	−0.940	−12.528	84	0.000
听 2-听 3	−0.094	0.845	0.092	−0.276	0.088	−1.027	84	0.307
读 2-读 3	−0.173	1.431	0.155	−0.481	0.136	−1.112	84	0.269
说 2-说 3	−0.588	1.168	0.127	−0.840	−0.336	−4.643	84	0.000
写 2-写 3	−0.224	0.943	0.102	−0.427	−0.020	−2.185	84	0.032
听 3-听 4	−0.267	1.090	0.118	−0.502	−0.032	−2.256	84	0.027
读 3-读 4	−0.012	1.310	0.142	−0.294	0.271	−0.083	84	0.934
说 3-说 4	−0.176	1.104	0.120	−0.415	0.062	−1.474	84	0.144
写 3-写 4	−0.588	0.955	0.104	−0.794	−0.382	−5.680	84	0.000
听 1-听 4	−1.859	0.967	0.105	−2.067	−1.650	−17.725	84	0.000
读 1-读 4	−1.306	1.259	0.137	−1.577	−1.034	−9.562	84	0.000
说 1-说 4	−1.812	1.052	0.114	−2.039	−1.585	−15.876	84	0.000
写 1-写 4	−1.929	1.009	0.109	−2.147	−1.712	−17.624	84	0.000

在访谈中，实验班研究对象总体认为，运用英语进行交际的能力有不同程度的提升，具体体现在听、说、读、写四个维度上，能基于语境理解和表达的交际意图数量与等级也均有显著提升。具体访谈内容如下：

访谈对象 LXY：我觉得我的英语口语交际能力有提升、有进步。原来简单的交际意图方面，基本能听懂和看懂，也能说和写出来。但是，抱怨、协商、质疑等 4~6 级的交际意图，就不知道怎么说是正确的，有些词也不会写。就像我们做题中出现的那些，我们平时不太常用的交际意图，尤其是那些委婉的表达，就反应不出来具体是什么意思。通过这一年的语用教学，我感觉我能完成更多的交际了。（访谈资料-2021-4-20-21）

二、听、读、说、写维度语用能力语言形式正确性提升显著

在听维度上，实验班与对照班语用能力的语言形式正确性均值分别为 1.75、3.12、3.61、3.13 和 1.97、2.27、2.58、2.21，达成度分别从接近 2 勉强达到提升至 3 基本达到，以及从接近 2 勉强达到提升至 2 勉强达到程度；在读维度上，实验班与对照班语用

能力的语言形式正确性均值分别为 1.74、2.26、2.52、2.69 和 1.67、2.30、2.15、1.90，达成度分别从接近 2 勉强达到提升至接近 3 基本达到，以及从接近 2 勉强达到提升至 2 勉强达到，又反弹回接近2勉强达到；在说维度上，实验班与对照班语用能力的语言形式正确性均值分别为 2.09、2.86、3.43、3.47 和 2.21、2.34、2.48、2.54，达成度分别从 2 勉强达到提升至 3 基本达到，以及从 2 勉强达到提升至接近 3 基本达到程度；在写维度上，实验班与对照班语用能力的语言形式正确性均值分别为 2.11、2.88、3.05、3.42 和 2.06、2.37、2.61、2.46，达成度分别从 2 勉强达到提升至 3 基本达到，以及从 2 勉强达到提升至接近 3 基本达到，有反弹回 2 勉强达到程度。

从表 6-22 可见，在测试 1 实验班与对照班实验前测中，听、说维度语用能力语言形式正确性有显著差异（$p=0.020$、$0.000<0.05$），读、写维度语用能力语言形式正确性没有显著差异（$p=0.581$、$0.552>0.05$）；在测试 2 中，除了读维度语用能力语言形式正确性没有显著差异（$p=0.795>0.05$）外，听、说、写维度语用能力语言形式正确性均有显著差异（p 值均小于 0.05），这表明在第一实验阶段后测中，实验班与对照班读维度语用能力语言形式正确性没有产生很大的变化，但听、说、写维度语用能力语言形式正确性产生了很大的变化；在测试 3 和测试 4 中，听、读、说、写维度语用能力语言形式正确性均有显著差异（p 值均小于 0.05），这表明在第二、三实验阶段后测中，实验班与对照班听、读、说、写维度语用能力语言形式正确性均产生了很大的变化。从 t 值可见，实施语用教学策略干预后，总体上实验班听、读、说、写维度语用能力的语言形式正确性均值显著高于对照班，对听、说、读、写各维度语用能力的语言形式正确性水平提升作用更显著（见表 6-22）。

表 6-22 听、读、说、写维度语用能力语言形式正确性独立样本 T 检验结果表

		F	显著性	t	自由度	Sig.
听 1	假定等方差	19.447	0.000	-2.756	132	0.007
	不假定等方差			-2.388	65.604	0.020
读 1	假定等方差	0.185	0.668	0.553	132	0.581
	不假定等方差			0.575	112.140	0.566
说 1	假定等方差	19.582	0.000	-1.374	132	0.172
	不假定等方差			5.404	73.440	0.000
写 1	假定等方差	1.470	0.227	0.596	132	0.552
	不假定等方差			0.576	90.130	0.566
听 2	假定等方差	21.495	0.000	8.203	132	0.000
	不假定等方差			6.802	58.608	0.000

续表

		F	显著性	t	自由度	Sig.
读 2	假定等方差	1.309	0.255	−0.260	132	0.795
	不假定等方差			−0.255	93.986	0.800
说 2	假定等方差	0.160	0.690	3.046	132	0.003
	不假定等方差			3.114	107.149	0.002
写 2	假定等方差	0.082	0.775	4.996	132	0.000
	不假定等方差			4.788	87.922	0.000
听 3	假定等方差	4.068	0.046	9.464	132	0.000
	不假定等方差			8.688	77.180	0.000
读 3	假定等方差	0.853	0.357	2.407	132	0.017
	不假定等方差			2.466	107.860	0.015
说 3	假定等方差	9.028	0.003	7.635	132	0.000
	不假定等方差			6.748	69.189	0.000
写 3	假定等方差	9.925	0.002	5.643	132	0.000
	不假定等方差			5.097	73.615	0.000
听 4	假定等方差	1.586	0.210	8.401	132	0.000
	不假定等方差			8.087	89.140	0.000
读 4	假定等方差	3.587	0.060	5.988	132	0.000
	不假定等方差			−1.195	66.145	0.236
说 4	假定等方差	0.610	0.436	7.457	132	0.000
	不假定等方差			7.568	104.807	0.000
写 4	假定等方差	3.717	0.056	9.023	132	0.000
	不假定等方差			9.378	112.250	0.000

从表 6-23 可见，第一、二实验阶段及总实验前后测中，实验班听、读、说、写维度语用能力语言形式正确性均有显著差异（p 值均小于 0.05），这说明在第一、二实验阶段和总实验前后测中，听、读、说、写维度语用能力语言形式正确性产生了很大的变化；在第三实验阶段前后测中，实验班读、说维度语用能力语言形式正确性没有显著差异（p=0.068、0.641＞0.05），听、写维度有显著差异（p=0.000＜0.05），这表明在第三实验阶段中，读和说维度语用能力语言形式正确性没有产生很大的变化，而听和写维度产生了很大的变化。从 t 值可见，第一、二实验阶段和总实验中，语用教学策略对实验班研究对象各维度语用能力的语言形式正确性水平提升均有显著作用。

表 6-23 实验班听、读、说、写维度语用能力语言形式正确性配对样本 T 检验结果表

	配对差值					t	自由度	Sig.（双尾）
	平均值	标准差	标准误差平均值	差值 95%置信区间 下限	上限			
听 1-听 2	-1.375	0.441	0.048	-1.470	-1.279	-28.743	84	0.000
读 1-读 2	-0.525	0.852	0.092	-0.709	-0.342	-5.687	84	0.000
说 1-说 2	-0.773	1.092	0.118	-1.008	-0.537	-6.523	84	0.000
写 1-写 2	-0.769	0.597	0.065	-0.897	-0.640	-11.868	84	0.000
听 2-听 3	-0.487	0.633	0.069	-0.624	-0.351	-7.098	84	0.000
读 2-读 3	-0.257	0.830	0.090	-0.436	-0.078	-2.853	84	0.005
说 2-说 3	-0.563	1.112	0.121	-0.803	-0.323	-4.667	84	0.000
写 2-写 3	-0.165	0.668	0.072	-0.309	-0.021	-2.272	84	0.026
听 3-听 4	0.477	0.780	0.085	0.309	0.646	5.640	84	0.000
读 3-读 4	-0.175	0.872	0.095	-0.363	0.014	-1.846	84	0.068
说 3-说 4	-0.045	0.887	0.096	-0.236	0.146	-0.469	84	0.641
写 3-写 4	-0.373	0.684	0.074	-0.520	-0.225	-5.024	84	0.000
听 1-听 4	-1.384	0.572	0.062	-1.508	-1.261	-22.328	84	0.000
读 1-读 4	-0.957	0.768	0.083	-1.122	-0.791	-11.491	84	0.000
说 1-说 4	-1.380	0.758	0.082	-1.544	-1.217	-16.791	84	0.000
写 1-写 4	-1.306	0.719	0.078	-1.461	-1.151	-16.754	84	0.000

通过对实验班研究对象访谈可见，语用教学策略对提升听、读、说、写维度语用能力的语言形式正确性有显著作用。实验班研究对象认为，通过掌握交际意图表达方式的正确读音和拼写方式，在听、说、读、写交际中，对语言形式进行识别与运用的正确性有所提升。具体访谈内容如下：

访谈对象 SQF：我认为我的英语语用能力是有提升的。现在和一些外国人交流，基本能知道对方说的是什么，我也知道如何表达我的想法。除了在听、说方面，在笔试中也能看懂和会写更多了，对的比以前也多了。（访谈资料-2021-4-20-26）

访谈对象 WL：我在听、说、读、写方面都有提升。我知道那些表达该怎么读和怎么写，通过增加口语的表达练习，我在语言理解和表达方面都有进步，然后在发音方面有所改变，听和读更准确了。（访谈资料-2021-4-20-27）

三、听、读、说、写维度语用能力交际效果有效性提升显著

在听维度上，实验班与对照班语用能力交际效果有效性均值分别为 1.74、3.11、

3.14、3.08 和 1.96、2.24、2.18、2.17，达成度分别从接近 2 勉强达到提升至 3 基本达到，以及从接近 2 勉强达到提升至 2 勉强达到；在读维度上，实验班与对照班语用能力交际效果有效性均值分别为 1.87、2.44、2.67、2.79 和 1.81、2.50、2.36、2.10，达成度分别从接近 2 勉强达到提升至接近 3 基本达到，以及从接近 2 勉强达到提升至 2 勉强达到程度；在说维度上，实验班与对照班语用能力交际效果有效性均值分别为 1.69、2.42、2.96、2.86 和 1.83、1.96、2.10、2.09，达成度分别从接近 2 勉强达到提升至接近 3 基本达到，以及从接近 2 勉强达到提升至 2 勉强达到程度；在写维度上，实验班与对照班语用能力的交际效果有效性均值分别为 1.96、2.68、2.90、3.15 和 1.89、2.15、2.29、2.24，达成度分别从接近 2 勉强达到提升至 3 基本达到，以及从接近 2 勉强达到提升至 2 勉强达到程度。

从表 6-24 可见，在测试 1 实验班与对照班实验前测中，除了听维度语用能力交际效果有效性有显著差异（p=0.020＜0.05）外，读、说、写维度语用能力交际意图有效性没有显著差异（p 值均大于 0.05）；在测试 2 中，实验班与对照班第一实验阶段后测中，除读维度语用能力交际效果有效性没有显著差异（p=0.598＞0.05）外，听、说、写维度语用能力交际效果有效性均有显著差异（p 值均小于 0.05），这表明在第一实验阶段后测中，实验班与对照班除了读维度外，听、说、写维度语用能力交际效果有效性均产生了很大的变化；在测试 3 和测试 4 中，实验班与对照班听、读、说、写维度语用能力交际效果有效性均有显著差异（p=0.000＜0.05），这表明在第二、三实验阶段后测中，实验班与对照班语用能力交际效果有效性均产生了很大的变化。从 t 值可见，实施语用教学策略干预后，尽管第一实验阶段读维度交际效果有效性提升没有显著差异，但是总体上实验班听、读、说、写维度语用能力交际效果有效性均值显著高于对照班，对语用能力交际效果有效性水平提升作用更显著（见表 6-24）。

表 6-24 听、读、说、写维度语用能力交际效果有效性独立样本 T 检验结果表

		F	显著性	t	自由度	Sig.
听 1	假定等方差	18.563	0.000	−2.732	132	0.007
	不假定等方差			−2.391	67.310	0.020
读 1	假定等方差	0.273	0.602	0.610	132	0.543
	不假定等方差			0.636	113.452	0.526
说 1	假定等方差	16.479	0.000	−1.804	132	0.074
	不假定等方差			−1.558	65.049	0.124
写 1	假定等方差	0.263	0.609	0.822	132	0.413
	不假定等方差			0.833	104.529	0.407

续表

		F	显著性	t	自由度	Sig.
听 2	假定等方差	19.638	0.000	8.341	132	0.000
	不假定等方差			6.954	59.394	0.000
读 2	假定等方差	0.724	0.396	−0.528	132	0.598
	不假定等方差			−0.517	94.002	0.606
说 2	假定等方差	0.020	0.888	3.025	132	0.003
	不假定等方差			3.112	109.054	0.002
写 2	假定等方差	0.439	0.509	5.326	132	0.000
	不假定等方差			5.136	89.650	0.000
听 3	假定等方差	3.611	0.060	9.936	132	0.000
	不假定等方差			9.153	77.969	0.000
读 3	假定等方差	0.431	0.513	2.393	132	0.018
	不假定等方差			2.451	107.689	0.016
说 3	假定等方差	6.506	0.012	7.790	132	0.000
	不假定等方差			6.976	71.808	0.000
写 3	假定等方差	6.622	0.011	7.422	132	0.000
	不假定等方差			6.807	76.968	0.000
听 4	假定等方差	0.890	0.347	8.305	132	0.000
	不假定等方差			7.999	89.288	0.000
读 4	假定等方差	11.746	0.001	6.764	132	0.000
	不假定等方差			6.025	70.741	0.000
说 4	假定等方差	0.616	0.434	6.479	132	0.000
	不假定等方差			6.587	105.376	0.000
写 4	假定等方差	3.786	0.054	8.737	132	0.000
	不假定等方差			9.238	117.383	0.000

从表 6-25 可见，在第一实验阶段和总实验前后测中，实验班听、读、说、写维度语用能力交际效果有效性均有显著差异（p=0.000＜0.05）；在第二实验阶段前后测中，除了听维度语用能力交际效果有效性没有显著差异（p=0.617＞0.05）外，读、说、写维度语用能力交际效果有效性均有显著差异（p 值均小于 0.05）；在第三实验阶段前后测中，除了写维度语用能力交际效果有效性有显著差异（p=0.001＜0.05）外，听、读、说维度语用能力交际效果均没有显著差异（p 值均大于 0.05）。这表明在第一实验阶段和总实验前后测中，实验班听、读、说、写维度语用能力交际效果有效性均产生了很大的变化。从 t 值可见，第一实验阶段和总实验中，语用教学策略对实验班听、读、说、写维度语用能力交际效果有效性水平提升均有显著作用。

表 6-25 实验班听、读、说、写维度语用能力交际效果有效性配对样本 T 检验结果表

	配对差值					t	自由度	Sig.（双尾）
	平均值	标准差	标准误差平均值	差值 95%置信区间				
				下限	上限			
听 1-听 2	-1.363	0.451	0.049	-1.460	-1.265	-27.829	84	0.000
读 1-读 2	-0.425	0.707	0.077	-0.578	-0.273	-5.546	84	0.000
说 1-说 2	-0.725	0.949	0.103	-0.930	-0.521	-7.051	84	0.000
写 1-写 2	-0.720	0.617	0.067	-0.853	-0.587	-10.756	84	0.000
听 2-听 3	-0.032	0.589	0.064	-0.159	0.095	-0.501	84	0.617
读 2-读 3	-0.237	0.701	0.076	-0.388	-0.086	-3.120	84	0.002
说 2-说 3	-0.543	1.041	0.113	-0.768	-0.319	-4.812	84	0.000
写 2-写 3	-0.224	0.646	0.070	-0.363	-0.084	-3.191	84	0.002
听 3-听 4	0.054	0.727	0.079	-0.103	0.211	0.680	84	0.499
读 3-读 4	-0.115	0.690	0.075	-0.264	0.034	-1.541	84	0.127
说 3-说 4	0.096	0.827	0.090	-0.082	0.274	1.071	84	0.287
写 3-写 4	-0.241	0.641	0.070	-0.379	-0.103	-3.468	84	0.001
听 1-听 4	-1.341	0.569	0.062	-1.464	-1.218	-21.723	84	0.000
读 1-读 4	-0.778	0.611	0.066	-0.910	-0.646	-11.745	84	0.000
说 1-说 4	-1.173	0.668	0.072	-1.317	-1.028	-16.186	84	0.000
写 1-写 4	-1.184	0.733	0.080	-1.342	-1.026	-14.890	84	0.000

通过语用教学策略实施效果调查发现，在听、读、说、写维度上，实验班研究对象语用能力交际效果有效性等级得到了不同程度提升。调查结果显示：首先，在听、读、说、写维度上，实验班没有研究对象认为交际效果提升效果为 1，即没有研究对象认为在四个维度上完全没有提升；其次，在听、读、说、写维度上，分别有 3.5%、8.2%、3.5%和 4.7%的研究对象认为交际效果提升效果值为 2，即有效性得到了勉强提升；再次，其余的 96.5%、91.8%、96.5%和 95.3%研究对象认为交际效果提升效果值在 3~5 分，即交际有效性得到了一般及以上提升（见表 6-26）。

表 6-26 实验班听读说写维度语用能力交际效果有效性提升效果统计表

提升效果	听维度		读维度		说维度		写维度	
	频率（人次）	百分比（%）	频率（人次）	百分比（%）	频率（人次）	百分比（%）	频率（人次）	百分比（%）
1	0	0	0	0	0	0	0	0

续表

提升效果	听维度		读维度		说维度		写维度	
	频率（人次）	百分比（%）	频率（人次）	百分比（%）	频率（人次）	百分比（%）	频率（人次）	百分比（%）
2	3	3.5	7	8.2	3	3.5	4	4.7
3	23	27.1	26	30.6	21	24.7	24	28.2
4	34	40.0	32	37.7	32	37.7	31	36.5
5	25	29.4	20	23.5	29	34.1	26	30.6
总计	85	100.0	85	100.0	85	100.0	85	100.0

通过语用教学策略实施效果访谈可见，在听、读、说、写维度上，实验班研究对象的语用能力交际效果有效性有所提升。具体访谈内容如下：

访谈对象 LGJ：我喜欢情景交流式的英语教学策略。基于情境的交际，对英语听、说、读、写语用能力提升帮助非常大。在笔试中，我能正确理解的交际意图和会表达的交际意图数量都比以前多了，还有语用能力等级也提升了。（访谈资料-2021-4-20-17）

访谈对象 YJH：上传英语对话视频语用教学策略对提升我的口语水平很有帮助。还有，两个人合作归纳交际用语和表达策略，对语用能力笔试成绩提升也很有帮助。在听、说、读、写有效交际方面，我的进步是挺大的。还更有自信了。（访谈资料-2021-4-20-17）

第四节 语用教学策略对语用能力不同维度培养的差异性检验

研究假设2为语用教学策略对大学生英语语用能力不同维度的影响作用存在显著差异。语用能力一级测量维度分为语用理解能力与语用表达能力，其二级测量维度分为听、读、说、写维度语用能力。本节从语用能力的交际意图等级、语言形式正确性与交际效果有效性方面，检验语用教学策略对语用能力不同维度的水平提升作用是否存在显著差异。

一、理解维度与表达维度的差异性检验

理解维度与表达维度的语用能力水平提升在交际意图等级、语言形式正确性与交际效果有效性方面存在显著差异。

（一）理解维度交际意图等级提升速度显著但幅度小

从表 6-27 可见，在测试 1、测试 2、测试 3 中，实验班理解与表达维度语用能力交际意图等级有显著差异（p 值均小于 0.05）；在测试 4 中，实验班理解与表达维度语用能力交际意图等级没有显著差异（p=0.246＞0.05）。这表明：在第一和第二实验阶段中，实验班理解与表达维度语用能力交际意图等级之间产生了很大的变化；在第三实验阶段中，实验班理解与表达维度语用能力交际意图等级间没有产生很大的变化。从 t 值可见，在测试 2 中，t 值最大（t=4.750），这说明经过了第一实验阶段的语用教学策略干预，实验班理解与表达维度语用能力交际意图等级间差异最为显著，理解维度均值显著高于表达维度，表明理解维度交际意图等级提升速度更快；在测试 3 中，t 值逐渐减小，而在测试 4 中，t 值为负数且 p 值大于 0.05，这说明实验班表达维度交际意图等级均值虽然略高于理解维度，但与其没有显著差异，这也表明表达维度交际意图等级提升速度较慢（见表 6-27）。

表 6-27 实验班理解与表达语用能力交际意图等级配对样本 T 检验结果表

	配对差值					t	自由度	Sig.（双尾）
	平均值	标准差	标准误差平均值	差值 95%置信区间				
				下限	上限			
理解 1-表达 1	0.214	0.629	0.068	0.078	0.349	3.132	84	0.002
理解 2-表达 2	0.441	0.856	0.093	0.256	0.626	4.750	84	0.000
理解 3-表达 3	0.169	0.690	0.075	0.020	0.318	2.252	84	0.027
理解 4-表达 4	−0.075	0.588	0.064	−0.201	0.052	−1.167	84	0.246

从理解与表达维度语用能力交际意图等级均值对比来看，实验班理解维度语用能力等级均值从 3.00 提升至 4.58，均值提升了 1.58，而表达维度语用能力的交际意图等级均值从 2.79 提升至 4.66，均值提升了 1.87。可见，语用教学策略对理解与表达维度语用能力交际意图等级水平提升幅度具有差异性，对表达维度语用能力交际意图等级提升幅度更大。

基于对实验班理解与表达维度语用能力交际意图等级均值配对样本 T 检验和均值差对比分析，语用教学策略对理解与表达维度语用能力交际意图等级水平提升存在差异，即理解维度等级提升速度更快，但表达维度等级提升幅度更大。

通过语用教学策略实施效果调查发现，在理解维度上，实验班有 39%和 28%的研究对象认为语用理解能力交际意图等级提升效果达到 4 和 5 分，占比合计 67%；在表达维度上，实验班有 43%和 32%的研究对象认为语用表达能力交际意图等级提升效果达到 4 和 5 分，占比合计 75%。可见，语用教学策略对语用表达能力交际意图等级提升效果更好（见表 6-28）。

表 6-28 实验班听读说写维度语用能力交际意图等级提升效果统计表

提升效果	理解维度		表达维度	
	频率（人次）	百分比（%）	频率（人次）	百分比（%）
1	0	0	0	0
2	5	6	3	4
3	23	27	18	21
4	33	39	37	43
5	24	28	27	32
总计	85	100	85	100

通过语用教学策略实施效果访谈可见，实验班很多研究对象都认为语用教学策略对语用表达能力等级水平提升更为显著，认为语用理解能力等级提高较难。具体访谈内容如下：

访谈对象 XZY：我觉得阅读理解语用能力最难提高。主要是不能正确理解有些表达，不知道真正要说的是什么意思。我认为口头表达提升最快，因为我可以自己选择表达方式。通过掌握更多的交际表达方式，可以更好地交际。（访谈资料-2020-5-18-1）

访谈对象 YZX：说和写的方面提升更快，这是因为自己可以选择自己会说和会写的语言形式来表达交际意图。听和读方面提升难度大点，提升速度慢点，提升幅度也小。尤其是在笔试中，更难理解书面表达的交际意图。（访谈资料-2020-5-18-3）

（二）表达维度语言形式正确性提升幅度显著

从表 6-29 可见，在 4 次测试中，理解与表达维度语用能力语言形式正确性均有显著差异（p 值均小于 0.05），这表明各实验阶段和总实验测试中，实验班理解与表达维度语用能力语言形式正确性均产生了很大变化。从 t 值为负数可见，语用教学策略对表达维度语用能力语言形式正确性的提升幅度更为显著（见表 6-29）。

表 6-29 实验班理解与表达维度语言形式正确性配对样本 T 检验表

	配对差值					t	自由度	Sig.（双尾）
	平均值	标准差	标准误差平均值	差值 95%置信区间				
				下限	上限			
理解 1-表达 1	−0.362	0.483	0.052	−0.466	−0.258	−6.904	84	0.000
理解 2-表达 2	−0.182	0.640	0.069	−0.320	−0.044	−2.628	84	0.010
理解 3-表达 3	−0.174	0.576	0.063	−0.298	−0.050	−2.784	84	0.007
理解 4-表达 4	−0.505	0.629	0.068	−0.641	−0.369	−7.401	84	0.000

从理解与表达维度语用能力语言形式正确性均值对比来看，语用理解能力等级均值从 1.74 提升至 2.94，得分均值提升了 1.2，而语用表达能力等级均值从 2.10 提升至 3.45，得分均值提升了 1.35。可见，语用教学策略对语用表达能力的语言形式正确性提升幅度更大。

基于对实验班理解与表达维度语用能力语言形式正确性均值配对样本 T 检验，以及均值差对比分析，语用教学策略对理解与表达维度语用能力语言形式正确性水平提升存在显著差异，对表达维度语言形式正确性提升幅度更大，从勉强达到提升至基本达到程度；理解维度提升幅度略小些，从接近勉强达到，提升至接近基本达到程度。

在访谈中，研究对象普遍反映正确表达交际意图的语用能力比正确理解交际意图的语用能力达成度略高。具体访谈内容如下：

访谈对象 WWY：表达方面正确性更高点。我个人觉得老师讲授语用知识，给我们分析语境，分析如何识别交际意图，让我们基于语境进行角色扮演等教学策略，对于我们口头和书面正确表达能力提升作用较大。相比之下，我觉得笔试考试中，正确理解交际意图那个要难点，刚开始了解那些交际理论后，1~4 级的笔试题理解得比以前好了，后面等级高的那些题，理解起来不太容易。（访谈资料-2021-4-20-29）

（三）对理解与表达维度语用能力交际效果有效性水平提升不稳定

从表 6-30 可见，除了在测试 2 中，实验班理解与表达维度语用能力交际效果有效性有显著差异（$p=0.001<0.05$），说明第一实验阶段后测中，实验班理解与表达维度语用能力交际效果有效性之间产生了很大的变化；在测试 1、测试 3 和测试 4 中，理解与表达维度语用能力交际效果有效性没有显著差异（p 值均大于 0.05）。这表明在前测、第二、三实验阶段测试后测中，实验班理解与表达维度上，语用能力交际效果有效性之间没有产生很大的变化。从 t 值可见，测试 2 中，t 值最大（$t=3.469$），说明通过第一实验阶段语用教学策略干预后，理解与表达维度交际效果有效性差异最大，说明语

用教学策略对基础阶段语用理解能力交际有效性提升有显著作用，而对提高阶段理解与表达维度交际效果有效性水平提升差异不显著，这也反映出随着语用能力等级提升，实现得体、有效交际的难度也在增大；测试3和测试4中，t值为负（t=0.455、−1.096），说明提高阶段的语用教学策略对表达维度交际效果有效性提升幅度更大，从显著低于提升至高于理解维度（见表 6−30）。可见，语用教学策略对理解与表达维度语用能力交际效果有效性提升的速度与幅度存在差异，体现出不稳定的特征。

表 6−30 实验班理解与表达维度交际效果有效性配对样本 T 检验表

	配对差值					t	自由度	Sig.（双尾）
	平均值	标准差	标准误差平均值	差值 95%置信区间 下限	差值 95%置信区间 上限			
理解 1−表达 1	0.051	0.449	0.049	−0.046	0.148	1.048	84	0.298
理解 2−表达 2	0.223	0.592	0.064	0.095	0.350	3.469	84	0.001
理解 3−表达 3	−0.026	0.529	0.057	−0.140	0.088	−0.455	84	0.650
理解 4−表达 4	−0.068	0.571	0.062	−0.191	0.055	−1.096	84	0.276

从理解与表达维度语用能力交际效果有效性均值对比来看，理解维度语用能力交际效果有效性均值从 1.88 提升至 2.94，均值提升了 1.06，而语用表达能力的交际效果有效性均值从 1.83 提升至 3.00，均值提升了 1.17。可见，语用教学策略对语用理解与表达能力的交际效果有效性提升幅度有差异，对表达维度提升幅度大于理解维度。

在访谈中，研究对象普遍反映有效表达的语用能力比正确理解的语用能力达成度略高。具体访谈内容如下：

访谈对象 XYY：最喜欢的策略是情景对话和背诵交际用语。还有跟留学生互相对话，我们可以知道不同的地方、不同国家的一些文化差异，交际时能注意选择更适切的语言表达形式。笔试试题分析交际意图训练让我们认识到语言交际不是想说什么就说什么，要选择适合的形式。通过一年的学习，我认为表达能力和理解能力有了提升，能有效交际了。（访谈资料−2021−4−20−32）

二、读维度语用能力水平提升显著低于听、说、写维度

与听、说、写维度相比，读维度语用能力水平提升在交际意图等级性、语言形式正确性与交际效果有效性方面存在一定差异。

（一）读维度交际意图等级提升幅度小于其他维度

从表 6-31 可见，在测试 4 中，除了读与听、听与说维度语用能力交际意图等级有显著差异（p=0.012、0.005＜0.05）外，读与说、读与写、听与写、说与写维度语用能力交际意图等级没有显著差异（p 值均大于 0.05）。这表明在实验后测中，读与听、听与说维度语用能力交际意图等级产生了很大的变化。从 t 值可见，语用教学策略对读与听维度、听与说维度语用能力交际意图等级水平提升幅度有显著差异（见表 6-31）。

表 6-31 实验班后测听、读、说、写维度交际意图等级配对样本 T 检验表

	配对差值					t	自由度	Sig.（双尾）
	平均值	标准差	标准误差平均值	差值 95%置信区间				
				下限	上限			
读 4-听 4	-0.329	1.182	0.128	-0.584	-0.074	-2.568	84	0.012
读 4-说 4	-0.251	1.241	0.135	-0.519	0.017	-1.865	84	0.066
读 4-写 4	-0.227	1.139	0.124	-0.473	0.018	-1.841	84	0.069
听 4-说 4	0.078	0.250	0.027	0.024	0.132	2.891	84	0.005
听 4-写 4	0.102	0.914	0.099	-0.095	0.299	1.028	84	0.307
说 4-写 4	0.024	0.976	0.106	-0.187	0.234	0.222	84	0.825

从表 6-32 可见，在实验前后测数据对比中，听、读、说、写维度语用能力交际意图等级有显著差异（p=0.000＜0.05），这表明实验班总实验前后测中，各维度语用能力交际意图等级均产生了很大的变化。从 t 值可见，语用教学策略对读维度语用能力的交际意图等级水平提升幅度最小，对听、写、说维度语用能力交际意图等级水平提升幅度均大于读维度。

从各维度语用能力交际意图等级对比来看，听、说、写维度语用能力交际意图等级从接近 3 级初中水平提升至接近 5 级非英语专业大学水平，而读维度从 3 级初中水平提升至 4 级高中水平①。可见，语用教学策略对各维度语用能力交际意图等级水平提升存在显著差异。

① 各维度语用能力交际意图等级均值数据，可参见本章第三节第一部分，即听、读、说、写维度语用能力交际意图等级性提升显著。

表 6-32 实验班前后测听、读、说、写维度交际意图等级配对样本 T 检验表

	配对差值					t	自由度	Sig.（双尾）
	平均值	标准差	标准误差平均值	差值 95%置信区间 下限	差值 95%置信区间 上限			
听 1-听 4	-1.859	0.967	0.105	-2.067	-1.650	-17.725	84	0.000
读 1-读 4	-1.306	1.259	0.137	-1.577	-1.034	-9.562	84	0.000
说 1-说 4	-1.812	1.052	0.114	-2.039	-1.585	-15.876	84	0.000
写 1-写 4	-1.929	1.009	0.109	-2.147	-1.712	-17.624	84	0.000

（二）读维度语言形式正确性提升幅度小于其他维度

从表 6-33 可见，在后测中，除了说与写维度语用能力语言形式正确性没有显著差异（p=0.496＞0.05）外，其他各维度间语言形式正确性均有显著差异（p 值均小于 0.05），这表明在实验后测中，在听与读、听与说、听与写、读与说、读与写维度语用能力语言形式正确性产生了很大的变化。从 t 值可见，语用教学策略对听、读、说、写维度语用能力的语言形式正确性提升有差异（见表 6-33），其中说与写维度差异最不显著。

表 6-33 实验班后测听、读、说、写维度语言形式正确性配对样本 T 检验表

	配对差值					t	自由度	Sig.（双尾）
	平均值	标准差	标准误差平均值	差值 95%置信区间 下限	差值 95%置信区间 上限			
听 4-读 4	0.435	0.913	0.099	0.238	0.632	4.396	84	0.000
听 4-说 4	-0.343	0.910	0.099	-0.539	-0.147	-3.476	84	0.001
听 4-写 4	-0.290	0.812	0.088	-0.465	-0.115	-3.293	84	0.001
读 4-说 4	-0.778	0.925	0.100	-0.978	-0.579	-7.760	84	0.000
读 4-写 4	-0.725	0.883	0.096	-0.916	-0.535	-7.572	84	0.000
说 4-写 4	0.053	0.714	0.077	-0.101	0.207	0.684	84	0.496

从表 6-34 可见，在总实验前后测对比中，听、读、说、写各维度语用能力语言形式正确性均有显著差异（p=0.000＜0.05），这说明总实验中，实验班各维度语用能力语言形式正确性均产生了很大的变化。从 t 值可见，语用教学策略对读维度语用能力语

言形式正确性水平提升幅度最小，对听、说、写维度语用能力语言形式正确性提升幅度较大（见表 6-34）。

表 6-34 实验班前后测听、读、说、写维度语言形式正确性配对样本 T 检验表

	配对差值					t	自由度	Sig.（双尾）
	平均值	标准差	标准误差平均值	差值 95%置信区间				
				下限	上限			
听 1-听 4	−1.384	0.572	0.062	−1.508	−1.261	−22.328	84	0.000
读 1-读 4	−0.957	0.768	0.083	−1.122	−.791	−11.491	84	0.000
说 1-说 4	−1.380	0.758	0.082	−1.544	−1.217	−16.791	84	0.000
写 1-写 4	−1.306	0.719	0.078	−1.461	−1.151	−16.754	84	0.000

从各维度语用能力语言形式正确性对比来看，听、说、写维度语用能力语言形式正确性，从接近或勉强达到提升至基本达到程度；读维度语言能力语言形式正确性，从接近勉强达到提升至接近基本达到程度①。可见，语用教学策略对各维度语用能力的语言形式正确性提升存在差异。

（三）读维度交际效果有效性提升幅度小于其他维度

从表 6-35 可见，在总实验后测中，除了读与说、听与写维度语用能力交际效果有效性没有显著差异（p=0.341、0.469＞0.05）外，读与听、读与写、听与说、说与写维度语用能力交际效果有效性均有显著差异（p 值均小于 0.05），这表明经过语用教学策略实验干预后，读与说、听与写维度语用能力交际效果有效性没有很大的变化，其他维度产生了很大变化。从 t 值可见，语用教学策略对听、读、说、写维度语用能力交际效果有效性提升幅度有差异（见表 6-35）。

表 6-35 实验班后测听、读、说、写维度交际效果有效性配对样本 T 检验表

	配对差值					t	自由度	Sig.（双尾）
	平均值	标准差	标准误差平均值	差值 95%置信区间				
				下限	上限			
读 4-听 4	−0.295	0.787	0.085	−0.464	−0.125	−3.449	84	0.001

① 各维度语用能力语言形式正确性均值数据，可参见本章第三节第二部分，即听、读、说、写维度语用能力语言形式正确性提升显著。

续表

	配对差值					t	自由度	Sig.（双尾）
	平均值	标准差	标准误差平均值	差值 95%置信区间 下限	上限			
读 4-说 4	−0.075	0.721	0.078	−0.231	0.081	−0.957	84	0.341
读 4-写 4	−0.355	0.723	0.078	−0.511	−0.199	−4.530	84	0.000
听 4-说 4	0.220	0.877	0.095	0.030	0.409	2.308	84	0.023
听 4-写 4	−0.061	0.770	0.084	−0.227	0.105	−0.728	84	0.469
说 4-写 4	−0.280	0.695	0.075	−0.430	−0.130	−3.717	84	0.000

从表 6-36 可见，在实验前后测中，听、读、说、写维度语用能力交际效果有效性均有显著差异（p=0.000＜0.05），这表明在实验前后测对比中，实验班听、读、说、写维度语用能力交际效果有效性产生了很大的变化。从 t 值可见，语用教学策略对读维度语用能力交际效果有效性提升幅度最小，对听维度语用能力的交际效果有效性提升幅度最大，其次是说和写维度（见表 6-36）。

表 6-36 实验班前后测听读说写维度交际效果正确性配对样本 T 检验表

	配对差值					t	自由度	Sig.（双尾）
	平均值	标准差	标准误差平均值	差值 95%置信区间 下限	上限			
听 1-听 4	−1.341	0.569	0.062	−1.464	−1.218	−21.723	84	0.000
读 1-读 4	−0.778	0.611	0.066	−.910	−.646	−11.745	84	0.000
说 1-说 4	−1.173	0.668	0.072	−1.317	−1.028	−16.186	84	0.000
写 1-写 4	−1.184	0.733	0.080	−1.342	−1.026	−14.890	84	0.000

从各维度语用能力的交际效果有效性对比来看，听、说、写维度语用能力的交际效果有效性，从接近勉强达到提升至接近或基本达到程度；读维度从接近勉强达到提升至接近基本达到程度[①]。可见，语用教学策略对各维度语用能力的交际效果有效性水平提升存在差异，对读维度交际效果有效性提升影响作用小于其他维度。

① 各维度语用能力交际效果有效性均值数据，可参见本章第三节第三部分，即听、读、说、写维度语用能力交际效果有效性提升显著。

语用教学策略实施效果访谈结果发现，在听、读、说、写维度上语用能力的交际效果有效性存在差异，其中听、说、写维度语用能力交际效果有效性高于读维度语用能力交际效果有效性。实验对象普遍认为，提升正确理解书面语言形式的交际意图能力相对较难，主要体现在对委婉的语言表达形式的意义推理方面。由于理解隐含意义的正确性较低，这影响了有效交际目标的达成。具体访谈内容如下：

访谈对象 WR：我的听、说语用能力得到了很大的提升。语用教学对我非常有帮助。通过视频观看和口语表达输出教学策略，我在语用表达输出方面取得了较大的进步。在发音方面，我也取得了进步。可以通过有效的发音传递交际意图，使交际更加顺畅。（访谈资料-2021-4-20-28）

访谈对象 XSS：我的英语语音能力得到了提升。我最喜欢的策略是观看英语电影，主要是因为它可以激发我的兴趣。我的进步非常大。（访谈资料-2021-4-20-33）

通过对实验班语用教学的课堂观察发现，实验班大学英语教学中突出了说的维度语用能力培养，实验班研究对象的口头有效表达语用能力发展程度更好。在语用教学目标与内容方面，听、读、说、写维度语用能力培养存在差异，其中说的维度语用能力培养受到的关注最多。在语用教学目标与内容维度，在 8 次课的 16 节课堂教学中，研究者每节课都设计了语用理解与表达输出任务，其中包括：以语音形式上传观点表达音频活动，基于设计的情境进行角色扮演视频上传活动，基于教材主题进行观点表达视频录制活动等。可见，教学中突出了口头语用表达能力教学目标，这对说维度语用能力培养更有利（见表 6-37）。

表 6-37 实验班听读说写各维度语用教学课堂观察记录表

观察维度		课次							
		1	2	3	4	5	6	7	8
语用教学目标	听维度语用能力			√				√	
	读维度语用能力	√	√					√	√
	说维度语用能力	√	√	√	√	√	√	√	√
	写维度语用能力					√			√
语用教学内容	语用理论与原则知识	√	√						
	日常交际用语		√						√
	中西文化习俗	√	√				√		
	语用意识		√				√		
	语用理解与表达能力	√	√	√	√	√	√	√	√
	语用意识		√				√		
	语用理解与表达能力	√	√	√	√	√	√	√	√

第五节 不同语用教学策略对语用能力培养影响作用的对比分析

研究假设 3 为不同语用教学策略对大学生英语语用能力水平影响作用存在显著差异。通过文献梳理发现，显性教学策略对语用能力培养的效果更为显著。本研究对语用知识输入教学策略、语用意识强化教学策略、语用理解与表达输出教学策略，以及语用教学策略组合的实施效果进行了检验，旨在验证不同语用教学策略对语用能力培养影响作用是否存在显著差异。

一、语用理解与表达策略优于语用知识、语用意识

为了检验不同语用教学策略对语用能力培养影响效果是否存在差异，本研究采用线性回归的方法，分析语用知识输入教学策略（PK）、语用意识强化教学策略（PA）、语用理解和表达输出教学策略（PB），对语用能力（PC）等级提升影响作用的差异。

表 6-38 为语用教学策略输入回归方程表。如表 6-38 所示，采用输入的方式，将自变量语用知识输入教学策略、语用意识强化教学策略、语用理解与表达输出教学策略全部进入回归模型。

表 6-38 语用教学策略输入回归方程表

模型	输入的变量	除去的变量	方法
1	PB, PA, PK	.	输入

表 6-39 为语用教学策略多元线性回归模型拟合汇总表。如表 6-39 所示，R 方值表明 3 个自变量对语用能力等级提升的解释程度为 28.1%，调整后的 R 方值为 0.254，即考虑到外界因素的干扰及样本量问题之后的自变量对因变量解释程度为 25.4%。德宾-沃森值为 1.972，接近 2 说明该模型基本不存在自相关（见表 6-39）。

表 6-39 语用教学策略多元线性回归模型汇总表

模型	R	R 方	调整后 R 方	标准估算的错误	德宾-沃森
1	0.530[a]	0.281	0.254	0.512	1.972

表6-40为语用教学策略多元线性回归方差分析表。如表6-40所示，$F_{(3,81)}=10.539$，$p=0.000<0.05$。这说明 3 个自变量对语用能力等级提升的线性回归方程式是显著的，即3个自变量对语用能力等级影响的多元线性回归模型构建是有效的（见表6-40）。

表 6-40 语用教学策略多元线性回归方差分析表

模型		平方和	自由度	均方	F	显著性
1	回归	8.296	3	2.765	10.539	0.000
	残差	21.253	81	0.262		
	总计	29.549	84			

表 6-41 为语用教学策略多元线性回归系数表。如表 6-41 所示，可以看出除了常量达到显著外，PK 对语用能力标准化路径系数 $\beta=0.205$（$t=2.050$，$p=0.044$），PA 对语用能力标准化路径系数 $\beta=0.242$（$t=2.409$，$p=0.018$），PB 对语用能力标准化路径系数 $\beta=0.282$（$t=2.757$，$p=0.007$）。可见 PK、PA 和 PB 对语用能力等级影响 p 值均小于 0.05，达到了显著水平，这说明 PK、PA 和 PB 均能显著预测语用能力等级，即 3 类语用教学策略分值越高，语用能力等级水平越高（见表 6-41）。语用教学策略对语用能力等级影响的标准化回归方程可以写成：$PC=2.989+0.205\times PK+0.242\times PA+0.282\times PB$。

表 6-41 语用教学策略多元线性回归系数表

模型		未标准化系数		标准化系数	t	显著性	共线性统计	
		B	标准误差	Beta			容差	VIF
1	（常量）	2.989	0.307		9.722	0.000		
	PK	0.119	0.058	0.205	2.050	0.044	0.891	1.122
	PA	0.133	0.055	0.242	2.409	0.018	0.876	1.141
	PB	0.198	0.072	0.282	2.757	0.007	0.849	1.177

基于3类语用教学策略对语用能力等级影响的线性回归分析，PK和PA自变量的 p 值均小于 0.05，但是 PB 的 p 值则小于 0.01，说明 PB 对语用能力等级提升影响更为显著。此外，PB 的 β 值为 0.282，大于 PK 和 PA 的 β 值 0.205 和 0.242，也表明自变量 PB 对语用能力等级提升影响作用更显著。从容差和方差膨胀因子（VIF）值来看，容差值分别为 0.891、0.876、0.849，接近 1，而方差膨胀因子值分别为 1.122、1.141、1.177，均小于 10（见表 6-41），这说明 3 个自变量不存在多重共线性问题。因此，得出结论是3类语用教学策略均对语用能力等级提升影响作用显著，其中语用理解和表达输出教

学策略对语用能力等级提升影响作用更为显著。可见，不同语用教学策略对语用能力等级提升的影响作用存在差异。

通过对3类语用教学策略实施效果调查显示，实验班研究对象中，认为3类语用教学策略有效性达成度值为1（没有效果）的百分比分别为3.5%、8.2%和0%，也就是说，96.5%的研究对象认为语用知识输入教学策略有效果，91.8%的研究对象认为语用意识强化教学策略有效果，100%的研究对象认为语用理解与表达教学策略有效果。可见，3类语用教学策略对语用能力等级提升均有效果，但是语用理解与表达教学策略效果更佳（见表6-42）。

表6-42 实验班不同语用教学策略实施效果有效性均值对比表

有效性	语用知识输入教学策略		语用意识强化教学策略		语用理解与表达输出教学策略	
	频率（人次）	百分比（%）	频率（人次）	百分比（%）	频率（人次）	百分比（%）
1	3	3.5	7	8.2	0	0
2	7	8.2	25	29.4	3	3.5
3	20	23.5	28	33.0	19	22.4
4	36	42.4	18	21.2	34	40.0
5	19	22.4	7	8.2	29	34.1
总计	85	100.0	85	100.0	85	100.0

不同类别语用教学策略实施效果差异性访谈结果显示，实验班多数研究对象都认为语用知识输入教学策略、语用意识强化教学策略、语用理解与表达输出教学策略对提升其语用能力等级水平有效果，其中语用理解与表达输出教学策略效果更突出。访谈对象对语言教学策略影响效果的总体看法，大致可归为如下三类：第一，通过语用知识输入教学策略，实验对象学习到了得体交际的理论、原则和常用的交际用语与表达方式等知识，对其得体交际有一定指导作用；第二，语用意识强化教学策略提升了研究对象基于语境对语言形式进行意义推理的能力，使其能够更好地理解交际意图；第三，通过语用理解与表达输出教学策略，创设了语言实际运用的真实活动，提升了实验对象在真实的交际中正确理解与得体表达的能力。具体访谈内容如下：

访谈对象 LXR：经历了两个学期的英语教学，我们学到了很多有用的知识，尤其是得体交际的语用知识，这对我们完成真正的交际很有帮助。我认为我们可以用英文来流畅地表达自己的观点了。（访谈资料-2021-4-20-21）

访谈对象 LPS：表达类型教学策略很有效。经过这一年的英语学习，我的英语应用能力有了很大的提升。我最喜欢的教学策略是基于语境进行角色扮演，也就是情景对话。因为情景对话，可以让我们运用学到的知识表达自己的观点。通过两个人的对话，我的英语有了进步。（访谈资料-2021-4-20-12）

在对研究对象进行追踪访谈时，从学生的评价中可以看出，时隔半年后，再次回忆印象深刻的教学策略，表达性语用教学策略在真实的互动中对提升语用能力等级水平效果显著。具体访谈内容如下：

访谈对象 HJY：那次外国人来的时候，我感觉收获颇丰。因为他问我："今天天气怎么样？"我当时就没反应过来 weather 的发音，这与平常练习的有一定差异。因此，真实的交际使我认识到实际交际与想象出来的不一样，使我更愿意去表达。我认为讲解文化差异、分析语境策略也很好。这些知识在真实的理解与表达活动中才能得到真正的运用。（访谈资料-2021-3-23-1）

大学英语语用能力培养目标包括为未来专业服务，基于未来专业话题进行观点表达。因此，有效的语用输出教学策略应结合专业特点，使大学生建立起英语学习与未来专业发展的联系，逐步培养外语学习动机。将大学生专业与英语课程的有机结合起来设计语言输出任务与活动，不仅可以发挥学生专业特长，而且能增强学生学习英语的兴趣，使学生在完成作品时认真思考所学英语课文内容传递出的内涵价值观，体会英语语言在艺术作品中的表现形式，以及掌握如何用文字与图画等不同的交际媒介共同传递出自己的交际意图。

实验班研究对象认为，与专业相结合的表达类语用教学策略指向了基于真实的情境理解与表达输出，运用专业技能传达了课文的思想内容，增强了英语学习的趣味性。具体访谈内容如下：

访谈对象 ZFD：对我来说，这样的教学策略会增加我们对英语学习的兴趣。例如：跟我们专业相关的漫画设计，通过结合课文内容和我们专业特点，以漫画形式将课文内容表达出来，这种输出策略不仅使我们更好地理解了课文内容，还学会了用所学的语言表达方式将课文内容表达出来，使我们不仅学会了英语，还认识到英语如何为专业服务。因此，我对这种策略的印象非常深刻。（访谈资料-2021-3-23-4）

通过课堂观察可以发现，不同类别语用教学策略在实践应用中也反映出差异性特征。首先，不同类别教学策略使用频次存在差异，反映出对语用能力影响作用差异。其中，语用理解与表达输出教学策略使用频次最多，其次是语用知识输入教学策略，使用频次较低的是语用意识强化教学策略，使用频次最低的是机械操练教学策略。对表 6-43 中常用的教学策略使用频次进行统计分析，在 8 次课 16 节教学中，采用互动交际表达策略的频次为 6 次；采用单向观点表达策略和讲授语用知识教学策略的频次均为 5 次；采用视频观看语用意识教学策略的频次为 3 次；采用归纳知识教学策略的频次为 2 次；采用背诵操练类策略的频次为 0 次。从上述教学策略使用频次对比可见，语用理解与表达输出教学策略使用频次最多，互动和单向表达策略频次共计 11 次；语用知识输入教学策略居中，讲授和归纳策略频次共计 7 次；使用频次偏低的是语用意识强化教学策略，视频观看仅为 3 次；使用频次最低的是机械操练教学策略，背诵策略频次为 0。这与对上述 3 类教学策略回归分析结果相一致，即语用理解与表达输出教学策略对语用能力水平影响作用最大，其次是语用知识输入教学策略，最后是语用意识强化教学策略。使用频次反映出不同语用教学策略对语用能力影响作用存在差异（见表 6-43）。

表 6-43 大学英语语用教学课堂观察记录表

观察维度		课次								频次
		1	2	3	4	5	6	7	8	
语用教学策略	讲授策略	√	√		√		√		√	5
	归纳策略					√			√	2
	背诵策略									0
	互动交际表达策略	√	√	√			√	√	√	6
	单向观点表达策略		√	√	√	√		√		5
	视频观看						√	√	√	3

其次，实验班研究对象在课堂教学中的参与状态，反映出不同教学策略对语用能力培养的影响作用存在差异。在实验班语用教学中，研究者每节课都会采用网络化教学媒介辅助教学。通过采用 UMU 互动学习平台、问卷星平台、微信平台等，增加了学生参与语言输出的机会，拓展了交际活动空间，通过学生录制交际活动音视频上传学习平台，不仅提升了学生学习英语的兴趣和使用英语的兴趣，而且也确保每位学生都有了展示的平台，提升了基于情境的语言输出量，有利于将所学的语用知识转化为语用理解与表达行为。此外，随着基于情境的交际输出频次逐渐增多，语用理解与语用表达行为逐渐自动化，交际行为得体性逐渐增强，语用能力水平逐步提升。

再次，不同类别教学策略与语境联系紧密程度存在差异，反映出不同教学对语用能力培养的影响作用存在差异。背诵教学策略是分析型教学策略，具有脱离语境特点，主要指向语言基础知识与基本技能培养目标。没有采用脱离语境的机械操练类教学策略，也反映出实验班大学英语教学的语用导向。基于语境和脱离语境的教学策略对语用能力影响作用存在差异。通过三个实验阶段课堂教学视频对比分析，基于语境的教学策略实施效果明显好于其他教学策略。这体现在学生参与课堂交际互动兴趣没有减退，交际得体性、自然性、正确性、交际意图数量与等级性均有所提升。

通过课堂观察发现，在真实交际情境下，实验对象积极参与课堂交际活动，其表情也反映出他们对互动交际教学策略的接受程度。通过语用教学策略干预，实验班研究对象可以交流的内容增多，交际能力所有提升。此外，尽管第三实验阶段受新冠疫情影响，大学英语课程采用了网络教学方式进行教学，但是从画面中依然可以看到交际者参与到交际活动中。

综合分析实验班课堂教学的语用特征可见，实验班英语课堂教学有明确的语用教学目标，在课堂教学中，学生们反映出他们的英语交际意识与能力有所提升，对语用教学策略效果的认同感逐渐增强。实验班研究对象比较偏好互动类与展示类教学策略，如基于真实情境的角色扮演教学策略和视频录制策略。访谈对象认为，真实的情境更贴近生活，语言输出是即时反映，交际双方的交际过程也是协商过程，在互动交际中听与说能力都能得到提升。

二、讲授策略优于归纳策略与传统策略

本研究针对讲授策略（A）、归纳策略（B）和传统策略（T）对语用能力培养影响的差异进行了检验。如表 6-44 所示，实验班分别采用 A 和 B 教学策略开展询问及看法类日常交际用语教学，对照班采用教学策略 T 开展大学英语教学。三种教学策略实施后，利用“日常交际用语测试题”检测实验班与对照班研究对象对询问看法类日常交际用语的掌握情况。测试统计分析结果显示：实验班采用策略 A 和策略 B 后的测试成绩均值为 15.76 分和 13.07 分，对照班采用策略 T 的测试成绩均值为 12.67 分（见表 6-44）。

表 6-44 单策略实施效果差异比较描述结果表

	分组	个案数	平均值	标准差	标准误差平均值
策略 A	实验班	85	15.76	3.473	0.377
策略 B	实验班	85	13.07	2.384	0.259
策略 T	对照班	49	12.67	2.340	0.334

表 6-45 为单策略实施效果独立样本 T 检验结果表。从表中可以看到：实验班策略 A 与对照班策略 T 教学效果有显著差异（p=0.000＜0.5），这表明实验班策略 A 教学效果显著高于对照班策略 T；实验班策略 B 与对照班策略 T 教学效果没有显著差异（p=0.352＞0.05），这表明两者间没有产生很大的变化。从 t 值可见，讲授策略 A 对提升语用能力水平效果更为显著，而归纳策略 B 教学效果略高于对照班的语言教学策略 T，但两者间未见显著差异（见表 6-45）。

表 6-45 单策略实施效果独立样本 T 检验结果表

		F	显著性	t	自由度	Sig.（双尾）
策略 A	假定等方差	10.189	0.002	5.543	132	0.000

续表

		F	显著性	t	自由度	Sig.（双尾）
策略 A	不假定等方差			6.138	128.715	0.000
策略 B	假定等方差	0.093	0.761	0.935	132	0.352
	不假定等方差			0.940	101.823	0.350

表 6-46 为讲授策略与归纳策略实施效果的配对样本 T 检验结果表。从表中数据可以看到：策略 A 与策略 B 的教学效果间有显著差异（p=0.000＜0.05），这表明两者间产生了很大的变化。从 t 值可见，策略 A 对语用能力提升效果显著高于策略 B（见表 6-46）。

表 6-46 讲授策略与归纳策略实施效果配对样本 T 检验结果表

	配对差值					t	自由度	Sig.（双尾）
	平均值	标准差	标准误差平均值	差值 95%置信区间				
				下限	上限			
策略 A-策略 B	2.694	3.461	0.375	3.441	1.948	7.177	84	0.000

在单策略教学效果对比中，讲授策略、归纳策略和传统策略对语用能力培养存在显著差异。第一，讲授策略对于语用能力培养及水平提升的效果优于归纳策略和传统策略，即教师讲授语用理论、语用原则、交际用语输入，更有助于研究对象掌握语用知识，培养语用意识和基于语境区分不同表达形式差异的能力。第二，对于个案学校英语基础为中下等水平的研究对象来说，与传统策略相比，归纳策略对语用能力培养效果略优，但尚未达到显著差异程度。

实验班研究对象普遍认为，讲授策略和归纳策略的教学效果比传统策略好，尤其是对英语基础较为薄弱的学生来说，讲授策略的教学效果比归纳策略更优。具体访谈内容如下：

访谈对象 CYM：我认为讲授语用教学策略更好。通过课堂上老师的讲授，自己掌握了更多的语用知识，提升了语用能力。与传统教学策略不同是语用教学有趣味性，以实际应用为主，可以提升我的交流能力。（访谈资料-2021-4-20-03）

访谈对象 GJX：语用教学策略比传统教学策略更灵活一点，不是死记硬背。（访谈资料-2021-4-20-07）

访谈对象 JYY：语用教学策略和传统教学策略的不同之处，就在于增加了口语对话，这对我未来生活是有帮助的。在未来工作的时候，能使我与外国同事进行简单的

交流。（访谈资料-2021-4-20-08）

通过语用教学课堂观察发现，实验班研究对象更接受讲授策略。在 8 次课堂观察中，有 5 次课运用讲授策略进行了语用知识教学，有 2 次课运用归纳策略总结交际用语。实验班研究对象更接受教师讲授的语用理论知识，很多同学边听、边记笔记；在采用归纳策略开展语用教学时，有些学生无所适从，不知道干什么。这说明对于英语基础较为薄弱的非英语专业大学生来说，接受式教学是学生更适应的教学方式。此外，语用知识输入教学策略的实施媒介体现出多元性与便捷性，更容易激发学生的学习兴趣。实验研究采用不同的媒介方式进行语用教学，除了课堂教学教师面授之外，还采用微信公众号平台、互动教学软件讲授语用知识，录制微课视频等多元化的方式进行语用知识输入。例如：上传“大学英语语用教学讲义”“语用能力测试题”“英语日常交际用语”等，这不仅增加了语用教学渠道，而且提升了语用教学效果。

三、双策略优于单策略

为了检测归纳策略（B）、讲授+角色扮演双策略（AE）与归纳+角色扮演双策略（BE）对语用能力影响的差异，实验班按原始自然班被分为 3 个自变量水平，分别以 1、2、3 为实验班代码，对应检测的 3 种策略。通过对 3 个自然班语用测试成绩进行单因素方差分析，检验单策略与双策略对语用能力培养的影响作用是否存在差异。如表 6-47 所示，实验班 1 采用策略 B，实验班 2 采用双策略 AE，实验班 3 采用双策略 BE，3 个班分别用不同策略对询问及看法类日常交际用语进行教学。实验后测的统计分析结果显示：策略 B 测试均值为 6.72 分，策略 AE 测试均值为 8.55，策略 BE 测试均值为 6.59（如表 6-47）。

表 6-47 单策略、双策略间实施效果差异比较描述结果表

实验班	策略代码	平均值	标准偏差	标准错误	平均值的 95% 置信区间		最小值	最大值
					下限	上限		
1	B	6.72	2.234	0.415	5.87	7.57	1	10
2	AE	8.55	1.454	0.270	8.00	9.10	5	10
3	BE	6.59	1.716	0.330	5.91	7.27	3	10

表 6-48 是单策略与双策略方差齐性检验表。单策略与双策略方差齐性检验结果显示：$p=0.202>0.05$，这说明呈方差齐性，接受假设（见表 6-48）。

表 6-48 单策略与双策略间方差齐性检验表

莱文统计	自由度 1	自由度 2	显著性
1.631	2	82	0.202

表 6-49 为单因素方差齐性检验表。经过单因素组间方差齐性检验，F=10.204，p=0.000＜0.05，这说明组间方差存在差异（见表 6-49）。

表 6-49 单因素组间方差齐性检验表

	平方和	自由度	均方	F	显著性
组间	68.563	2	34.282	10.204	0.000
组内	275.484	82	3.360		
总计	344.047	84			

表 6-50 为单策略与多策略的 LSD 事后差异检验表。根据间方差分析结果，策略 AE 教学效果显著高于策略 B 和策略 BE（p=0.000＜0.05），策略 B 和策略 BE 教学效果未见显著差异（p=0.789＞0.05）。对比均值差值可知，在教学策略实施效果方面，策略 AE＞策略 B＞策略 BE（见表 6-50）。

表 6-50 单策略与多策略的 LSD 事后差异检验表

(I) 策略	(J) 策略	平均值差值 (I−J)	标准误	显著性	95% 置信区间	
					下限	上限
B	AE	−1.828	0.481	0.000	−2.79	−0.87
	BE	0.132	0.490	0.789	−0.84	1.11
AE	B	1.828	0.481	0.000	0.87	2.79
	BE	1.959	0.490	0.000	0.98	2.93
BE	B	−0.132	0.490	0.789	−1.11	0.84
	AE	−1.959	0.490	0.000	−2.93	−0.98

单策略和双策略对比分析得出结论，单策略与双策略对语用能力培养存在显著差异。第一，讲授+角色扮演双策略 AE 对交际用语理解与识别能力的提升效果显著高于策略 B 和 BE。第二，单策略 B 与双策略 BE 相比较，虽然未见显著差异，但是策略 B 的均值略高于策略 BE。可见，对于英语基础处于中下等的研究对象来说，难以在限定时间内同时完成自己深入归纳交际用语和角色扮演。所以，单策略与双策略实施效果

对比中，讲授和角色扮演双策略（AE）教学效果最好。

访谈对象 AYJ：我喜欢的策略是讲解与分析相结合的教学策略，这可以让我更好地掌握语用知识，提升语用意识，提高自己的英语交际能力。（访谈资料-2021-4-20-01）

访谈对象 JYY：归纳交际用语策略、讲授与角色扮演策略组合、归纳与角色扮演策略组合之间，我认为讲授与角色扮演策略组合的效果更显著。老师会分析交际用语与语境的关系、交际用语表达相同功能时的差异，然后再给我们时间分角色应用交际用语进行交际训练，这样我们能知道怎样运用所学的语用知识。对于自己归纳策略和归纳后再分角色应用策略来说，我认为这些策略的实施效果并无明显差异。我们自己归纳只能是机械地去记住，应用时想不到在不同表达间进行得体性选择。自从老师讲语用知识，我才有要判断表达形式间有何差异的意识，并意识到英语表达不是简单的事，要分析语言表达真正传递的交际意图。（访谈资料-2021-4-20-08）

四、多策略、双策略优于单策略

在单策略与双策略实施效果的检验中，组合策略 AE 的实施效果优于单策略 B。为了进一步验证不同策略及其不同组合是否会影响语用教学效果，针对讲授策略 A、归纳策略 B、双策略 AE、双策略 BE、多策略讲授+视频分析+角色扮演策略（ACE）和多策略归纳+视频分析+角色扮演策略（BCE）进行了差异检验。本次检验分两次进行，实验班分别以 1、2、3 为组代码。其中，实验班 1 先后采用策略 A 和 B，实验班 2 先后采用双策略 AE 和 BE，实验班 3 先后采用 ACE 和 BCE，讲授询问及看法类日常交际用语。如表 6-51 所示，实验后测试成绩统计分析结果显示：在 A-AE-ACE 策略分组中，策略 A 均值为 5.34 分，策略 AE 均值为 6.55 分，策略 ACE 均值为 6.78 分；在 B-BE-BCE 策略分组中，策略 B 均值为 6.52 分，策略 BE 均值为 7.03 分，策略 BEC 均值为 7.30 分（如表 6-51）。

表 6-51 单策略、双策略与多策略实施效果差异比较描述结果表

策略分组	策略代码	个案数	平均值	标准差	标准误	平均值的 95% 置信区间 下限	平均值的 95% 置信区间 上限	最小值	最大值
A-AE-ACE	A	29	5.34	1.932	0.359	4.61	6.08	1	8
	AE	29	6.55	2.293	0.426	5.68	7.42	2	10
	ACE	27	6.78	2.276	0.438	5.88	7.68	3	10
B-BE-BCE	B	29	6.52	2.530	0.470	5.55	7.48	1	10
	BE	29	7.03	2.195	0.408	6.20	7.87	3	10
	BCE	27	7.30	2.091	0.402	6.47	8.12	2	10

表 6-52 为单策略、双策略与多策略方差齐性检验表。方差齐性检验结果显示：p=0.883＞0.05，说明呈方差齐性，接受假设（见表 6-52）。

表 6-52 单策略、双策略与多策略间方差齐性检验表

莱文统计	自由度 1	自由度 2	显著性
0.125	2	82	0.883

表 6-53 为语用教学策略单因素组间方差分析推断统计表。如表 6-53 所示，经过方差齐性检验，A-AE-ACE 策略组合策略模式 F=3.586，p=0.032＜0.05，这说明组间方差不呈齐性，即策略 A、双策略 AE 和多策略 ACE 在交际用语测试成绩上有显著差异；B-BE-BCE 策略模型 F=0.850，p=0.431＞0.05，这说明组间方差呈齐性，即策略 B、双策略 BE 和多策略 BCE 间没有显著差异（见 6-53）。

表 6-53 语用教学策略单因素组间方差分析推断统计表

		平方和	自由度	均方	F	显著性
A-AE-ACE	组间	33.797	2	16.899	3.586	0.032
	组内	386.391	82	4.712		
	总计	420.188	84			
B-BE-BCE	组间	8.869	2	4.435	0.850	0.431
	组内	427.837	82	5.218		
	总计	436.706	84			

鉴于第一组策略对比模型中的策略组间有显著差异，因此仅呈现 A-AE-ACE 组不同组间事后比较结果。如表 6-54 所示，组间方差分析结果显示，策略 A、双策略 AE、多策略 ACE 对交际用语分析、匹配语用能力培养有显著差异，即策略 A 显著低于双策略 AE 和多策略 AEC（p=0.037、0.016＜0.05），但双策略 AE 和多策略 ACE 间未见显著差异（p=0.698＞0.05）。对比均值差值可知，在教学策略实施效果方面，策略 ACE＞策略 AE＞策略 A（见表 6-54）。

表 6-54 单策略、双策略与多策略的 LSD 事后差异检验表

因变量			平均值差值 (I-J)	标准误	显著性	95% 置信区间	
						下限	上限
A-AE-ACE	1	2	-1.207	0.570	0.037	-2.34	-0.07
		3	-1.433	0.581	0.016	-2.59	-0.28
	2	1	1.207	0.570	0.037	0.07	2.34
		3	-0.226	0.581	0.698	-1.38	0.93
	3	1	1.433	0.581	0.016	0.28	2.59
		2	0.226	0.581	0.698	-0.93	1.38

对比单策略、双策略和多策略实施效果的差异可知，单策略、双策略和多策略对大学生英语语用能力培养存在显著差异。第一，策略组合教学效果高于单策略教学效果。第二，多策略教学效果高于双策略教学效果。第三，多策略 ACE 教学效果最优。可见，对英语基础中等及以下的非英语专业大学生来说，提升其英语语用能力最优策略组合是语用知识输入教学策略、语用意识强化教学策略、语用理解与表达输出教学策略相结合的多策略组合方式。

通过访谈发现，实验班研究对象认为，策略组合同时针对不同的语用教学目标和语用教学内容，对语用能力培养的效果最好。具体访谈内容如下：

访谈对象 LPS：经过这一年的英语视听说学习，我觉得我的英语应用能力有了很大的进步。我最喜欢的教学策略是组合策略，先讲授语用知识，然后分析语境特征，再创设情景对话互动交际任务。因为这样，我感觉能更好地将知识融入语境中进行交际，就是觉得更有针对性吧。情景对话，可以让我们结合学习到的知识自由发挥，然后说出自己想说的话。（访谈资料-2021-4-20-12）

访谈对象 LY：最喜欢的教学策略是讲授策略、分析语境策略与角色扮演组合策略。我感觉通过语用知识的输入结合语用表达输出策略组合，我的英语有进步，在口语交流方面有所改进，能更大胆地去沟通和交流。通过讲授掌握交际原则、交际表达方式啥的，再通过分角色对话进行交际练习，我能更加大胆、有效沟通和交流了。（访谈资料-2021-4-20-14）

第六节 语用教学策略与语言能力的相关性和交互性检验

研究假设4为语用教学策略实施效果与大学生英语语言水平显著相关。对语用教学策略与语言水平相关性、语用教学策略与语言水平交互性进行检验，可验证语言水平是否影响语用教学策略对语用能力培养的教学效果。

一、语用教学策略实施效果与语言水平未见显著相关

按照英语高考成绩，研究对象可分为4个语言等级水平，其中1代表60分以下、2代表61~90分、3代表91~120分、4代表121~150分。如表6-55所示，对语言水平和三类语用教学策略进行相关分析，其中语言水平与语用知识策略、语用意识策略和语用输出策略实施效果的相关系数分别为r=0.055、0.092、0.132，p=0.618、0.403、0.228＞0.05。可见，语言水平与语用教学策略实施效果间不存在显著相关（见表6-55），这说明语言水平没有影响到语用教学策略的实施效果。

表6-55 语言水平与语用教学策略相关性分析结果表

语言水平	语用知识输入教学策略	语用意识强化教学策略	语用理解与表达教学策略
1	0.055 0.618	0.092 0.403	0.132 0.228

*在0.01级别（单尾），相关性显著。**在0.05级别（单尾），相关性显著。

通过语用教学策略实施效果与语言水平间关系的调查结果显示，语言水平与语用能力等级水平间没有一一对应关系。语用能力等级学习者正确理解与得体表达交际意图的能力发展程度，是反映语用教学策略实施效果的主要指标，而语言水平是反映学习者理解与表达语言的能力发展程度，两种能力水平间是否具有显著相关性需要进一步验证。如表6-56所示，对比不同语言水平的语用能力等级差异发现，不同语言水平的实验研究对象的语用能力等级可能相同，而相同语言水平的实验研究对象语用能力等级可能不同。例如，语用能力等级为4级的研究对象中，有9人语言水平为1，19人语言水平为2，12人语言水平为3；语用能力等级为5级的研究对象中，有1人语言水平为1，25人语言水平为2，10人语言水平为3。再以语言水平为2的研究对象为例，有1人语用能力等级为3级，19人语用能力等级为4级，25人语用能力等级为5级，3人语用能力等级为6级。可见，语言水平与语用教学策略实施效果间没有一一对应关

系。因此，无论非英语专业大学生英语水平如何，均可以通过语用教学策略培养其语用能力（见表 6-56）。

表 6-56 语言水平与语用能力等级对应关系表

语言水平	语用能力等级				人数汇总（人）
	3 级	4 级	5 级	6 级	
1	0	9	1	0	10
2	1	19	25	3	48
3	0	12	10	4	26
4	0	0	0	1	1
人数汇总（人）	1	40	36	8	85

通过语言水平对语用教学策略实施效果影响关系的访谈可知，对于不同语言水平的实验班研究对象来说，其语用能力均有不同程度的提升，语言水平高低与研究对象语用能力等级提升的幅度没有必然联系，这说明语用教学策略实施效果没有受到语言水平的限制和影响。具体访谈内容如下：

访谈对象 LH：我高考的英语成绩没达到 60 分。……我的语用能力等级得到了提升，从 2 级小学水平提升至 4 级高中水平。现在，我学会了很多交际语用表达方式，知道应该根据语境选择适切的表达。此外，在笔试中理解交际意图的能力也提升了，对英语学习也更感兴趣了。（访谈资料-2021-4-20-18）

访谈对象 LSY：我高考的英语成绩在 61~90 分段。我的语用能力等级第一次测试等级为 4 级水平，最后一次测试等级为 5 级水平，得到了提升。……（访谈资料-2021-4-20-13）

访谈对象 JYY：我高考的英语成绩在 91~120 分段。我的语用能力等级从 3 级初中水平提升至 5 级大学水平。……（访谈资料-2021-4-20-9）

访谈对象 WWY：我高考的英语成绩在 121~150 分段。我的笔试成绩还行，但是口语不是太好，所以我的语用能力等级最开始是 3 级初中水平，通过一年的学习提升至 6 级大学水平。……（访谈资料-2021-4-20-29）

通过对实验班语用教学活动参与及媒介使用情况课堂观察发现，UMU 互动学习平台、微信或QQ平台、问卷星平台、自建语用教学公众号等媒介，为增加实验班研究对象参与语用教学活动提供了平台支持，提高了语用活动参与率。课堂观察记录显示，在 16 节课的教学中，实验对象的语用活动参与率为 100%。可见，不同语言水平的研究对象均有机会参与到语用学习与实践活动中，减少了因学生语言水平不同和大班教学人数过多等问题对语用教学策略实施效果的负面影响作用（见表 6-57）。

表 6-57 大学英语语用教学活动与媒介课堂观察记录表

观察维度		课次							
		1	2	3	4	5	6	7	8
语用活动参与	个别学生								
	少量学生								
	半数学生								
	多数学生								
	全体学生	√	√	√	√	√	√	√	√
语用教学媒介	UMU 平台	√	√	√	√	√	√	√	√
	微信或 QQ 平台	√	√	√	√	√	√	√	√
	问卷星平台			√			√		√
	自建语用教学公众号	√	√						

二、语用教学策略实施效果与语言水平交互效应不显著

进一步通过方差分析来检验语言能力和语用教学策略对语用能力等级的影响。表 6-58 为语言水平组间因素描述表，语言能力因素有 4 个水平，语用知识策略有 5 个水平，语用意识策略有 5 个水平，语用输出策略有 5 个水平（见表 6-58）。

表 6-58 语言水平组间因素描述表

主体间因子		个案数
语言能力	1	10
	2	48
	3	26
	4	1
语用知识策略	1	3
	2	7
	3	20
	4	36
	5	19
语用意识策略	1	7
	2	25
	3	28
	4	18
语用输出策略	5	7

续表

主体间因子		个案数
语用输出策略	1	0
	2	3
	3	19
	4	34
	5	29

表 6-59 是语用教学策略与语言水平的方差齐性检验表。如表 6-59 所示，F=1.342，p=0.197＞0.05，说明语言水平和语用教学策略对语用能力影响主效应不存在显著差异，方差呈齐性（见 6-59）。

表 6-59 语用教学策略与语言水平的方差齐性检验表

F	自由度 1	自由度 2	显著性
1.342	55	29	0.197

表 6-60 是主体间效应检验表。从 F 值和 Sig 值分析，语言水平因素主效应不显著（F=0.631，p=0.598＞0.05），语言水平与语用教学策略交互效应不显著（F=0.540、0.516、0.301，p=0.745、0.763、0.741＞0.05）。这说明语用教学策略对不同语言水平的研究对象语用能力水平影响作用未见显著差异（见表 6-60）。

表 6-60 语用教学策略与语言水平的主体间效应检验表

源	III 类平方和	自由度	均方	F	Sig.
修正模型	14.396[a]	29	0.496	1.802	0.030
截距	253.592	1	253.592	920.406	0.000
语言水平 * 语用知识输入教学策略	0.744	5	0.149	0.540	0.745
语言水平 * 语用意识强化教学策略	0.711	5	0.142	0.516	0.763
语言水平 * 语用理解与表达输出教学策略	0.166	2	0.083	0.301	0.741
语言水平	0.521	3	0.174	0.631	0.598
语用知识输入教学策略	1.441	4	0.360	1.308	0.279
语用意识强化教学策略	1.869	4	0.467	1.696	0.164
语用理解与表达输出教学策略	2.123	3	0.708	2.568	0.064
误差	15.154	55	0.276		
总计	1845.056	85			
修正后总计	29.549	84			

通过访谈可知，实验班研究对象并没有因为语言水平的差异而影响语用教学策略的实施效果。不同语言水平的实验对象，对语用教学策略的实施效果基本持肯定的态度。总体上，实验班研究对象最偏好语用理解与表达输出教学策略，其次是语用知识输出教学策略和语用意识强化教学策略，没有呈现出语言水平与教学策略的对应性和排斥性特征。具体访谈内容如下：

访谈对象 LH：虽然我的英语基础不好，但是不同的语用教学策略对我的语用能力水平提升均有作用。老师讲授的语用知识和分析的语境特征，是我们之前都不知道的。我认为语言水平高低都无所谓，都能听懂老师讲授的内容。老师给我们创设的理解和表达交际任务，是以课上讲授的内容为基础而设计的。只要上课认真听讲，课后好好准备，我们都能掌握。（访谈资料-2021-4-20-18）

通过课堂观察也发现，语言水平没有影响到语用教学策略的实施效果。在互动教学媒介支撑下，英语基础较为薄弱和较好的实验研究对象都很积极参与到课堂语用教学活动中，通过语用理论知识学习、识别与分析语境特征训练、大量交际互动输出活动，实现语用能力等级提升到或接近达到非英语专业大学生的英语水平。语用教学策略实验研究的终极目标是验证语用教学策略对语用能力培养的实际效果，量化与质化分析结果支持研究假设 1、2 和 3，但拒绝研究假设 4。实验结果表明：语用教学策略对大学生英语语用能力水平提升有显著作用；语用教学策略对大学生英语语用能力不同维度的影响作用存在显著差异；不同语用教学策略对大学生英语语用能力水平影响作用存在显著差异；语用教学策略实施效果与大学生英语语言水平未呈现显著相关。

第七章 大学英语语用教学策略研究结论

本研究以大学生为研究对象，以个案学校非英语专业大学生为研究样本，以语用教学策略为研究主题，探究如何建构、选择、实施与评价语用教学策略，以及验证语用教学策略对语用能力培养的影响作用，旨在通过语用教学策略干预，改善大学英语教学效果，帮助大学生培养语用能力，解决个案学校大学英语语用教学中存在的问题。在为期三年的研究中，研究者运用了多种质化与量化的研究工具，收集了语用教学策略理论与实验研究的各种数据，并通过量化和质化数据统计分析，得出了研究结论。

第一节 理论研究结论

语用目标与能力等级对语用教学策略设计具有较强的引领性。语用教学策略理论研究不仅为语用教学策略分类与设计、语用教学策略设计的选择、实施与评价提供理论依据，而且基于语用教学目标对语用教学策略进行分类，直接指向语用能力等级，具有较强的针对性与引领性。

一、基于理论基础确定语用教学策略分类与设计依据

首先，基于《中国英语能力等级量表》确定语用教学策略目标指向，最终确定语用知识输入、语用意识强化、语用理解与表达行为输出策略的分类维度。《中国英语能力等级量表》对语用能力的概念界定以及对语用教学内容的分级描述，突出了语用知识、语用意识、语用理解和表达及其得体性特征，为确定语用教学策略的分类维度提供了依据。其次，基于社会文化理论的二语语用教学理念，社会文化规约制约着语言形式的选择和调节着语言行为能力，为确定宏观与微观语用教学策略设计理念提供了依据。在社会文化理论观照下，应充分发挥文化工具的调节作用，通过加大概念性语用知识输入，强化语境意识，创设互动的、任务驱动的、协商性质的语言实践输出活动，培养学习者基于动态语境理解和表达意图的语用能力。这为确定语用知识输入、语用意识强化、语用理解与表达输出教学策略提供了理论依据。再次，基于语言学家 Stern 的语言教学策

略分类方式，为确定微观语用教学策略组成与分类提供了实践依据，建构了分析类、问题解决类、讲授类、操作类等具体的语用教学策略。最后，基于 SECI 隐性知识与显性知识转化的策略模型，确定语用教学任务与活动类型、语用教学策略具体实施过程与评价原则。依据“SECI 模型”的知识动态观，设计参与互动类教学任务及活动，通过学习者的积极参与、体验逐步将个体化隐性知识转为显性知识，再通过内隐化将其转化为更高一级隐性知识。

二、基于语用教学目标与语用能力等级划分语用教学策略

基于语用教学目标，可将语用教学策略分解为语用知识输入教学策略、语用意识强化教学策略、语用理解与表达输出教学策略。其中，指向 1~3 级语用能力培养的语用教学策略包括：讲授语用理论知识、背诵记忆交际用语、比较不同表达形式语用差异、辨别语言形式及功能适切性、通过对话操练提升理解与表达能力，旨在满足一般日常生活的交际需求。指向 4 级语用能力培养的语用教学策略包括：讲授交际用语与表达、影视欣赏了解语言与文化、通过角色扮演提升理解表达能力，旨在满足一般社交情境下的互动的和得体的交际要求。指向 5~6 级语用能力培养的教学策略包括：通过阅读读物了解语言与文化、讲授国内外社会文化差异、归纳交际用语、监控基于语境特征选择表达形式、影视欣赏分析语言与文化差异、通过主题表达提升表达能力，旨在满足不同交际情境下的得体互动交际与主题观点表达、协助与质疑等交际要求。采用不同语用能力等级指向的语用教学策略开展大学英语教学，旨在实现语用知识目标、语用意识目标、语用理解与表达能力培养目标，最终提升非英语专业大学生的英语语用能力等级水平。

三、基于语用导向确定语用教学策略设计选择、实施与评价

首先，语用教学策略设计的选择流程包括确定语用目标、确定宏观与微观语用教学策略、确定语用教学活动步骤。在确定语用教学目标方面，采用语用测试题对学习者进行语用能力等级评定，确定语用教学的教学起点和培养目标；在确定宏观语用教学策略方面，依据社会文化理论视域下的二语语用教学理念，选择创设互动情境和协商意义、促进学习者语用知识和意识外化的语用教学策略；在确定微观语用教学策略方面，以单元为单位进行顶层设计，基于单元主题，从学习者语用能力实际水平出发，基于语用教学目标和语用教学内容的特性，选择适切的语用教学策略；在设计语用教学活动方面，依据语用教学内容设计语用学习任务。其次，语用教学策略设计的实施流程以语境为核心点，从语境出发对语篇的语境进行分析，即分析该语境下语篇教学目标，分析学情，选择基于语境的语用教学策略；再从语用知识、语用意识、语用行为出发，依据教学内

容特点，按照知识输入、意识强化、行为输出、表现评价过程实施语用教学策略。最后，语用教学策略实施效果的评价原则要体现出教学理念语用导向，语用教学目标语用指向，语用教学内容、语用教学活动与语用教学媒体方面语用指向，学生指向性，教学策略灵活性和多样性，评价方式多元性。

第二节 实验研究结论

语用教学策略实验研究采用了不等组前后测准实验研究模型，分别以语用教学策略和英语语用能力为自变量和因变量，实验目的就是检验语用教学策略对大学生英语语用能力水平提升的实际效果，即验证语用教学策略对大学生英语语用能力水平提升作用是否显著，对语用能力不同维度的影响作用是否存在显著差异，不同语用教学策略对语用能力水平影响作用是否存在显著差异，语用教学策略实施效果与语言水平是否显著相关。经过分阶段的实验研究，基于量化与质化统计分析结果，综合得出如下实验研究结论。

一、语用教学策略具有显著提升非英语专业大学生语用能力作用

语用教学策略对非英语专业大学生的英语语用能力水平提升具有显著作用。第一，在交际意图等级方面，读维度语用能力交际意图等级水平，从 3 级初中水平提升至 4 级高中水平；语用能力综合等级及其他各维度等级水平，均从接近 3 级初中水平提升至接近 5 级非英语专业大学水平。实验班研究对象在各等级区对应的交际意图数量均有所增加，得体交际意识和达成度得到了提升。第二，在语言形式正确性方面，语用教学策略可显著提升语用能力及其各维度语言形式正确性的达成度，从接近或勉强达到提升至接近或基本达到程度。实验班研究对象的话语标志语使用数量有所增加，对话完整性有所提升，语言形式错误数量与类型均有所减少，语言形式正确性有所提高。第三，在交际效果有效性方面，语用教学策略可显著提升语用能力及其各维度交际效果有效性的达成度，从接近或勉强达到提升至接近或基本达到程度。实验班研究对象的口头有效交际意识和信心得到了提升，能更有效地完成交际。可见，实验班研究对象语用能力及其各维度的交际意图等级性、语言形式正确性、交际效果有效性水平均得到了显著提升，支持研究假设 1，可得出结论：与传统语言教学策略相比，语用教学策略对大学生英语语用能力水平提升有显著作用。

二、语用教学策略对理解维度语用能力水平提升的显著性略低于表达维度

语用教学策略对大学生英语语用能力不同维度的影响作用存在显著差异，其中语用教学策略对理解维度语用能力水平提升的显著性略低于表达维度。第一，在交际意图等级方面，实验班研究对象的理解维度语用能力等级提升速度更快，但表达维度语用能力等级提升幅度更大。其中读维度交际意图等级提升幅度小于其他维度，从3级初中水平提升至4级高中水平，而听、说、写维度等级均从3级初中水平提升至接近5级非英语专业大学水平。这说明读维度的交际意图等级提升难度较大。第二，在语言形式正确性方面，读维度从勉强达到提升至接近达到程度，而听、说、写语言形式正确性达成度从接近或勉强达到提升至基本达到程度。实验班研究对象也认为语用表达能力正确性提升高于读维度语用理解能力。第三，在交际效果有效性方面，读维度交际效果有效性提升幅度小于其他维度，从勉强达到提升至接近基本达到，而其他各维度从接近勉强达到提升至基本达到程度。此外，对提高阶段的 4~6 级有效理解与表达维度语用能力来说，语用教学策略提升作用不显著，这反映出随着等级逐渐提升，得体交际难度逐步增大。可见，对实验班研究对象语用能力及其各维度来说，交际意图等级性、语言形式正确性、交际效果有效性水平提升存在显著差异，支持研究假设 2，可得出结论：语用教学策略对大学生英语语用能力不同维度的影响作用存在显著差异，读维度语用能力水平提升幅度显著低于其他维度。

三、输出与组合类语用教学策略对语用能力培养的影响作用较大

不同类别语用教学策略对大学生英语语用能力水平提升的影响作用存在显著差异，其中输出与组合类语用教学策略对语用能力水平提升作用较大。第一，语用知识输入教学策略、语用意识强化教学策略、语用理解与表达输出教学策略，对语用能力等级提升具有显著作用。但是，语用理解和表达输出教学策略对其提升影响作用大于其他两类策略。第二，讲授策略对提升语用能力水平效果显著高于归纳策略和传统的语言教学策略。第三，与单策略相比，双策略对提升非英语专业大学生语用能力水平效果更显著，其中讲授和角色扮演双策略的教学效果最好。第四，多策略教学效果优于双策略和单策略，其中多策略讲授+分析+角色扮演的教学效果最优。实验班研究对象认为输出类和组合策略的实施效果更好。可见，不同类别语用教学策略实施效果存在显著差异，支持研究假设 3，可得出结论：不同类别语用教学策略对大学生英语语用能力水平提升影响作用存在显著差异，尤其是输出类与组合类策略的实施效果更为显著。

四、语用教学策略对语用能力水平提升与语言水平未见显著相关

语用教学策略实施效果与大学生英语语言水平不存在显著相关性。语言水平因素没有影响语用教学策略对语用能力培养的作用。第一，语用教学策略实施效果与语言水平不存在显著相关，即学习者的语用能力等级水平与其语言水平没有一一对应关系，没有影响到语用教学策略的实施效果。这一结论与我国刘建达（2012）等得出的结论基本一致。第二，语言水平与语用教学策略交互效应不显著，即语言水平高低没有影响到语用教学策略对语用能力水平的提升作用。可见，语用教学策略的实施效果与语言水平变量无关，拒绝研究假设 4，可得出结论：语用教学策略对不同语言水平的大学生英语语用能力水平提升作用没有显著差异。

综合上述四个研究结论可见，语用教学策略对各种语言水平的大学生的语用能力水平提升均具有显著作用，在听、说和写方面，语用能力交际意图等级性、语言形式正确性和交际效果有效性的提升幅度显著大于读维度语用理解能力的提升幅度。此外，输出与组合类策略对语用能力培养效果更好。实验检验结论验证了语用教学策略理论研究对大学生英语语用能力培养具有有效性，可以解决个案学校大学英语语用教学中存在的问题，即在语用教学策略干预下，大学生英语语用能力等级得到了显著提升，从平均接近 3 级初中水平提升至接近 5 级非英语专业大学水平，基本实现了大学英语语用教学目标。

第八章 大学英语语用教学策略研究建议

本实验研究得出的结论对语用教学策略理论研究进行了验证，同时也对大学英语语用教学发展落后的问题作出了回应。本研究验证了大学生英语语用能力同样具有可教性，同时也得出了语用教学策略对大学生英语语用能力培养具有显著性和差异性的结论，验证了语言水平与语用教学策略实施效果间不具有主效应及交互效应。为语用能力培养的语用教学策略研究提供了理论基础和经验借鉴。基于量化与质化的数据整合分析，从改革意识、教学理念与教学模式维度，本研究对宏观层面研究建议进行了概括；从目标指向、内容指向、媒介选择、评价导向、效果达成维度，本研究对微观层面语用教学策略研究建议进行了总结。语用教学策略从宏观层面的顶层设计到微观层面的具体落实共同作用于语用能力培养的全过程。具体语用教学策略研究建议的逻辑关系如下（见图 8-1）。

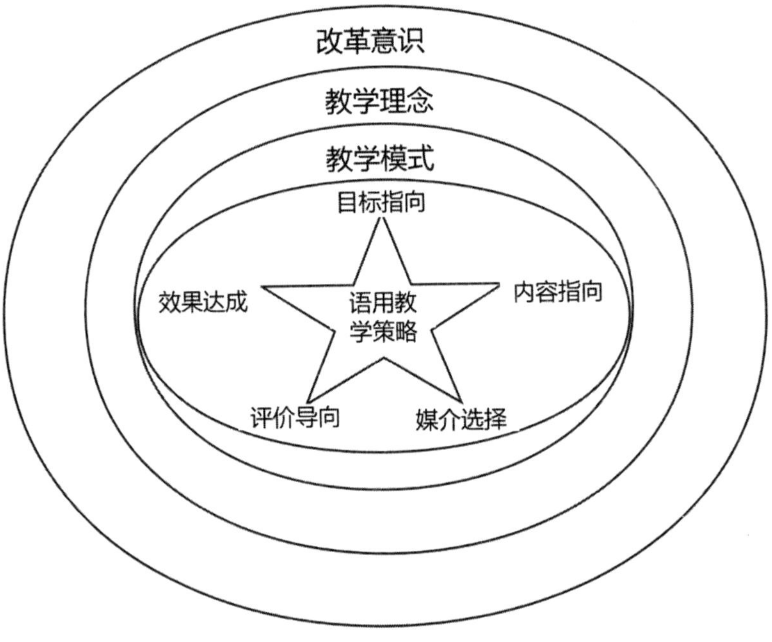

图 8-1 语用教学策略研究建议逻辑关系示意图

第一节 宏观层面研究建议

宏观层面上，语用教学策略研究建议是对语用教学策略的顶层设计，主要指向教学意识、理念、模式的语用转化，从宏观层面引领语用化大学英语教学策略改革，通过转变人才培养意识来深化外语教学改革，通过坚持语用导向的教学理念来强化语用能力培养，通过建构输出导向的教学模式来实现语用教学策略的整合。

一、改革意识：通过语用教学策略转变人才培养意识

改革传统的语言教学策略，以语用教学策略开展大学英语教学，是对我国当前指向语用能力培养的外语能力测试评价体系改革的现实回应，通过语用教学策略干预课堂教学，不仅有效提升了大学生语用能力等级水平，而且转变了人才培养意识，重新定位了具备得体交际语用能力的复合型人才培养意识，推动了外语教学深化改革。

研究者对语用教学策略单元设计进行了理论研究及实践检验，通过语用教学策略实施效果的量化与质化数据检验，证明了基于课文主题的语用教学策略单元设计对促进大学生英语语用能力培养目标的达成有积极作用。通过语用教学策略单元设计，使教学目标、内容、教学活动、教学媒介、教学评价等教学环节紧紧围绕在语用能力培养核心点上，提升了语用教学策略的针对性。语用教学策略设计有其具体的流程，是依据教学目标，在一定的教学理论引领下选择教学策略，确定教学方法，确定教学任务、教学资源和教学媒体等。以《创新版大学英语综合教程1》中第1单元主题为例，逐步解析基于单元主题的语用教学策略设计流程及其内容（见表8-1）。

表8-1 大学英语语用教学策略单元设计示例

单元标题	Unit 1 College Dorm Life
语用教学目标	语用能力5级：能在较为正式场合，用简单的话语表达协商，能在较为正式的场合理解并得体地表达感谢，依据不同社交场合理解并表达遗憾或惋惜
语用教学内容	分析语境特征，根据语场、语旨和语式分析，确定话语语体、交际意图和表达形式，分析得体礼貌的委婉表达和社会文化知识
语用教学策略	讲授语用教学策略：讲授语用文化知识策略（A） 归纳语用教学策略：合作归纳交际用语（B） 分析语用教学策略：笔试试题基于语境进行意义明示-推理分析（D） 创设情境输出语用教学策略：基于不同社交语境创设互动的主题观点理解与表达输出任务视频录制策略（E）

续表

单元标题	Unit 1 College Dorm Life
语用交际活动	交际体验：关于大学校园生活：要求每组成员录制有关大学校园生活的对话，A是大二学生，B的大一新生，二人是老乡，在操场锻炼时遇见，互相问候，介绍，谈论大学校园生活，A给B提供更好适应大学生活的建议，致谢，邀请再次见面，告别。对话不少于1分钟；并录制交际视频上传UMU平台。（语用能力等级1~5级）
教学资源	“大学英语语用教学讲义”第14讲 “大学生英语语用能力测试题”第3套第26题至30题
教学媒介	UMU互动平台、学习通在线平台、腾讯会议、问卷星平台、微信平台等
语用教学作业	谈论对网络授课的看法：A与B是很久未见的高中校友，由于疫情原因，各校均采用网络授课方式开展日常教学，两人通过微信视频方式交流，其中至少要包括下列交际意图：互相问候（1级），简单的祝福（2级），谈论各校开展网课情况及各自对网络授课的看法（4级），表达遗憾（5级）或者质疑（6级），给出理由提供更好进行网络学习的建议（3级），致谢（1级），邀请再次见面（3级），告别（1级）。对话不少于1分钟，录制交际视频

第一，确定单元的语用教学目标。运用语用能力等级测评工具测量学生的语用能力等级水平，了解其语用能力发展现状，包括基于单元主题的语用知识掌握程度、语用意识发展程度、语用理解与表达行为输出程度，然后有针对性地确定该单元的语用教学目标。测试结果表明，学生的语用能力综合等级为4级高中水平，尚未达到5级大学水平。因此，本单元语用教学目标是语用能力5级培养目标。第二，明确描述语用能力等级培养目标的具体内容及应达到什么标准等。通过单元语用教学，使学生能在较为正式场合用简单的话语表达协商，能在较为正式的场合理解并得体地表达感谢，依据不同社交场合理解并表达遗憾或惋惜。第三，确定单元的语用教学内容。基于语用能力等级培养目标，选择适切的语用知识，具体包括功能知识和社会语言知识。例如：分析语境特征，根据语场、语旨和语式分析，确定话语语体、交际意图和表达形式，分析得体礼貌的委婉表达和社会文化知识。第四，选择单元的语用教学策略。基于该单元的语用教学内容。例如：选择讲授语用教学策略（A）讲解语用理论知识等；选择分析语用教学策略（D）培养学生对于语境特征的识别能力，进而强化语用意识；选择归纳语用教学策略（B）指导学生合作归纳交际用语；选择创设情境互动输出类语用教学策略（E），结合第一单元主题创设英语角情境，由学生分角色谈论校园生活等。第五，设计单元的语用教学活动。在创设情境交际活动时，教师应明确交际双方的身份、交际意图及具体任务要求。在该单元的交际体验活动设计中，教师明确给出如下信息：交际双方身份是二年级学生和新生，两人关系是同乡；谈论内容是大学校园生活；交

际情境是在操场锻炼时遇见；交际意图包括互相问候、介绍、谈论大学校园生活、建议、致谢、邀请、告别；任务时长是对话不少于1分钟；任务上传提交方式是录制交际视频，上传至UMU平台。该交际活动的功能涵盖了1~5级语用能力等级，体现出了互动的、系列的交际任务活动特征。第六，选择单元的语用教学资源。从“大学英语语用教学讲义”第14讲和“大学生英语语用能力测试题”第3套中，教师选择了语用教学资源来支撑单元的语用教学任务。第七，选择单元的语用教学媒介与手段。鉴于该单元教学处于新冠疫情期间，教师更多地选择在线教学媒介与手段辅助教学。例如：利用UMU互动学习平台、学习通在线平台、腾讯会议、问卷星平台、微信平台等媒介和通信手段开展教学，上传学习资源与学生交际输出音视频数据、开展语用测试等。第八，布置单元的语用教学作业。教师结合单元主题设计包括1~6级语用能力等级要求的语用输出任务，根据交际任务创设动态交际情境提出交际要求，通过课后语用输出训练，使学生巩固课内所学的教学内容，实现语用知识的迁移。

从上述语用教学策略单元设计示例可见，语用教学策略选择与实施的情境创设与传统语言教学策略有一定区别。首先，语用教学策略设计的语境具有动态性特征。语用教学策略的语境是由一系列交际任务组成，包括不同语用能力等级交际意图，强调分析语境特征与交际的得体性，体现出真实交际的协商性。而传统的语言教学策略的语境更多体现出静态性特征，关注文本语境，欠缺语境识别与交际意图的连续性，对交际得体性强调不够。其次，语用教学策略设计的交际任务或活动设计具有等级递进性，依据语用能力教学目标与语用能力等级要求设计交际活动，突出了语用能力培养目标与教材语篇内容的有机结合，使教学内容与学生的学习、生活、未来工作紧密结合，解决了过去外语教学中学用脱节的问题，体现出我国深化外语能力测评改革的语用导向，也反映出语言能力的动态认知特征。

二、教学理念：坚持语用导向理念强化语用能力培养

深化外语能力测评改革为我国外语教学与评价提供了统一的标准，明确了外语教学与评价的语用转向路径，通过制定与颁布《中国英语能力等级量表》，解决了不同等级外语教学教什么和测什么的问题。在新的语言能力标准指引下，我国的外语教学理念也需随之改变。因此，从学校、教师和学生层面，均应秉持语用导向教学理念，强化运用语言得体完成交际意图的语用能力培养目标。

（一）学校教学管理层树立语用教学观念，强化语用教学策略语用目标引领

传统的语言观注重语言规范性，重视书面语而轻视口头语，认为语言学习就是规则学习。认知语言观强调通过人的感知、体验参与语言学习，突出认知在语言运用和

理解中的重要作用。基于不同的语言观，不同教师形成不同的语言教学观，反映出不同教师对语言教学活动的本质和过程的观点与态度。行为主义语言教学观认为语言教学是行为，即语言可以通过直接地操练、模仿和传授习得。认知理论教学观认为语言教学是思维，教学话语行为及活动行为是在教师思维控制下作出计划和决策。建构主义和解释主义语言教学观认为，语言教学行为是教师对特定教学环境和个人经验的理解与解释而决策的，受教师知识与信念支配。传统教学理念认为掌握了英语知识和英语技能，交际能力就自然习得。因此，传统的语言教学观将掌握静态知识作为语言教学重点，认为语言技能为知识服务，是巩固和检验知识的手段，这是脱离语境化的知识传授和技能训练，体现出行为主义的教学理念，并未指向真实语境下语言的真实运用能力的培养目标。

语用导向的语言观认为，语言是人类交际工具和文化载体，语言教学的重要任务之一是培养学生正确地、得体地运用语言进行交际的能力，即语用能力。语用能力是具备交际能力的重要指标，具有互动性、情境性与得体性特征。因此，影响交际是否成功的因素不仅是语言知识、语言技能，更主要的是语境因素。基于语境的语言形式才具有特定意义，体现特定的交际意图。可见，真实而得体地使用语言才是英语教学的主要目标和任务。作为大学英语教学指导思想的制定者，学校各级教学管理层应转变传统的教学理念，以语用导向教学理念指导大学英语教学，从教学与评价维度进行干预，突出得体交际教学目标与结果评价引领作用，用语用导向教学理念引领大学英语教学实现语用转向，从用出发，采用语用教学策略干预，提高大学英语的教学质量。

（二）大学英语教师应秉持语用教学理念，通过语用教学策略落实培养目标

首先，教师应该秉持“积极语用教育观”采用语用教学策略开展大学英语教学，落实得体交际语用能力培养目标。从语用视角，重新建构交际能力培养的结构体系，将“听、读、看”归于输入性语用，“说、写、评”归于输出性语用。“积极语用教育观”突出“表达本位”，重思考、重表达、重评论，接受是为了表达。21世纪注重“表达为本、输入是为输出服务、输入的终端在输出”，主张基于语境，“用”语言去独立、自主地表达，从静态的语言观转向了动态的语用观。[①]《欧洲语言共同参考框架：学习、教学、评估》提出了面向行动的外语教学理念，其核心思想为语言“交际和学习将通过完成任务来实现”[②]。任务型学习重视切实的交际需求，关注表达的内容和功能。在“积极语用教育观”和“面向行动的教学法”统领下，重新审视大学英语教学目标、教

---

① 潘涌：《积极语用教育观对“听说读写”论的超越》，《课程•教材•教法》2014年第10期。

② 欧洲理事会文化合作教育委员会编《欧洲语言共同参考框架：学习、教学、评估》，刘骏、傅荣等译，外语教学与研究出版社，2008，第15页。

学内容、教学活动设计和教学评价环节，建构语用导向下的课程教学理念指导教学实践。

其次，教师应该明确语用教学策略的目标指向，使其具体化。教学目标是教学要达到的预期结果，表明通过教学使学生发生何种变化。教学目标具有十分重要的作用，引领着整个教学环节。语用教学目标是通过语用教学策略干预教学，以达到所预期的交际能力发展程度。在语用教学目标引领下，教师分析教学内容、设计一系列交际行为活动、加强语用评价与反馈，指向最终的语用能力培养目标。因此，语用教学目标描述要明确具体，应规定预期达到的语用能力等级，描述其能力要求，说明具体语境、语言形式要求、交际意图等。以语用能力 5~6 级培养目标为例，教师需要明确：对应该等级范围的交际情境较为正式；语言形式突出简单话语表达形式；交际意图包括协商、感谢、遗憾或惋惜等；交际标准是具有得体性。

再次，语用教学策略传递的教学内容要指向目标。外语教学环境中，学习者语用知识输入的主要来源是英语课堂教学，作为教学内容载体的教材势必承载着语用知识输入的重任。现行的大学英语教材中虽融入了多元文化知识内容，但缺乏指向真实性与互动性，也缺少针对语境识别能力培养的互动性练习。因此，教师应加强语用学理论与原则输入。语用学理论与语用原则，在大学生言语行为交际中起到重要作用。通过言语行为理论知识学习，学生可以掌握适切交际的原则性、策略性知识，掌握不同语体和文体的特点，了解语言意义表达和推理的过程，关注文字之下传递出的真实含义，体会语言交际的协商过程。此外，进行问候、感谢、简单请求、致歉、赞同、祝福、简单邀请、委婉请求、礼貌交谈、得体拒绝、观点表达等，教师应体现出语用知识的等级性，使学生逐步认清语言学习的本质，即从简单直接表达到间接、委婉表达，再到运用修辞、适切得体交际；从只关注语言形式向关注语言深层的文化、思维、价值观转化；从突出单一语言要素，向突出语言、文化、社会、政治、经济等多元因素共同制约的综合要素转化。

（三）大学生应着眼于实践应用，通过语用意识教学策略实现语用培养目标

通过访谈和调查发现，个案学校语用教学目标不明确、导向不突出，语用教学不充分。大学生英语语用能力普遍较低与学校教学管理者及英语教师缺乏语用教学意识有直接关系。对于普通高校来讲，通过大学英语四级笔试考试是英语教学的重要目标。在应试导向下，语法、单词和句子等基本要素方面的知识传授一直占据课堂教学的重要位置，这导致了学生在课堂上缺少基于情境的真实交际机会。此外，大学生尚不明确未来职业或者生活对英语交际的需求，这也导致了学生对语用意识培养的重视度不

够，即对语言形式与语言功能的敏感性与意识性不强[①]。由于缺少与目标语文化接触的机会，在真实语境下灵活而得体交际就成了我国大学生难以逾越的障碍。因此，大学生应该着眼于语言的实践应用，调整其英语学习目标，认识到“培养语用能力需要从提高语用意识入手”[②]，意识程度高低影响着能力水平的发展，值得在语用能力习得中给予更多的重视。

三、教学模式：采用输出导向模式突出语用策略整合

语用导向教学理念指向了得体交际语用能力培养目标。二语习得理论重视语言输入，“没有输入，语言学习就不会发生”[③]。20世纪70年代，Krashen, S. D.主张足够量的语言输入就可以促成语言学习及语言能力培养，这就是“输入假设”[④]。20世纪80年代中期，Swain认为学习者必须有机会使用语言，[⑤]即通过培养二语学习者的语言产出能力来促进二语习得。美国心理学家Thorndike, E. L.提出进步的外在条件之一是练习，内在心理条件是令人满意的联结。[⑥]Schmidt认为被学习者注意到且被理解和融合后的输入才能被吸收，[⑦]还指出“人们必须同时注意话语的语言形式和与之相关的社会语境特征”[⑧]，才能掌握语用能力。只接触目的语是不够的，还要关注输入形式，使其与功能结合起来，尤其是关注形式与意义和功能的匹配。[⑨]20世纪90年代，语言教学流程以语言输入为起点，然后对输入信息进行分析并基于语境对语言进行处理，最终输出语言。21世纪以来，外语教学突出了交际能力培养目标，强调了语言输出的重要性。文秋芳（2015）提出了“产出导向法”，将教学流程调整为以产出为始点，然后接受

---

① 何周春、龚彦知：《中国英语学习者的语言意识发展研究——以语用意识与语法意识为视角》，《现代外语》2013年第8期。

② 杨小龙：《中学英语教学中的语用意识培养》，《中国教育学刊》2010年第11期。

③ Ellis, R., *Second Language Acquisition* (Shanghai: Shanghai Foreign Language Education Press, 2000), p.5.

④ 李泮池：《浅析克拉申的第二语言习得理论》，《国际关系学院学报》2009年第5期。

⑤ 陈斌蓉、彭金定：《论弱接口说与中国学生英语语用能力的培养》，《中国外语》2008年第4期。

⑥ 爱德华·桑代克：《教育心理学简编》，张奇译校，中国人民大学出版社，2015，第150–155页。

⑦ 卢加伟：《认知框架下的课堂语用教学对学习者二语语用能力发展的作用》，《解放军外国语学院学报》2013年第1期。

⑧ Schmidt, R., Attention in *Cognition and Second Language Instruction,* ed. Robinson, P., (New York: Cambridge University Press, 2001), p.30.

⑨ 杨春红、刘萍：《显性语用课堂教学实验研究报告》，《重庆文理学院学报（社会科学版）》2008年第1期。

基于输出进行输入，接着再产出，这种输入具有功能导向性，为输出服务。[①]

基于二语习得输入、输出、注意假设、互动假设和我国本地化“产出导向法”理论研究，研究者将 Bialystock, E.“双维模式”中的知识分析和过程控制嵌入二语习得路径并加以逆转，构建以基于语境的输出为导向的大学英语语用教学模式（见图 8-2）。

如图 8-2 所示，在第一轮语用输出环节，以语境为出发点、以交际任务为依托、以输出为导向，在目标输出任务驱动下，刺激输出需求，形成输出 1。尽管输出 1 会不够准确和恰当，但可以使教师和学生了解学习者对于交际任务能完成的程度，为语用教学目标确定、内容选择、策略设计等环节提供依据。在第二轮语用输出环节，学习者基于语用输出 1 出现的问题进行反思 1，分析语境特征、语言形式、交际意图，自行找到可行方案，直接进入语用输出 2。若无法找到解决方案，教师需要帮助学习者进行语境分析、语用知识输入 1，学习者基于交际任务的语用输入 1 进行语用输出 2。两种语用输出 2 的语用特征均高于语用输出 1。语用输出 1 和语用输出 2，可以在课堂教学中通过输出实现语用知识内化和再内化，促使知识向技能转化。第三轮语用输出环节是课外作业环节，对课内知识的再应用过程。学习者基于语用输出 2 进行反思 2，对交际任务 2 进行语境分析，基于分析结果进行语用输入 2，基于语用输入 2 进行语用输出 3，交际任务 2 与交际任务 1 具有相似性，在类似的语境下创设新的交际任务，含有同等级别的语用能力交际意图，是对语用知识的创新应用，指向知识迁移能力培养。结合语境对已有知识进行分析，进行过程控制，依据语境寻找目标信息沟，结合语境有目的地进行输入、反思，到真实语境中输出检验。具体语用教学模式分解如下（见图 8-2）。

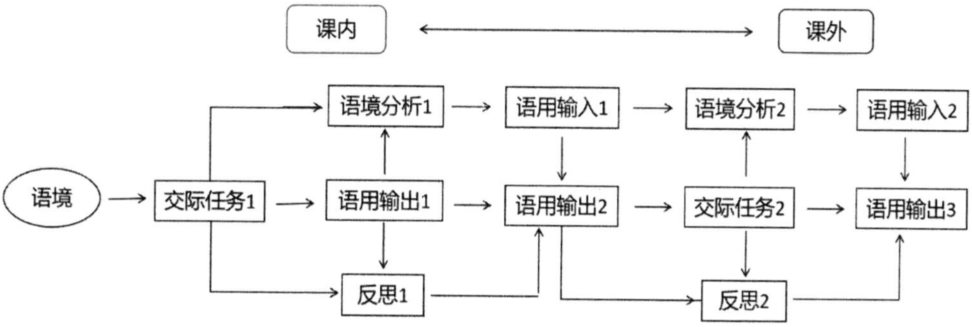

图 8-2 输出导向语用教学模式图

从输出导向语用教学模式图可见，语用教学模式突出了语境对得体交际的引领与限制作用，同时突出了交际任务的联动及课内与课外语用教学策略实施方式的联动。

① 文秋芳：《构建“产出导向法”理论体系》，《外语教学与研究》2015 年第 4 期。

在输出导向下，将语用理解与表达输出教学策略、语用意识强化教学策略、语用知识输入教学策略有机结合，通过语用隐性知识与显性知识的不断转化，实现语用知识、语用意识向语用理解与表达能力转化，进而提升语用教学效果。

第二节 微观层面研究建议

微观层面上的研究建议指向具体语用教学策略设计与实施，通过完善语用教学策略单元教学设计，强化大学生英语语用能力培养。语用教学策略单元设计要突出语用教学策略指向与导向维度，突出语用能力等级要求的引领作用，加强对大学生语境分析能力培养，通过依托多种媒介和多元评价方式，全面提升语用教学策略效果达成，促进大学生的全面发展。

一、目标指向：加强策略单元设计强调语用等级目标

语用教学策略转变了传统语言教学策略的目标指向，从知识与技能目标向得体交际目标转向。为了体现出语用教学策略的目标指向，教师需要加强语用教学策略的单元设计，结合每单元的语篇主题来设计语用教学策略，明确语用教学策略的目标指向，从知识、意识、理解与表达等语用教学目标出发，整合语用教学策略，达成语用教学目标。语言学习不只意味着知识的学习，更是一种综合能力的培养。从静态知识到动态能力的转化离不开输入、内化和输出活动。语用教学策略实验研究证实了整合类语用教学策略对于语用能力综合等级水平提升具有显著作用。第一，将知识、意识和输出策略进行整合，如讲授、分析、角色扮演策略组合，有助于学生理解语用知识，识别语境特征，在实践中运用语用知识，最终提升学生理解与表达交际意图的能力。外语环境下，英语语用知识、语用意识、语用理解与表达不可分割，相互作用。因此，发挥不同策略优势有助于获得更好的语用教学效果。尤其是有针对性地运用语用教学策略，充分发挥讲授、分析与基于情境的输出可以促进语用知识和语用意识转化为语用理解和表达能力。第二，教学策略的整合性特征还体现在语用能力子维度培养目标上，如对指向听力语用理解能力、阅读语用理解能力、口头语用表达能力和书面语用表达能力培养的语用教学策略的整合，充分体现出听、说、读、写多种语言技能的培养目标。对视频观看+口头表达策略进行整合，有助于从听与说维度提升学生真实情境下理解和表达交际意图的能力；对阅读观点进行口头和书面表达策略整合了读、说、写维度，实现多维度语用能力培养目标。整合性语用教学策略关注多维度语用能力培

养，有助于实现对同一主题的深度理解和灵活输出能力培养。

二、内容指向：突出语境线索分析提升语用推理能力

语用教学策略是为了完成一定的语用教学内容而选择的适切教学策略。因此，从语用教学策略的内容指向来看，语用教学策略针对的教学内容具有一定的语用特征。通过本研究得出的结论可见，理解维度语用能力虽然得到了显著提升，但是提升幅度小于表达维度，尚未达到5级非英语专业大学生水平。因此，在教学内容上，教师需要突出语用理解能力的培养。关联理论认为语言表达传递的意图受到语境因素制约，需要分析语境因素才能明确表达形式具体的含义。语言表达形式的字面含义是信息意图，而且非字面含义为交际意图。从语用信息的认知推理视角，交际中理解过程是意义明示与推理过程。在该理论指导下，交际者需要从交际中提取语境线索，实现有效交际。语用理解能力培养，需要采用语用意识强化教学策略，在真实语境下采用识别、分析、辨别、比较等方法来识别真实交际意图，因为明示信息并不一定都以直接言语行为方式表达意图，这需要交际者根据语境选择最为适切的方式进行交际。在语用学语用理论与原则引领下，教师可以采用语用知识输入教学策略，输入礼貌原则、面子理论、间接言语行为等知识，提升学生正确理解交际意图的能力。此外，在采用何种言语行为表达交际意图时，教师应引导学生分析语境，并使其了解如何使交际对方能够推理出交际意图，即在表达意图时，提供必要的语境线索以明示自己的交际意图。通过基于语境识别与分析的语用意识强化教学策略，教师可以指向理解维度语用能力培养目标，提升语用推理与理解能力的教学质量。

三、媒介选择：依托多元线上媒介拓展策略实施空间

选择语用教学策略方法、活动时，离不开一定的教学媒介。因此，在语用教学策略设计时，要对语用教学媒介进行选择，这对提升语用教学策略实施效果有重要作用。对于传统的大学英语课堂教学来说，难以实现得体交际能力培养的因素之一是大学英语授课是大班授课方式。基于繁重的大学英语四级教学任务要求，面对英语语言基础较为薄弱的教学对象，仅靠传统的大班授课教学方式，难以让全体同学均有效地参与到真实的交际活动中去，同时难以实现对学生交际过程的监控与评价。因此，有效的语用教学策略设计应充分考虑多媒体、网络软件、网络平台、互动学习平台等，充分发挥线上教学媒介的优势，实现线上+线下混合教学模式。在线上教学媒介的技术支持下，教师可以为学生的交际互动构建真实的语言环境，提高学生在语用教学中的参与率。线上教学媒介具有很多优势，更适合于开展大学英语语用教学。第一，线上教学媒介更灵活方便，不受地域限制。通过电脑和手机就可以轻松开展语用教学活动，这

也是新冠疫情期间的主要教学媒介。例如：利用问卷星平台制作语用测量工具，实现随时发放、回收、批阅，这可使教师及时了解学生的学情。第二，线上教学资源丰富，学生可以自行选择教学视频、英文视听资源补充语用教学资源，解决教学资源不足的问题，增强学生对真实交际的感知意识。例如：研究者利用微信公众号建构了英语语用能力教学与测试平台，为学生提供了丰富的语用学习资源，其中包括语用知识讲解、语用能力测试题、真实交际的影视视频等，丰富了学生自主学习资源，增加了学生学习知识的途径。

四、评价导向：开展多元语用评价发挥策略导向作用

语用教学策略评价导向在采用多元灵活运用语用评价方式中起调节作用，能促使学生语用能力水平提升，达到大学英语语用教学目标。在语用教学设计时，教师需要关注语用教学目标是否达成，有效发挥语用教学评价的导学与促学作用。本研究采用了研究者“大学英语语用能力评价模型”，从自评、口试他评、笔试他评三个维度对语用能力水平进行综合评定，并通过调整三个维度的权重系数实现不同维度评价导向。第一，采用语用自评方式，可以充分发挥学习者自我监控意识，通过自评使学习者更加清晰了解要掌握的语用知识、交际策略是什么，有针对性地进行语用输入；第二，笔试检测了书面语用理解与表达能力水平，口试检测了口头语用能力水平，两者作为语言交际的主要信道，缺一不可，不可替代；第三，主客观评价方式的结合更真实地反映出被试的综合语用能力水平，更加科学有效。可见，多元化评价方式可以起到调节作用，通过每个测试维度的权重系数来调节教学关注点，发挥语用评价的导学促学作用。语用能力导向的评价方式，有助于引导学生培养“学以致用”的语用意识，发挥评价的反拨作用，使语言教学、运用与考核有机结合，循环反复，构成一个有机连续体，实现课程的语用教学目标。

五、效果达成：借助语用能力提升促进学生全面发展

在不同教学理念引领下，大学英语教师的课程教学观点也不同。狭隘的课程教学理念仅仅将课程教学看作是学科知识的教学。通过语用教学策略实验研究可见，语用导向下的英语课程教学不仅是知识传递和技能形成的过程，也是价值观形成的过程，还是个人综合素养全面发展的过程。语用教学策略实验研究还发现，语用教学策略对非英语专业大学生的综合能力培养有促进作用。研究者在语用教学策略实施效果调查与访谈中发现，在实施语用教学过程中，实验班研究对象的综合能力也得到了提升。运用 NVIVO 12 软件对语用教学策略实施效果调查和访谈包括语言能力与综合素养。其中，语言能力包括基础知识、基本技能、应试能力；综合素养包括学习兴趣、学习能力、

学习意识。研究对象认为，语用教学策略不仅使其更好地掌握了词汇、语法规则，还提升了其语音、语调及书写的正确性，而且分析能力也得到了提升。此外，实验班研究对象还指出，语用教学策略使他们对英语学习有了新的认识，体会到语言使用才是语言学习的关键能力，对英语学习的兴趣得到了提升；自主学习意识与学习能力均有所改善，在课后自己会主动观看英语影视剧，会利用学习软件拓展学习；对未来专业发展中，需要培养哪些英语能力也有了清晰的认识。可见，指向语用能力培养的语用教学策略具有综合能力培养的引领作用，可以促进学习者终身学习能力培养及个人综合素养的全面发展，改善了复合型人才外语学习意识，提升了非英语专业大学生理解与交流中外语言及文化的得体性，基本实现了外语学科教学目标与育人目标，回应了立德树人的根本任务。

第九章 大学英语语用教学策略研究不足与展望

语用教学策略指向语用能力培养目标，强调语言运用，反映出语言学习的核心宗旨。随着各国对语用能力培养的深入研究与关注，外语教学实现语用转向是当今世界的普遍共识，也必然成为我国外语教学的发展方向。《中国英语能力等级量表》对语用能力等级量表开展了研究，反映出我国外语教学与测试的语用导向。作为外语学习的重要渠道，教师应积极思考如何高效利用有限的课堂教学时间，最大限度地发挥语用教学策略对语用能力的培养的引领作用。本研究以个案研究和混合研究为取向，对大学英语语用教学策略进行了理论与实验研究，得到了语用教学策略具有显著提升大学生英语语用能力等级水平的结论。但是，本研究也存在一些研究局限性，未来可针对本次研究中存在的不足，进一步深入开展研究。

第一节 实验对象选取方面不足与展望

本研究在实验对象选取方面还存在一定的局限性。本次实验研究的对象是个案学校动画和产品设计专业的大学生，有其专业特性，虽然实验对象涵盖个案学校三个英语水平的研究对象，具有一定的代表性，但其多数研究对象处于研究总体的中等和下等水平，未包括英语高考成绩在120分以上的研究对象、其他专业类别的研究对象等。因此，研究者需要进一步开展语用教学策略研究，验证语用教学策略对其他类别上的研究对象的语用能力培养的有效性。例如：大学英语语用教学策略是否对高考成绩在120分以上的研究对象提升其语用能力等级有显著作用；大学英语语用教学策略是否对其他专业大学生提升其语用能力等级有显著作用，具体包括理科专业大学生、社体专业大学生、语言基础较好的文科类其他专业大学生、英语专业大学生等；大学英语语用教学策略是否对研究生提升其语用能力等级有显著作用。针对不同类别的研究对象开展语用教学策略实验研究，这样可以进一步检验本研究的研究结论，增加研究的广度和深度，提高本研究的信效度。

第二节 实验因变量方面不足与展望

本研究在实验因变量方面存在局限性。个案学校大学生英语语言基础较为薄弱，大学英语教材在篇章体裁选取方面以记叙文和议论文为主。这些局限导致研究者难以在有限的研究时间里同时对口语体和书面体语用能力培养开展研究。因此，本研究仅以话语的交际意图理解和表达语用能力为因变量，开展了语用教学策略理论与实验研究，未涉及信函中作者交际意图的理解与表达语用能力研究。鉴于此，在后续研究中，研究者可以书面语用能力为因变量开展后续研究，从书面维度提升大学生英语语用能力等级水平，提升其在未来职场与生活中的适应能力。

结　语

为了贯彻落实立德树人根本任务，满足多样化高素质人才的培养需求，我国颁布了《关于深化考试招生制度改革的实施意见》，提出了加强外语能力测评体系改革的任务要求，旨在通过制定国家统一的外语能力等级量表，为外语教学与测评提供标准，引导外语教学与测评改革实现语用转向，实现英语学习者的交际能力培养目标。回应外语教学与测试改革的语用转向要求，回归大学英语语用能力教学目标的本质，反思大学生语用能力较为薄弱的现状，本研究选择普通省属本科院校的大学生为研究对象，以语用教学策略为实现大学生英语语用能力培养目标的有效途径，基于对个案学校大学英语语用教学策略中存在的问题及其原因分析，对语用教学策略开展了理论与实验研究，探究“怎样教”“教得怎样”的问题。从理论层面，本研究探究了哪些语用教学策略能提升大学生的英语语用能力，如何对其进行分类、选择、实施与评价；从实践层面，本研究检验了指向大学生英语语用能力培养的语用教学策略的实施效果如何。经过质化与量化研究统计分析后，得出了研究结论、建议、不足与展望。

基于《中国英语能力等级量表》，本研究确定了语用教学策略目标指向与等级指向；基于社会文化理论的二语语用教学观，选择了宏观与微观语用教学策略；基于语言学家 Stern 的语言教学策略理论研究，确定了语用教学策略的具体方法与组成要素；基于 SECI 隐性知识与显性知识转化的策略模型，确定了语用教学策略任务与活动类型。首先，从语用教学目标与语用能力等级维度，确定了三类语用教学策略：语用知识输入教学策略、语用意识强化教学策略、语用理解与表达输出教学策略。其次，确定按照语用教学目标、宏观语用教学策略、微观语用教学策略、语用教学活动的流程，制定语用教学策略设计流程。再次，按照知识输入、意识强化、行为输出、表现评价等过程，逐步实施语用教学策略的单元设计。最后，依据语用导向、语用指向、学生指向、灵活性、多样性、多元性原则，对语用教学策略单元设计进行评价。

为了验证语用教学策略理论研究成果的有效性，本研究提出了四个研究假设，分别是：语用教学策略对大学生英语语用能力水平提升有显著作用；语用教学策略对大学生英语语用能力不同维度的影响作用存在显著差异；不同语用教学策略对大学生英语语用能力水平影响作用存在显著差异；语用教学策略实施效果与大学生英语语言水平显著相关。针对研究假设，本研究选择了不等组前后测的实验设计模型，采用实验法对语用教学策略的实施效果进行了检验，运用调查法、访谈法、文本分析法、测量法、课堂观察法收集语用教学策略的实施效果的相关数据，并运用 SPSS 25 和 NVIVO 12 分析软件对数据进行了量化统计分析与质化分析，对研究假设进行了验证。实验检验结果显示：第一，语用能力等级得到了显著提升，从接近 3 级初中水平提升至接近 5 级大学水平，正确性与有效性均从勉强达到提升至基本达到。随着等级提升，实验班研究对象的交际意图数量均有所增加，得体交际意识和达成度得到了提升，语言形式错误数量与类型均有减少，口头有效交际的信心得到了提升。第二，对读维度语用能力影响作用显著小于其他维度，其等级仅从 3 级初中水平提升至 4 级高中水平。第三，与语用知识输入策略与语用意识强化策略相比，语用理解与表达输出教学策略对因变量影响作用更为显著。第四，在不同具体策略对比中，组合策略实施效果优于单策略，讲授+分析+角色扮演策略组合、讲授+角色扮演策略与讲授策略实施效果均优于对比策略及组合。第五，各种语言水平实验对象的语用能力水平均得到了显著提升。可见，语用教学策略实验研究验证了研究假设 1~3，拒绝了研究假设 4，印证了语用教学策略对语用能力培养的有效性和差异性，以及与语言水平的无关性。

经过三年的语用教学策略研究，得到如下研究结论。在理论研究结论方面，第一，基于理论基础确定语用教学策略分类与设计依据；第二，基于语用教学目标与语用能力等级划分语用教学策略；第三，基于理论基础确定语用教学策略设计的选择、实施与评价。在实验研究结论方面，第一，语用教学策略具有显著提升非英语专业大学生语用能力作用；第二，语用教学策略对理解维度语用能力水平提升略低于表达维度；第三，输出与组合类语用教学策略对语用能力培养的影响作用较大；第四，语用教学策略对语用能力水平提升与语言水平未见显著相关。

经过具体的实验检验过程，本研究总结了如下建议。在宏观层面，第一，在改革意识方面，通过语用教学策略转变人才培养意识；第二，在教学理念方面，坚持语用导向理念强化语用能力培养；第三，在教学模式方面，采用输出导向模式突出语用策略整合。在微观层面，第一，在策略目标指向方面，加强策略单元设计强调语用等级目标；第二，在策略内容指向方面，突出语境线索分析提升语用推理能力；第三，在策略媒介选择方面，依托多元线上媒介拓展策略实施空间；第四，在策略评价导向方面，开展多元语用评价发挥策略导向作用；第五，在策略效果达成方面，借助语用能力提升促进学生全面发展。

反思整个研究，在实验研究对象和因变量方面存在一定不足，但也有更大的研究空间。第一，针对研究对象的专业及水平局限，未来研究可扩大至高水平、其他专业及层次学生为实验对象拓展研究；第二，针对口头交际语用能力为因变量开展研究的局限，未来可延伸至书面语用能力进一步深化研究。

主要参考文献

[1] 保罗・D.埃金，等. 课堂教学策略[M].王维城，等，译.北京：教育科学出版社，1990:1.

[2] L.W.安德森，等. 学习、教学和评估的分类学 布卢姆目标分类学[M].皮连生，译.上海：华东师范大学出版社，2008:26-28.

[3] 卜杰民. 外语语用能力测试构念的研究[J]. 成都师范学院学报，2016，32(8):14-19.

[4] B.S.布卢姆. 教育目标分类学[M]. 罗黎辉，等，译.上海：华东师范大学出版社，1986:17-19.

[5] 布鲁纳. 教育过程[M]. 邵瑞珍，译. 北京：文化教育出版社，1982:69.

[6] 蔡基刚. CEFR 对我国外语教学的影响[J]. 中国大学教学，2012(6):6-10.

[7] 陈向明. 教育研究方法[M]. 北京：教育科学出版社，2013:292-294.

[8] 陈新仁. 基于社会建构论的语用能力观[J]. 外语研究，2014(6):1-7+112.

[9] 陈新仁. 新编语用学教程[M]. 北京：外语教学与研究出版社，2009:204-208.

[10] 陈新仁，等.语用学与外语教学[M]. 北京：外语教学与研究出版社，2013:48-49.

[11] 陈旭远.有效教学[M]. 北京：教育科学出版社，2016:13.

[12] 《大学英语教学大纲》修订工作组. 大学英语教学大纲[M]. 北京：高等教育出版社，1985:1.

[13] 《大学英语教学大纲》修订工作组. 大学英语教学大纲（高等学校本科用）[M].上海：外语教育出版社，1999:1.

[14] 戴炜栋，陈莉萍.影响二语语用能力发展的因素[J]. 外语与外语教学，2005(9):1-5.

[15] 董建霞. 大学生英语语用能力培养的策略[J]. 教育探索，2013(12):32-33.

[16] 甘文平. 中国大学师生英语语用能力的调查与分析——兼评《大学英语听力》教材修订版[J]. 西安外国语学院学报，2001 (1):73-76.

[17] 谷健飞. 运用 Grice 会话含义理论提高学生英语交际能力[J]. 外语与外语教学，1998(7):27-28.

[18] 韩宝成，黄永亮. 中国英语能力等级量表的研制——语用能力的界定与描述[J]. 现代外语，2018，41(1):91-100+146-147.

[19] 何少庆. 英语教学策略理论与实践运用[M]. 杭州:浙江大学出版社，2010:5-6.

[20] 何自然，陈新仁. 当代语用学[M]. 北京：外语教学与研究出版社，2004:6.

[21] 何自然，冉永平. 新编语用学概论[M]. 北京：北京大学出版社，2009:143-145.

[22] 何自然. 语用学讲稿[M]. 南京：南京师范出版社，2003:29.

[23] 何自然. 语用学与英语学习[M]. 上海：上海外语教育出版社，1997:1-6.

[24] 和学新. 教学策略的概念、结构及其运用[J].教育研究，2000(12):54-58.

[25] 胡美馨. 言语行为语用意识培养在综合英语教材中的实现[J]. 外语研究，2007(4):65-69+112.

[26] 怀特海. 教育的目的[M]. 靳玉乐，刘富利，译.北京：中国轻工业出版社，2017:4-5.

[27] 黄甫全. 现代课程与教学论学程[M]. 北京：人民教育出版社，2006:722.

[28] 黄国文. Chomsky 的“能力”与 Hymes 的“交际能力”[J]. 外语教学与研究，1991(02):35-36.

[29] 黄玮莹，李忻洳. 国外二语语用评估回顾与展望[J]. 解放军外国语学院学报，2016，39(2):82-90.

[30] 黄玮莹. 二语语用评估概论[M]. 北京：北京时代华文书局，2017:225-227.

[31] R.M.加涅. 教学设计原理：第五版[M]. 王小明，等，译. 上海：华东师范大学出版社，2007:27-28.

[32] 贾冠杰. 英语教学基础理论[M] 上海：上海外语教育出版社，2010:34-36.

[33] 姜占好，周保国.学习者语用能力评估研究[J].外语教学，2012，33(5):45-48.

[34] 姜占好. 过渡语语用学视角下的语用能力研究[M]. 北京：北京大学出版社，2013:143-153.

[35] 教育部高等学校大学外语教学指导委员会. 大学英语教学指南 2020 版[M]. 北京：高等教育出版社，2020:3, 25-35.

[36] 教育部考试中心. 中国英语能力等级量表[M]. 北京：高等教育出版社，2018.

[37] 教育部高等教育司. 大学英语课程教学要求（试行）[M]. 北京：外语教学与研究出版社, 2004:1.

[38] 教育部高等教育司. 大学英语课程教学要求[M]. 北京：外语教学与研究出版社，2007:1-8.

[39] 金晶，蒯劲超. 从语用能力的培养目标探讨大学英语实践课程的设置[J]. 东南大学学报（哲学社会科学版），2007(S2):232-235.

[40] 约翰 • W.克雷斯维尔，薇姬 • L.查克. 混合方法研究：设计与实施[M]. 游宇，陈福平，译. 重庆：重庆大学出版社，2017:3-4.

[41] 约翰 • W.克雷斯尔. 研究设计与写作指导：定性、定量与混合研究的路径[M].

崔延强，译. 重庆：重庆大学出版社，2007:168.

[42] 李定仁，徐继存. 教学论研究二十年[M]. 北京：人民教育出版社，2001:248.

[43] 李鸿耀. 语用知识与语用失误[J]. 云南民族大学学报（哲学社会科学版），2003，20(3):109-111.

[44] 李怀奎. 第二语言语用能力研究 理论与实践[M]. 上海：上海交通大学出版社，2013:11-13.

[45] 李怀奎. 论语用能力的基本内容及性质——过渡语语用学系列研究之一[J]. 广西师范大学学报（哲学社会科学版），2008，44(3):115-119.

[46] 李曼丽、李加鍌. 国内外语言能力量表的描述语特征分析[J]. 中国考试，2020(6):36-42.

[47] 李民，肖雁. 二语语用能力研究[M]. 北京：中国社会科学出版社，2017:25+42-43.

[48] 李民，肖雁. 语用能力分析框架述评[J]. 外语教学理论与实践，2012(3):50-56.

[49] 李清华，邹润. 二语语用测试研究 30 年[J]. 解放军外国语学院学报，2015，38(4):43-50+159-160.

[50] 李清平. 话语填充任务在中国英语学习者语用能力测试中的应用研究[J]. 外语与翻译，2019，26(04):65-72+98.

[51] 李三福. 教学的语用学研究[D].上海：华东师范大学，2004:16.

[52] 刘陈艳. 中国英语学习者请求言语行为的语用研究——基于非英语专业大学生的语料[D]. 上海：上海外国语大学，2014:128.

[53] 刘华. 语用评价思想的内涵及意义[J]. 教育理论与实践，2011，31(34):62-64.

[54] 刘建达，吴莎. 中国英语能力等级量表研究[M]. 北京：高等教育出版社，2019:29-30.

[55] 刘建达. 外语语用能力：定义、教学与测试[J]. 江西师范大学学报，2006，29(2):108-113.

[56] 刘建达. 我国英语能力等级量表研制的基本思路[J]. 中国考试，2015(1): 7-11+15.

[57] 刘建达. 语用能力测试研究:现状、问题与启示[J]. 外语研究，2008(4):52-58+112.

[58] 刘建达. 中国学生英语语用能力的测试[J]. 外语教学与研究，2006(4):259-265+319.

[59] 刘绍忠. 语境与语用能力[J]. 外国语，1997(3):26.

[60] 卢加伟. 认知框架下的课堂语用教学对学习者二语语用能力发展的作用[J]. 解放军外国语学院学报，2013(1):67-71.

[61] 卢加伟. 语用迁移与二语水平的关系研究[J]. 外语教学理论与实践，2010(1):14-25+88.

[62] 卢加伟. 中国英语学习者二语会话中语用非流利的实证研究[D]. 南京：南京大学，2017:55.

[63] 鲁子问，康淑敏. 英语教学方法与策略[M].上海：华东师范大学出版社，2008:9.

[64] 罗毅，蔡慧萍. 英语课堂教学策略与研究方法[M]. 武汉：华中科技大学出版社，2011:41.

[65] 马颖，陈旭远. 基于《中国英语能力等级量表》建构大学英语语用能力评价模型的实证研究[J]. 东北师大学报（哲学社会科学版），2021(2):151-164.

[66] 欧洲理事会文化合作教育委员会. 欧洲语言共同参考框架：学习、教学、评估[M].刘骏，傅荣，译. 外语教学与研究出版社，2008:15.

[67] 潘涌. 积极语用教育观对“听说读写”论的超越[J].课程•教材•教法，2014(10):84-88.

[68] 冉永平. 语用学：现象与分析[M]. 北京：北京大学出版社，2006:200.

[69] 桑思民，栾守凤. 跨文化交际语用测试分析[J]. 外语与外语教学，1993(4):30-34.

[70] 史蒂文斯，利维. 评价量表 快捷有效的教学评价工具：第 2 版[M]. 广州：华南理工大学出版社，2014:1.

[71] 史密斯，雷根. 教学设计[M].庞维国，等，译.上海：华东师范大学出版社，2008:186.

[72] 泰勒. 课程与教学的基本原理[M]. 罗康，张阅，译. 北京：中国轻工业出版社，2016:113.

[73] 陶源，姜占好. 语用能力培养的认知观[J]. 外语学刊，2012(3):96-99.

[74] 王笃勤. 英语教学策略论[M]. 北京：外语教学与研究出版社，2002:1.

[75] 王松林. 国外语用测试介绍与分析[J].外语界，1988(1):35-38.

[76] 王晓燕，邓兆红. 个性化英语语用教学：原则、内容与方法[J]. 外语与外语教学，2015(4):12-17+24.

[77] 王允庆，孙宏安. 教学策略设计[M]. 北京：科学出版社，2018:50.

[78] 温忠麟. 教育研究方法基础：第 3 版[M]. 北京：高等教育出版社，2017:186.

[79] 文秋芳. 构建“产出导向法”理论体系[J]. 外语教学与研究（外国语文双月刊），2015，47(4):547-558.

[80] 闫嵘，张磊. 讨论式大学英语精读教学对大学生英语语用习得影响的实验研究[J].北京第二外国语学院学报，2008(8):58-64.

[81] 杨春红，刘萍. 显性语用课堂教学实验研究报告[J]. 重庆文理学院学报（社会科学版），2008(1):68-75.

[82] 杨文秀. 语用能力・语言能力・交际能力[J]. 外语与外语教学，2002(3):5-8.

[83] 杨仙菊. ELF 语境下基于人种志方法的英语语用教学[J]. 外语与外语教学，

2015(2):13-18+25.

[84] 野中郁次郎. 实践知识的创造[M]. 北京：人民邮电出版社，2019:10-14.

[85] 叶绍宁，滕巧云. 英语教学与语用能力的培养[J]. 外语界，2003(6):66-70.

[86] 张大均. 教与学的策略[M]. 北京：人民教育出版社，2003:7.

[87] 张立新，张权. 会话含义显隐性分级——大学英语听力测试的语用分析[J]. 外语电化教学，2003(94):25-29.

[88] 张庆宗. 外语学与教的心理学原理[M]. 北京：外语教学与研究出版社，2011:249.

[89] 赵永宏. 语用能力在教学中的培养[J]. 中外教育研究，2010(2):147-148.

[90] 周军. 教学策略[M]. 北京：教育科学出版社，2003:18-19.

[91] Hudson, T., Dener, E. & Brown, J. D., *A Framework for Testing Cross—Cultural pragmatics*[M]. Honolulu: University of Hawai'i Press, 1992.

[92] Ahn, S. J. *Korean ESL learners' pragmatic competence: Motivation, amount of contact, and length of residence*[M]. Texas: Texas A&M University, 2007:96-105.

[93] Bachman, L. F. *Fundamental Consideration in Language Testing*[M]. Oxford: Oxford University Press, 1990:7+90.

[94] Bardovi-Harlig, K, & Dörnyei, Z. *Do Language Learners Recognize Pragmatic Violations? Pragmatic Versus Grammatical Awareness in Instructed L2 Learning*[J]. TESOL Quarterly, 1988,32(2):233-262.

[95] Bardovi-Harlig, K. *Evaluating the empirical evidence: Grounds for instruction in pragmatics*[M]//. Rose, K,, & Kasper, G,: *Pragmatics in Language Teaching*. Cambridge: Cambridge University Press, 2001:29-32.

[96] Bialystok, E. S*ymbolic representation and attentional control in pragmatic competence*//[M]. Kasper, G., Blum-Kulka, S. *Interlanguage Pragmatics*. New York: Oxford University Press, 1993:48.

[97] Cohen, A. *Strategies in Learning and using a second Language*[M]. Beijing: Foreign Language and Research Press, 2000: F14.

[98] Comperrolle, R. *Socialcultural Theory and L2 Instructional Pragmatics*[M]. Beijing: Foreign Language and Research Press, 2018: iv-xiv.

[99] Ellis, R. *The Study of Second Language Acquisition*[M]. Shanghai: Shanghai Foreign Language Education Press,1999, originally published by Cambridge University Press, 1994:296.

[100] Jeon, Y. *A Descriptive Study on the Development of Pragmatic Competence by Korean Learners of English in the Speech Act of Compliment*[D]. Texas A&M University, 1996:7-9.

[101] Judd, L. E. *Some Issues in the teaching of pragmatic competence*// [M]. Hinkel, E. *Culture in Second Language Teaching and Learning*. Cambridge: Cambridge University Press,

1999:152-166.

[102] Jung, J. *Issues in acquisitional pragmatics*[J]. *TESOL and Applied Linguistics*, 2002(2):1-34.

[103] Kasper, G., Rose, K. R. *Pragmatic development in a second language*[J]. *Language learning*, 2002:364.

[104] 罗斯，等. 语言教学中的语用学[M]. 北京：世界图书出版公司，2006:D14.

[105] Kasper, G., Schmidt, R. *Developmental issues in interlanguage pragmatics*[J]. *Studies in Second Language Acquisition*, 1996, (18):149-169.

[106] Kasper, G. *Four perspectives on L2 pragmatic development*[J]. Applied Linguistics, 2001, 22(4):502-530.

[107] Liddicoat, A. J., Crozet, C. *Acquiring French interactional norms through instruction*//[M]. Rose, K. R. & Kasper, G. *Pragmatics in Language Teaching*. Cambridge: Cambridge University Press, 2006:125-144.

[108] Nattinger, J., Carrico, J. *Lexical Phrases and Language Teaching*[M]. Oxford: Oxford University Press,1992:8.

[109] Niezgoda, K., Rover, C. *Pragmatic and grammatical awareness*//[M]. Rose, K. R., Kasper, G. *Pragmatics in Language Teaching*. Cambridge: Cambridge University Press, 2006:64.

[110] Rose, J. S. & Kasper, G. *Assessing Second Language Pragmatics*[M]. Basingstoke: Palgrave Macmillan, 2013:5-7.

[111] Rose, K. R., Kasper, G. *Pragmatics in Language Teaching*[M]. Beijing: World Publishing Corporation, 2006: D17.

[112] Rose, K. R. *Pragmatics in teacher education for nonnative speaking teachers: a consciousness-raising approach*[J]. *Language, Culture and Curriculum*,1997,10(2):125-138.

[113] Wujiabudula, Aihemaituoheti. *An Investigation on Second Language Learners' Production of Conventional Expressions in L2 Pragmatics*[J]. *Advances in Language and Literary Studies*, 2018:43-48.

[114] Sperber, D., Wilson, D. *Relevance: Communication and Cognition*[M]. Beijing: Foreign Language and Research Press, 2001: F25-33.

[115] Stern, H. H. *Issues and Options in Language Teaching*[M]. Shanghai: Shanghai Foreign Language Education Press, 1999: 277-278.

[116] Tada, M. *Assessment of EFL Pragmatics Production and Perception Using Video Prompts*[D]. Philadelphia: Temple University, 2005:90-92.

[117] Taguchi, N. *Context, individual differences, and pragmatic competence*[M]. Bristol: Multilingual Matters, 2012:1.

[118] Taguchi, N. *Pragmatic comprehension in Japanese as a foreign language*[J]. *The Modern Language Journal*, 2008,92(4):558-576.

[119] Taguchi, N. *The effect of L2 proficiency and study-abroad experience on pragmatic comprehension*[J]. *Language Learning*, 2011, 61(3): 904–939.

[120] Taguchi, N. *Development of international competence in Japanese as a second language: Use of incomplete sentences as interactional resources*[J]. *The Modern Language Journal*, 2014, 98(2):518–535.

[121] Takahashi, T., Beebe, L. M. *The development of pragmatic competence by Japanese learners of English*[J]. *JALT journal*, 1987, 8(2): 131–155.

[122] Thomas, J. *Cross-cultural pragmatic failure*[J]. *Applied Linguistics*,1983,4:91–112.

[123] Verschueren, J. *Notes on the role of metapragmatic awareness in language use*[J]. *Pragmatics*, 2000(10):439–456.

[124] Verschueren, J. *Understanding Pragmatics*[M]. Beijing: Foreign Language and Research Press, 2000:187.

[125] Walters, F. S. *A conversational-analytic hermeneutic rating protocol to assess L2 oral pragmatic competence*[J]. *Language Testing*, 2007,24(2):155–183.

[126] Youn, S. J. *Validity argument for assessing L2 pragmatics in interaction using mixed methods*[J]. *Language Testing*, 2015, 32(2):199–255.

[127] Yuan, Y. *Pragmatics, Perception and Strategies in Chinese College English Learning*[D]. Queensland: Queensland University of Technology, 2012:134.